Peter Schleuning

Johann Sebastian Bach · Die Brandenburgischen Konzerte

Peter Schleuning

Johann Sebastian Bach
Die Brandenburgischen Konzerte

Bärenreiter
Kassel · Basel · London · New York · Prag

Bibliografische Information Der Deutschen Bibliothek

Die Deutsche Bibliothek verzeichnet diese Publikation in der Deutschen Nationalbibliografie; detaillierte bibliografische Daten sind im Internet über <http://dnb.ddb.de> abrufbar.

Besuchen Sie uns im Internet:
www.baerenreiter.com

Umschlaggestaltung: Jörg Richter, Bad Emstal-Sand (Foto: akg-images/Erich Lessing; Jean Baptiste Simeon Chardin, »Les attributs de la musique«, 1765)
Lektorat: Jutta Schmoll-Barthel
Innengestaltung und Satz: Dorothea Willerding
Notensatz: Tatjana Waßmann, Winnigstedt
Druck und Bindung: Clausen & Bosse, Leck
ISBN 3-7618-1491-7

Inhalt

Konzert IV · G-Dur

Konzert V · D-Dur

Konzert VI · B-Dur

Anhang

Einleitung

Zwei Studentinnen finden sich in der überfüllten Mensa mit Hilfe ihres Erkennungspfiffes. Es ist der erste Takt des II. Brandenburgischen Konzertes: Ta-tam-tata-tam-tata-tamtamtam. Die wenigen Töne zeichnen sich nicht nur durch Einfachheit und Signalcharakter aus, lassen sich also gut pfeifen. Sie zeugen auch von Munterkeit und Lebensfreude. Dies gilt – mit wenigen Ausnahmen – für alle sechs Konzerte und hat sie zu den Lieblingskindern von Bach-Freunden, von Musikern und Dirigenten, von Programmmachern und der Tonträgerindustrie gemacht. Sie sind zu einem Grundbestandteil musikalischer Bildung geworden, sozusagen zu einem Stück internationalen musikalischen Kulturerbes. Die Konzerte genießen inzwischen eine Popularität, die an jene der *Kleinen Nachtmusik*, der *5. Sinfonie* oder der *Unvollendeten* heranreicht und die der *Matthäus-Passion* überflügelt, da sie unabhängig von konfessionellen Bindungen sind.

Bachs Instrumentalmusik, zu Beginn des 20. Jahrhunderts nur zögernd auf das Konzertpodium gebracht, ist dann von der nationalsozialistischen Kulturpolitik auf den germanischen Schild gehoben worden. So wurden auch die Brandenburgischen Konzerte breiten Bevölkerungsschichten erschlossen, darunter auch meinen Eltern. Nachdem sie während der dreißiger Jahre in Gewandhauskonzerten erstmals und bleibend für diese Musik gewonnen worden waren, schafften sie gleich zu Beginn der fünfziger Jahre die Konzerte auf den neuartigen Langspielplatten an, um mir bald darauf, 1956, die große Partitur der Neuen Bach-Ausgabe mit Lederrücken zu schenken, herausgegeben von Heinrich Besseler. Seitdem nehme ich am allgemeinen Aufschwung der Bach-Begeisterung teil, sehe dabei aber mit Bedenken, wie diese Euphorie es den anderen bedeutenden Komponisten, Händel, Telemann oder Carl Philipp Emanuel Bach, schwer macht, im heutigen Musikleben neben dem Unbefragbaren zu bestehen.

Nicht verwunderlich, dass diesem Korpus von rasanter Ideenfülle nichts Vergleichbares an Instrumentalmusik des frühen 18. Jahrhunderts an die Seite zu stellen ist. Welche Werkgruppe gibt es sonst, randvoll mit geballter Energie, nach deren Einwirken man gestärkt, aber benommen zurückbleibt? Brandenburgische Konzerte: Das ist inzwischen so etwas wie ein Markenzeichen geworden, ein über das Konkrete hinausgehender Begriff für Qualität und Kontinuität – wie etwa Volkswagen. Kennt jeder, schätzt jeder, auch der Mercedes-Fahrer, sprich: Beethoven-Fan. Zumindest kann jeder sagen: »Brandenburgische Konzerte? Bisher noch nicht gehört, aber sollen ja toll sein. Mit Sicherheit wichtig!«

Diese »Six Concerts Avec plusieurs Instruments« sind im Jahre 1721 von Johann Sebastian Bach dem Markgrafen Christian Ludwig von Brandenburg gewidmet worden. Deshalb hat Philipp Spitta sie im ersten Band seiner großen Bach-Monographie (1873) »brandenburgische Concerte« getauft.[1] Über sie haben die Spezialisten der Bach-Forschung in den letzten Jahrzehnten sehr viel geschrieben, vor allem was Entstehungszeit und -reihenfolge betrifft, und dabei auf äußerst differenzierte Weise so gut wie alles, was früher galt, zunichte gemacht, um sich dann teilweise wieder dem alten Stand zu nähern: eine Berg- und Talfahrt. Ihre Argumentationen und Beweisführungen hier im Einzelnen wiederzugeben, wäre eher abschreckend als informativ. Ihre Ergebnisse aber – und das sind recht gewichtige, wenn auch wenig eindeutige – sollen in geraffter Form und nach Forschungsphasen geordnet an den Beginn der Darstellung gerückt werden. Denn sie sind auch für jene, die lediglich einen Überblick gewinnen wollen, zum Hören und zum Verständnis der Konzerte wichtig, und zwar aus zwei Gründen: einmal wegen der Möglichkeit, dass sich daraus ein wenig Aufklärung über Beruf und Arbeitsweise Bachs ergeben kann, dann wegen der Frage, ob sich etwas über den Menschen Bach erschließen lässt. Zusätzlich lässt sich ein Einblick gewinnen in die Geschichte der Bach-Forschung und die eminenten Probleme und widersprüchlichen Lösungsversuche, die sich bei der Frage nach der Datierung der Instrumentalwerke Bachs ergeben.

Das Bild, welches wir uns von einem Künstler machen, geht unweigerlich in unsere Art ein, seine Produkte aufzunehmen und zu bewerten. Eine Illusion ist es zu glauben, wir hörten nur die gespielten Noten, unbeeinflusst von jenen Vorstellungen, die wir uns von deren Hersteller machen. Wie würden wir die *5. Sinfonie* hören, wenn wir dächten, Beethoven sei ein kühler und rundum gesunder Mensch gewesen, nicht ein schwerhöriger Choleriker? Und so dürften viele von uns die Brandenburgischen Konzerte unter der Voraussetzung hören, Bach habe sie während seiner Anstellung als Hofkapellmeister von Anhalt-Köthen (1717–1723) für die dortige Hofkapelle und mit allerhöchster Anerkennung seines »gnädigen Music so wohl liebenden als kennenden Fürsten« Leopold komponiert, wie Bach 1730 in Leipzig seinen ehemaligen Dienstherrn charakterisierte. Vor uns sehen wir ein Bild von Pracht, klaren Verhältnissen, Kontinuität, Zustimmung und ruhiger Arbeit. Die Konzerte scheinen es wiederzugeben. So hat man sie seit dem mittleren 19. Jahrhundert verstanden und gehört, nachdem die Widmungspartitur zum Bach-Jubiläum 1850 erstmals als Druck erschien und die Konzerte so einer größeren Öffentlichkeit zugänglich wurden.

Stationen der Forschung

Die erste Phase der Bach-Forschung: Köthen

Ein derartiges Verständnis der Konzerte galt etwa ein Jahrhundert lang bis hin zu Friedrich Smends Buch *Bach in Köthen* von 1950, welches die Konzerte unbezweifelt für Köthen reklamierte, so wie es auch in den Forschungen von Heinrich Besseler der Fall ist, der 1955 die Edition in der Neuen Gesamtausgabe besorgte und im Kritischen Bericht dazu und in anderen Arbeiten versuchte, die Entstehungsreihenfolge der Konzerte innerhalb der Köthener Periode nach stilistischen Kriterien zu klären.[2] »Um 1718« sollten die Konzerte I (»Urfassung«), III und VI entstanden sein, »um 1719« die Konzerte II und IV. Konzert V sei dann das letzte gewesen: »um 1720«. Besseler begründete diese Gliederung mit einer Entwicklung der Thematik – von Spielfiguren-Themen zum »Charakterthema« – sowie mit einem Fortschritt in der Konzeption der Gattung Konzert, nämlich von der »Gemeinschaftsspielmusik« zum Solokonzert,[3] einem Ziel, welches – ebenfalls 1720 – zugleich mit dem V. Brandenburgischen Konzert in den Violinkonzerten erreicht worden sei. Und all das in nur drei Jahren? Gerade eine solche Rasanz der Entwicklung pries Besseler mit Emphase: »Überblickt man sie in der vermutlichen Reihenfolge ihres Entstehens, von der traditionsgebundenen Bratschen-Gambenmusik Nr. 6 bis zu dem kühn vorstoßenden, historisch ersten Klavierkonzert Nr. 5, dann wird anschaulich, welchen Weg Bach in Köthen zurückgelegt hat.«[4]

Die zweite Phase: Auch schon Weimar

Bald aber wurden die Köthener Zeitgrenzen nach vorne überschritten, zunächst von Johannes Krey (1961), der die »Urfassung« des I. Konzertes, die F-Dur-*Sinfonia,* wie sie Besseler zusammen mit den sechs Konzerten herausgegeben hatte, als Einleitung der Jagdkantate BWV 208 bezeichnete, welche er auf 1716 datierte, und die Ergänzungen zur endgültigen Konzertgestalt (Zufügung von drittem Satz, Polonaise und *violino piccolo*) in Zusammenhang mit Bachs Dresdner Aufenthalt im Herbst 1717 brachte. Martin Geck hat dann 1970 die Konzerte in zwei Gruppen aufgeteilt, deren erste – Konzerte I, III und VI – in stilistischer Nachfolge der italienischen Opernsinfonie oder älterer deutscher Ensemblestücke und Kantateneinleitungen vor Bachs Auseinandersetzung mit Vivaldis Konzertkunst stehe, also vor 1714, vielleicht 1713 entstanden sei. Der Rest mit Konzert V als dem spätesten Stück stehe unter dem Einfluss dieses Ereignisses, ohne dass die Besseler'sche Reihenfolge der Konzerte II, IV und V diskutiert worden wäre. Dieser Zeitrahmen hat lange gegolten, wenn auch mit Modifikationen. Das Bild vom Köthener Schaffensfrieden blieb – zumindest teilweise – bestehen, wurde allerdings, was die Entstehungsreihenfolge betrifft, 1981 von Hans-Joachim Schulze mit einem bestechenden, gegen Besseler und Geck gewandten Gedanken durcheinander gerüttelt:[5] Wenn man mit Recht annehmen könne, dass die Konzerte, die in der Widmungspartitur am wenigsten Korrekturen und Überarbeitungen verraten, die jüngsten seien – also die Konzerte II, IV und VI –, so sei im Umkehrschluss wohl dasjenige Konzert das älteste, an dem die meisten Spuren solcher Art zu bemerken seien. Und das sei ja wohl das V. Konzert – also das bisher »fortschrittlichste«.

Diesem Schlag gegen Tendenzen, die Chronologie der Konzerte nach dem Stand ihres stilistischen »Fortschritts« zu bemessen, hat Werner Breig 1983 eine abwägende und mildere, in ihrer Absicht, aber auch in ihrer resignativen Haltung eindeutige Zusammenfassung folgen lassen, die möglicherweise heute noch Gültigkeit beansprucht:[6] »Unrealistisch wäre gewiß die Vorstellung, daß die Entwicklung von Bachs Konzertkomposition in gerader Linie verläuft, daß die ›frühen‹ Merkmale sich allmählich abschwächen und schließlich verschwinden und daß daneben an irgendeinem Punkt die ›späten‹ Merkmale greifbar werden und sich allmählich verstärken. Auch wenn man eine im großen und ganzen folgerichtige Entwicklung in Bachs Komponieren in der Gattung Konzert voraussetzt, so darf nicht außer Acht gelassen werden, daß sich eine solche Entwicklung nur in der Differenzierung und Brechung durch mannigfaltige Realitäten des kompositorischen Schaffens darstellen kann. So können Auftraggeber, Anlaß und verfügbare Interpreten die Gestalt eines Werkes wesentlich beeinflussen. Musikalische Anregungen wie die für 1717 anzunehmende neuerliche Berührung mit der Musik Vivaldis oder die Einbürgerung neuer Instrumente [Oboe d'amore, Traversflöte] können sich in Impulse für die Komposition umsetzen. Bachs gleichzeitiges Schaffen in anderen Gattungen kann zu neuen Einschlägen in die Kompositionstechnik des Konzerts führen. Die damit angedeuteten Schwierigkeiten, daneben aber auch allgemein die Komplexität der Bachschen Konzerttechnik, die Vergleiche zwischen unterschiedlichen Werken hinsichtlich ihrer ›Fortschrittlichkeit‹ erschwert, lassen keinesfalls erwarten, daß sich in der Konzert-Chronologie jemals ein ähnlich sicherer Kenntnisstand wird erreichen lassen, wie er für einen großen Teil von Bachs Vokalwerk heute verfügbar ist.«

Die dritte Phase: Nur noch Weimar

Die Köthener Idylle – sie zerstob: Köthen wurde leergefegt. Hatte das Bild des Friedens durch Christoph Wolff bereits 1985 Risse bekommen und Farbe verloren mit der begründeten, wenn auch angezweifelten Behauptung, die anderen Konzerte Bachs, auch die großen Orchestersuiten seien erst in Leipzig entstanden,[7] so hat die Forschung dann auch die letzten Köthener Restposten in puncto größerer Besetzungen, die Brandenburgischen Konzerte, in ihrer Entstehung insgesamt von Köthen fortgerückt, diesmal aber nach vorne, in die Weimarer Jahre Bachs (1708–1717), als er herzoglicher Organist und Kammermusiker war, ab 1714 Konzertmeister. Nicht so sehr neu aufgefundene Manuskripte als vielmehr stilistische Merkmale legten dies nahe, etwa Kompositionsstrukturen in der Themen- und Kadenzbildung, die sich sonst nur in Werken wiederfinden lassen, die mit Sicherheit der Weimarer Zeit angehören, wenn vielleicht auch eher den späten Jahren.[8] Christoph Wolff hat zusätzlich eine Beobachtung und Mutmaßung beigesteuert, die zugleich verblüfft und befremdet, aber ihres Ausnahmecharakters wegen mitgeteilt werden soll: Bach hat in Weimar wesentlich mehr Papier bestellt, als für die dienstlich komponierte und zu komponierende Musik nötig war, sodass der Rest durchaus für die Niederschrift von Werken wie den Brandenburgischen Konzerten gedacht gewesen sein könnte und ausgereicht hätte.[9] Selbstverständlich wiegen die anderen Argumente schwerer, um – mit den Worten Wolffs – klarzustellen: »Auf jeden Fall aber sind die meisten, wahrscheinlich aber sämtliche Konzerte noch vor Bachs Amtszeit in Köthen entstanden. Ihr Gesamtaufbau wie auch Einzelheiten der Stimmführung, der thematisch-motivischen Behandlung und der imitierenden Polyphonie sind noch nicht von den im *Wohltemperierten Clavier* gesetzten Normen beeinflußt. […] Jedenfalls stellt ihr eher ›konservativer‹ stilistischer Zuschnitt eine Entstehung während der Köthener Zeit ernsthaft in Frage« und fügt sich »mit ungewohnten und gewagten Instrumentalkombinationen […] nirgends besser ein als in das Weimarer Kantatenrepertoire.«[10]

Im Vorgriff auf genauere Angaben bei der Besprechung der einzelnen Konzerte lassen sich die Ergebnisse aus dieser Forschungsphase vergröbert folgendermaßen benennen: Die Frühfassung des I. Konzertes kann bereits 1713, ja schon 1712 entstanden sein, seine endgültige Gestalt auch noch in Weimar. Vom II. Konzert gibt es vielleicht eine Weimarer Frühfassung, und zwar ohne Begleitorchester (*ripieno*). Konzert III wird manchmal als frühes Zeugnis einer um 1710[11] beginnenden und teilweise einem »schöpferischen ›Zerstörungsprozeß‹«[12] nahe kommenden Auseinandersetzung Bachs mit den Konzerten Vivaldis angesehen. Dieser »Zerstörungsprozeß« wirkt vor allem in der Großstruktur der Sätze sowie im Verhältnis und in der Durchdringung von Tutti- und Solomaterial, weniger in der Themenbildung, für die es in den Konzerten I, IV und VI »deutliche Muster in den Dresdner Vivaldi-Beständen« gibt.[13] Diese Anverwandlung des Vivaldi'schen Stiles scheint erst in den späteren Weimarer Jahren deutlicher zu werden,[14] als der Geiger Johann

Georg Pisendel von einem Studienaufenthalt 1716/17 in Venedig zahlreiche Kopien italienischer, vor allem Vivaldi'scher Konzerte nach Dresden mitbrachte. Zu bedenken ist allerdings, dass Vivaldis op. 3, von Bach bearbeitet, schon 1711 gedruckt vorlag und dass Prinz Johann Ernst von Weimar 1711–1713 eine musikalische Studienreise nach Italien unternahm, ja dass Hofkapellmeister Johann Samuel Drese bereits am Jahrhundertbeginn auf fürstlichen Geheiß eine derartige Reise unternommen hatte. Die Mitteilungen von diesen Reisen, ein reger Austausch von Abschriften italienischer Konzerte, schließlich die offenbar in Absprache miteinander unternommenen Orgel- und Klaviertranskriptionen italienischer Violinkonzerte durch Bach und seinen Weimarer Vetter Johann Gottfried Walther können uns gewiss machen, dass Bach schon sehr früh umfassende und auch praktische Erfahrungen mit den südländischen Innovationen hatte, die Technik des Ritornell-Prinzips im Konzertsatz z. B. möglicherweise von Giuseppe Torelli übernahm.[15] Konzert IV, das nach traditioneller Auffassung der Entwicklungsschritte von der »Gemeinschaftsspielmusik« (Besseler) hin zum Solokonzert stets zur späteren Gruppe gerechnet wurde, könnte schon deshalb in Weimarer Fahrwasser geraten, weil das V. Konzert, vielleicht nicht unbedingt Abschluss der Entwicklung, wohl aber eine Art Schwesterwerk des Konzertes IV, aufgrund stilistischer Kriterien »im Weimarer Zusammenhang gesehen wird«,[16] dies auch aufgrund einer Frühfassung von eventuell 1717.[17] Über das VI. Konzert, nach alter Meinung das sozusagen urtümlichste, besteht inzwischen derart große Unsicherheit, dass sowohl eine besonders frühe wie eine besonders späte Entstehung diskutiert werden.[18] Darüber hinaus zeigt die Bach'sche Widmungspartitur von 1721 einige Merkwürdigkeiten, die auf Hast oder übereilte und unvorbereitete Entschlüsse hinweisen und es wenig wahrscheinlich machen, dass die Konzerte in Köthen wohlüberlegt und in einem längeren Zeitraum für die Absendung vorbereitet worden sind. Dies stützt – so könnte man zunächst annehmen – die immer wieder vertretene These, Bach habe die sechs Konzerte, ja sogar einzelne ihrer Satzfolgen, aus älterem Material mehr oder weniger beliebig zusammengestellt.

Überdenkt man das bisher Berichtete, kommt man ins Grübeln: Was hat Bach denn überhaupt in den gut fünf Jahren von Ende 1717 bis Anfang 1723 für die Köthener Hofkapelle, die sechzehn hochqualifizierte Musiker zählte, geschrieben? Nichts, da, so Christoph Wolff, »ein großer Teil des Repertoires – insbesondere Bachs eigene Kompositionen für die Hofkapelle – verloren ist«?[19] Wurden nur ältere und fremde Werke aufgeführt, während der Herr Hofkapellmeister sich aufs Komponieren von Klavier- und Kammermusik zurückzog? Man kann sich kaum vorstellen, dass das den Fürsten Leopold gefreut hätte. Erstaunt nimmt man weitere Worte Wolffs über die Brandenburgischen Konzerte zur Kenntnis, da sie in völliger Opposition zu seiner sonst stets geäußerten Auffassung stehen: Demnach »bezeugen alle sechs [...] die Prinzipien, die Bach in der abgelegenen und einsamen Umgebung des Köthener Hofs, angespornt von einem verständnisvollen Dienstherrn, für sich aufstellen konnte.«[20] Wäre dies der Abschluss der Forschungsgeschichte, wäre man gezwungen zu sagen: Man weiß wenig bis nichts, auch nichts über Weimarer Anlässe zur Komposition. Nur im Falle des ersten Konzertes kann man, wie erwähnt, vermuten, dass es als Ouvertüre (*Sinfonia*) der so genannten Jagdkantate BWV 208 verwendet wurde – wohl 1713. Dies brächte allerdings, wie Rudolf Eller schon 1981 im Blick auf die ausgereifte Struktur des Konzertes bemerkte, Bach »mit einem Schlage an die Spitze der Entwicklung, da es so etwas zu der Zeit nicht gab. [...] Es müßte bedeuten, daß Konzerte in großem Umfang schon in Weimar entstanden sind.«[21] Die anderen fünf Konzerte dürften nicht in einem Zuge geschrieben worden sein, sondern zu unterschiedlichen Zeitpunkten und Anlässen, vielleicht aber mit dem Ziel eines durchgehenden inneren Zusammenhanges, wie er im Schlusskapitel diskutiert wird. Falls also Weimar der Entstehungsort ist, würde dies bedeuten: Die stilistische und inhaltliche Vielfalt der Konzerte wäre nicht einzuordnen in einen ruhigen, allmählichen Reifungsprozess innerhalb eines festgelegten Aufgabenrahmens und im Austausch mit einem festen Ensemble, so wie es früher für Köthen stets vermutet wurde, sondern könnte Abbild vieler nebenberuflicher Aufträge sein, die Bach in der offenbar schwierigen Weimarer Periode erhielt, vielleicht in Zusammenarbeit mit dem jüngeren der beiden regierenden Herzöge, Ernst August, welcher einer der musikalischen Anreger und Partner Bachs war.

Fürst Leopold von Köthen scheint neben Ernst August derjenige gewesen zu sein, der die äußerst schwierige Lösung Bachs aus seinem Weimarer Amt und von dem älteren Dienstherrn Wilhelm Ernst bewirkt und Bach eine Alternative geboten hat. Bach saß vor seinem Abschied 26 Tage in Weimarer Haft (bis 2. Dezember 1717) »wegen zu erzwingender dimission« und »Halßstarriger Bezeugung«, und dies, nachdem er – bereits seit August in Köthen besoldet – nach Dresden gereist war, wo ein musikalischer Wettstreit mit dem französischen Organisten Louis Marchand geplant war. Dort wird er den seit einer Italienreise mit Fürst Leopold verbundenen Hofkapellmeister Johann David Heinichen getroffen haben und die berühmten Musiker der Hofkapelle, den schon erwähnten Geiger Johann Georg Pisendel, welcher die Vivaldi-Konzerte aus Venedig mitgebracht hatte, den Flötisten Pierre Gabriel Buffardin und einen anderen großen Geiger, Jean Baptiste Volumier, für den er vielleicht das erste Konzert um den *violino piccolo* und um den dritten Satz ergänzte.[22]

Schon diese wenigen Bemerkungen deuten auf ein unruhiges Leben Bachs in Weimar hin.[23] Offenbar haben dort Kämpfe und Auseinandersetzungen stattgefunden – wohl auch religiös motivierte, Pietismus und protestantische Orthodoxie betreffende –, die an Schärfe jenen nicht nachstanden, die sich später in Leipzig ereigneten. Wenn die Brandenburgischen Konzerte nicht die schöne Harmonie der Köthener Jahre darstellen: Sind sie dann Widerspiegelungen von Weimarer Spannungen und Wechselfällen?

Die vierte Phase: Zurück nach Köthen

Die widersprüchlichen Äußerungen von Wolff zu genau dieser Frage – Köthen oder Weimar? –, geschrieben 2000, lassen dieses Jahr als Übergang zu einer neuen Phase der Forschung erscheinen, welche eine neuerliche Umorientierung mit sich gebracht hat. Anstoß dazu hat das wichtige Buch *Bachs Orchestermusik. Entstehung. Klangwelt. Interpretation* von Siegbert Rampe und Dominik Sackmann gegeben, ebenfalls erschienen im Jahre 2000. Durch Aufarbeiten, In-Beziehung-Setzen und Kritisieren der jüngsten Forschungen, vor allem aber durch eigene analytische Arbeit kommen die Autoren zu Ergebnissen, welche die leitenden Ansichten der dritten Phase teilweise revidieren und solche der zweiten Phase teilweise wieder aufgreifen, wenn auch mittels neuer Erkenntnisse. Zunächst einmal wird die Säuberung der Köthener Jahre von allen anderen Konzerten und den vier Ouvertüren zurückgenommen, letztere komponiert »vor 1723«.[24] Dann wird der Einfluss Vivaldis auf die Brandenburgischen Konzerte – wie schon bei Geck – als sehr gering bewertet und auf die Außensätze des V. Konzertes beschränkt.[25] Als Vorbild für die Ritornell-Struktur im Konzertsatz wird Tomaso Albinoni benannt, dessen Kompositionen allerdings bereits in den ersten Jahren des 18. Jahrhunderts bekannt wurden.[26] Das Endergebnis schlägt sich in einer Datierungsreihe nieder,[27] die als Konsequenz von Vergleichen mit anderen Werken Bachs und solchen italienischer Herkunft vieles von dem, was als neuester Forschungsstand galt, über den Haufen wirft und in ihrem Zusammendrängen der meisten Konzerte innerhalb der Köthener Jahre teilweise an Besseler erinnert, wenn auch ohne dessen stilistische Postulate, teilweise aber auch Parallelen findet in anderen jüngeren Veröffentlichungen:[28]

Konzert I in der Frühfassung (*Sinfonia*) sowie Konzert III	ca. 1712–1715
Konzert V in der Frühfassung	1718
Konzert VI	1718/19
Konzert I mit Satz 3 sowie Konzert V	1719/20
Konzerte II und IV	1720/21

Die zentrale Passage zu den sechs Konzerten (S. 232) ist zu wichtig für eine Sicht auf die dritte Forschungsphase und für die zukünftige Beurteilung der Konzerte, um nicht in Auszügen wiedergegeben zu werden: »Existierte die autographe Partitur von 1721 nicht, wäre man geneigt, die ›Brandenburgischen Konzerte 2 und 4‹ als Leipziger Werke zu bezeichnen, weil eine derart umfassende kompositionstechnische Entwicklung in wenigen Jahren, wie sie ein Vergleich zwischen den Kopfsätzen des ersten und zweiten ›Brandenburgischen Konzerts‹ offenbart, nicht ohne weiteres zu erwarten wäre. Der Umstand aber, daß die Konzerte 2 und 4 im Hinblick auf die Vielschichtigkeit und Komplexität ihrer Kompositionstechnik sowie auf die Beherrschung ihrer Periodik und Architektur zeitgenössische Konzerte, jene von Antonio Vivaldi eingeschlossen, weit übertreffen, wirft ein bezeichnendes Licht auf die in der Fachliteratur bis in allerjüngste Zeit hinein geäußerte Feststellung, die sechs Werke für den Markgrafen in Berlin seien ihres ›konservativen Charakters‹ halber früh, womöglich allesamt in Weimar entstanden. […] Die Geschichte von Vivaldi und Bach als dem ›Erfinder‹ der Konzertform und seinem Nachahmer ist ein Legende, die die Bach-Forschung nach dem Zweiten Weltkrieg, dank der Vivaldi-Renaissance seit dem zweiten Viertel des 20. Jahrhunderts, fortzuspinnen nicht müde wurde und bis in die Literatur zum Bach-Jahr 2000 hinein verbreitete, ohne je zu überprüfen, ob Vivaldis Vorbildrolle tatsächlich einer objektiven Bewertung standhält.«

Auch zu dem wenigen, was man von dem Widmungsträger weiß,[29] haben die Autoren eine neue und nicht unwichtige Information weitergegeben:[30] Christian Ludwigs Titel »Markgraf von Brandenburg« bezeichnete nur seine familiäre Abstammung, während sein Haupt-Titel seit 1688 »Markgraf von Schwedt« war, sodass Philipp Spittas Benennung der Konzerte »sachlich nicht korrekt ist«: »Genau genommen müßten die ›Brandenburgischen Konzerte‹ also ›Schwedter Konzerte‹ heißen.«

Die Widmung

Ebenso wenig wie über die Entstehungsbedingungen der Konzerte weiß man über den Anlass der Widmung an den Markgrafen und, wie gesagt, über diesen selbst. Ehe dies Wenige zur Sprache kommt, hier das Faksimile der eigenhändigen Vorrede Bachs zur Partiturreinschrift, dann die Übertragung in deutscher Übersetzung:[31]

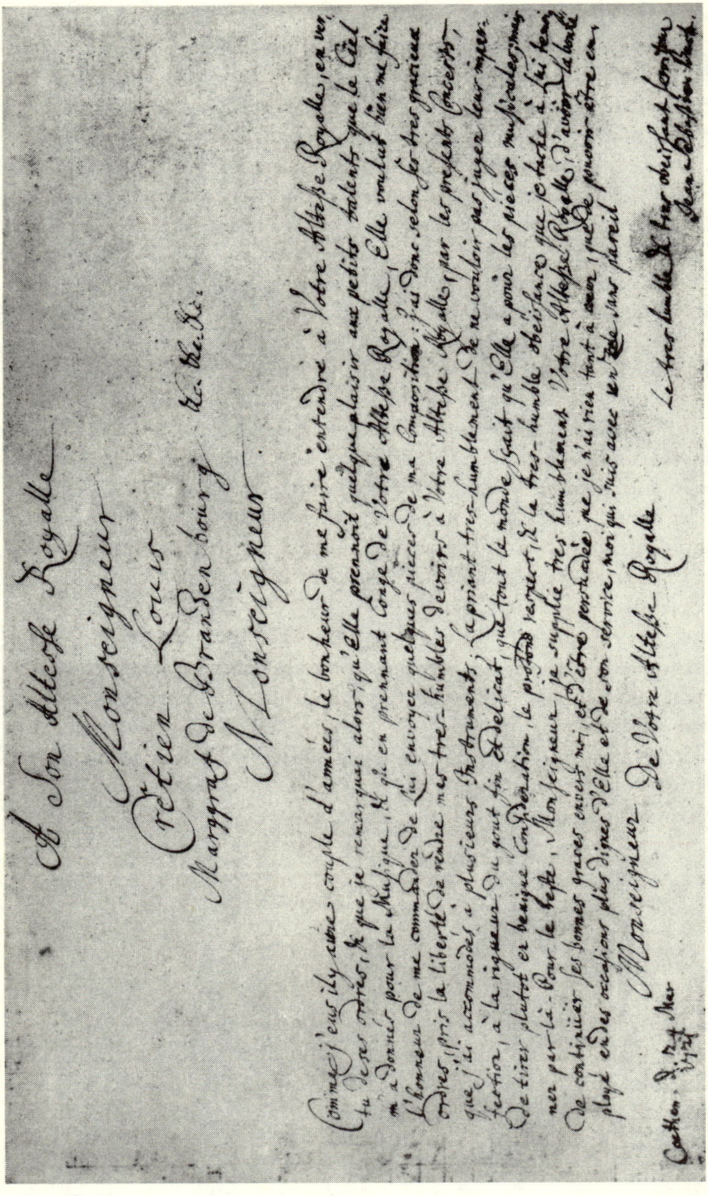
A Son Altesse Royalle
Monseigneur
Crêtien Louis
Marggraf de Brandenbourg &c. &c. &c.
Monseigneur

Comme j'eus il y a une couple d'années, le bonheur de me faire entendre à Votre Altesse Royalle, en vertu de ses ordres, & que je remarquai alors, qu'Elle prennoit quelque plaisir aux petits talents que le Ciel m'a donnés pour la Musique, & qu'en prennant Congé de Votre Altesse Royalle, Elle voulut bien me faire l'honneur de me commander de Lui envoyer quelques pieces de ma Composition: j'ai donc selon ses tres gracieux ordres, pris la liberté de rendre mes tres-humbles devoirs à Votre Altesse Royalle, par les presents Concerts, que j'ai accommodés à plusieurs Instruments; La priant tres-humblement de ne vouloir pas juger leur imperfection, à la rigueur du gout fin et delicat, que tout le monde sçait qu'Elle a pour les pieces musicales; mais de tirer plutot en benigne Consideration, le profond respect, & la tres-humble obeissance que je tache à Lui temoigner par là. Pour le reste, Monseigneur, je supplie tres humblement Votre Altesse Royalle, d'avoir la bonté de continuer ses bonnes graces envers moi, et d'être persuadée que je n'ai rien tant à coeur, que de pouvoir être employé en des occasions plus dignes d'Elle et de son service, moi qui suis avec un zele sans pareil

Monseigneur

De Votre Altesse Royalle

Le tres humble & tres obeissant serviteur
Jean Sebastien Bach.

Coethen. d. 24 Mar 1721.

»Ihrer Königlichen Hoheit,
Euer Gnaden
Christian Ludwig, Markgraf von Brandenburg.
Hoher Herr.

Da ich vor einigen Jahren das Glück hatte, mich vor Eurer Königlichen Hoheit auf Ihren Befehl hin hören zu lassen, und da ich dabei bemerke, daß Sie einigen Gefallen an den kleinen Gaben fand, die mir der Himmel für die Musik verliehen hat, und da beim Verabschieden mich Eure Königliche Hoheit mit dem Auftrag zu beehren beliebte, Ihr einige Stücke meiner Komposition zu übersenden: so habe ich denn gemäß Ihrem allergnädigsten Auftrag mir die Freiheit genommen, Eurer Königlichen Hoheit meine ergebensten Aufwartungen mit den vorliegenden Konzerten zu machen, die ich für mehrere Instrumente eingerichtet habe; dabei bitte ich ergebenst, deren Unvollkommenheit nicht nach der Richtschnur des feinen und erlesenen Geschmacks beurteilen zu wollen, den Sie, wie jedermann weiß, für die musikalischen Werke hat, sondern die tiefe Ehrfurcht und den ergebensten Gehorsam, die ich Ihr damit zu bezeigen trachte, wohlwollend in Betracht zu ziehen. Schließlich bitte ich Eure Königliche Hoheit ergebenst, die Güte zu haben, ihre Wohlgewogenheit mir weiterhin zu bewahren und überzeugt zu sein, daß mir nichts so sehr am Herzen liegt, als zu Gelegenheiten herangezogen zu werden, die Ihrer und Ihres Dienstes würdiger sind, ich, der ich mit unvergleichlichem Eifer

Eurer Königlichen Hoheit

ergebenster und gehorsamster Diener bin

Cöthen, den 24. März 1721.

Johann Sebastian Bach.«[32]

Die für ein Schreiben an einen hohen Herrn unbedingt notwendige untertänige »Höflichkeit« machte eine Abfassung in der Kultursprache des Absolutismus – Französisch – unumgänglich, welche Bach, soweit man weiß, kaum beherrschte und sich deshalb den Brief, auch im Hinblick auf die devoten Wortwendungen, vermutlich hat übersetzen lassen. Dies führt sogleich auf sachliche Probleme, die sich aus einer genauen Betrachtung des Textes ergeben und die den Blick sowohl auf den Anlass zum Schreiben und Übersenden der Partitur lenken wie auch auf die Person des Widmungsträgers.

Wann traf Bach den Markgrafen?

Die Übersetzung »vor einigen Jahren« am Beginn des Textes ist nicht unumstritten. Im Original heißt es »il y a une couple d'anneés«, was man mit Besseler und gestützt durch den auch heute noch üblichen französischen Sprachgebrauch auffassen kann als die Angabe von »ein Paar«, also zwei Jahren, und nicht »ein paar Jahren«, also »einigen«. Auf der letztgenannten Deutung hat Hans-Joachim Schulze bestanden.[33] Die Alternative »ein Paar« würde folgern lassen, dass das Treffen etwa im Frühjahr 1719 stattgefunden hätte und nicht während eines der Bade- und Kuraufenthalte von Fürst Leopold in Karlsbad, von denen einer für den Mai 1718 nachgewiesen ist und auf den neben Bach sechs Musiker der Hofkapelle mitgenommen wurden. Dass Christian Ludwig zugleich anwesend war, ist reine Hypothese, die einerseits darauf beruht, dass Karlsbad damals wie auch noch später ein internationales Kurzentrum des Hochadels war, andererseits auf der Vermutung, dass das gering besetzte V. Konzert extra zu diesem Anlass geschrieben worden sei, da seine Stimmenzahl und die technisch nicht sehr anspruchvollen Partien von Flöte und Sologeige der Anzahl und Spielfähigkeit der mitgereisten Hofmusiker entsprächen (vgl. hierzu S. 129).

Zwei Jahre vor dem März 1721, nämlich im März 1719, war Bach tatsächlich in Berlin, um ein neues Cembalo des Klavierbauers Michael Mietke für den Köthener Hof abzuholen. Und es wäre zu vermuten und auch sachlich gegeben, dass er im Jahre 1718 schon einmal da gewesen war, um das Instrument zu bestellen und mit Mietke die baulichen Einzelheiten zu besprechen.[34] Christian Ludwig, Onkel des herrschenden Königs Friedrich Wilhelm I., des »Soldatenkönigs«, residierte in dem 1713 fertig gestellten Berliner königlichen Schloss, verfügte über große finanzielle Mittel, eine Bilder- und Musikaliensammlung und eine Kapelle. Selbst wenn Bach ihm schon vorher – wo auch immer – begegnet sein sollte: Hier hat er ihn sicher getroffen. Diese Gewissheit hat folgenden Hintergrund: Der »Soldatenkönig« entließ bei Thronbesteigung 1713 die gesamte Hofkapelle, von der sich sechs Musiker bald in Leopolds

Köthener Kapelle wiederfanden und Bach zweifellos über die Berliner Musikszene und damit auch über Christian Ludwig informiert haben dürften. Damit war ab 1713 das Musikleben am Berliner Hof bis zu Friedrich Wilhelms Tod 1740 und der Übernahme der Herrschaft durch Friedrich II. erloschen – mit einer Ausnahme: »In diesen Jahren hatte Markgraf Christian Ludwig seine Mission. Er hielt an der Verbindung mit dem Musischen fest, wie es sein Bruder Friedrich [I., bis 1713] während der ersten Königszeit getan hatte. So gab es im Herrscherhause auch nach 1713 einen Mann, der eine eigene Kapelle unterhielt. Markgraf Christian Ludwig […] dürfte unter den Musikern und Musikfreunden Berlins die Hauptfigur gewesen sein.«[35] Er bildete also die kulturelle Brücke zwischen den beiden Friedrichs, und es ist mehr als wahrscheinlich, dass dieser Hüter und Wahrer der Musik in einem ernüchterten Land auch Vertrauter des musikalisch vereinsamten Kronprinzen Friedrich war, allerdings noch nicht 1719, da Friedrich zu diesem Zeitpunkt erst neun Jahre alt war. Wenn ein Musiker wie Bach in dieser musikalischen Interims-Zeit Berlin besuchte, war es so gut wie unmöglich, eine Person nicht aufzusuchen, nämlich Christian Ludwig, dies umso mehr, als er ein Empfehlungsschreiben von Fürst Leopold mit sich geführt haben wird. Denn dieser dürfte den musikliebenden Markgrafen aus den Jahren 1707 bis 1710 gekannt haben, als er vor seiner Köthener Thronbesteigung die Berliner Ritterakademie besuchte, eine jener Ausbildungsstätten für den hohen Adel, zu deren Programm neben vielem anderen auch die Musik gehörte.

Ich plädiere demnach dafür, das »couple d'années« erneut und weiterhin als poetische Umschreibung einer Zweijahres-Frist zu verstehen und die Begegnung für 1719 anzunehmen.

Wurden die Konzerte in Berlin aufgeführt?

In Bachs Schreiben heißt es, er habe sich vor Christian Ludwig zu dessen Wohlgefallen »hören lassen« (»me faire entendre«). Es ist daraus geschlossen worden, Bach habe mit des Markgrafen Kapelle Teile der sechs Konzerte aufgeführt und der Markgraf habe seine Freude daran mit dem Auftrag verbunden, dies und noch mehr in Partitur zu erhalten. Das erscheint höchst unwahrscheinlich. Bach kann sich kaum einem Wunsch des Markgrafen verschlossen haben, die mitgebrachten Noten von einem Kopisten abschreiben zu lassen. Im höchsten Falle könnte er gesagt haben, er müsse die Stücke noch verbessern und ergänzen, ehe er sie dann von Köthen aus schicken werde. Die Bitte des Markgrafen war aber, ihm »einige Stücke meiner Komposition zu übersenden« (»quelques pieces de ma Composition«). Das klingt nicht so, als handele es sich um Musik, die der Markgraf schon kannte. Viel wahrscheinlicher ist, dass Bach seine pianistischen Fähigkeiten produzierte, vielleicht auf dem neuen, großen Cembalo von Mietke, und dass der Markgraf ihn fragte, ob es denn auch Konzertmusik von ihm gebe, die er mit seiner Kapelle aufführen könne.

Es ist immer wieder behauptet worden, der Markgraf habe die Konzerte nie aufgeführt, und zwar mit zwei Argumenten: a) Die Partitur-Reinschrift Bachs, wie sie nach der Aufteilung der Notensammlung nach Christian Ludwigs Tod 1734 zu einem Mitglied der Herrscherfamilie kam, später auf den Bach-Schüler Johann Philipp Kirnberger überging und von ihm aus in die Bibliothek seiner Schülerin Anna Amalie von Preußen gelangte, diese Partitur enthalte keine Gebrauchsspuren (zu der Wahrscheinlichkeit, dass Anna Amalies Bruder, Friedrich II., sie kannte, vgl. S. 70). Und b) Die Kapelle des Markgrafen sei viel zu klein gewesen, um die Konzerte aufzuführen.

Zu a: Wenn ein Kenner der Musik wie Christian Ludwig so etwas Wertvolles besaß wie Bachs eigenhändige Reinschrift, wird er dafür gesorgt haben, dass sie nicht verdorben wird. Und welche Gebrauchsspuren sind gemeint? Die Kopisten, welche die Einzelstimmen aus der Partitur abschrieben, wendeten nur die Seiten um. Viel mehr würde auch ein Dirigent nicht getan haben. Allerdings: Vergleichsweise klein besetzte Musik wie die Brandenburgischen Konzerte wurden ohne Dirigenten gespielt. Cembalist und erster Geiger, also der Konzertmeister, leiteten gemeinsam in »Doppeldirektion«. Die Partitur wurde nur zu Rate gezogen, wenn etwas nicht zusammenpasste oder ein Kopistenfehler zu vermuten war. Oder sie diente dem kennerischen Zuhörer, hier etwa Christian Ludwig, zum hörenden Mitlesen der satztechnischen Feinheiten.

Zu b: Niemand weiß, wie groß die Kapelle des Markgrafen 1721 war. Nach seinem Tode tauchen tatsächlich die Namen von nur vier bis sechs Musikern auf, aber nur von solchen, die um ausstehende Besoldung baten oder um Geld für Trauerkleidung. Falls tatsächlich um 1720 die Kapelle zu klein gewesen sein sollte, um Konzerte wie das I. oder das III. aufzuführen, dürfte es für einen reichen Mann wie Christian Ludwig kein Problem gewesen sein, die zur Aufführung fehlenden Musiker anzumieten. Und wer wird wohl an den zwanzig Notenpulten gestanden haben, die nach Christian Ludwigs Tod gezählt wurden? Vor allem: Welchen Zweck sollte Bach verfolgt haben, dem Widmungsträger Stücke zu übersenden, von deren Unaufführbarkeit er wusste, da er doch mit ihm im Austausch gestanden hatte?

Die Partitur als Bewerbungsschreiben?

Bach schreibt, er hoffe, »zu Gelegenheiten herangezogen zu werden, die Ihrer und Ihres Dienstes würdiger sind« (»en des occasions plus dignes d'Elle et de son service«), also doch wohl würdiger, als es ein einmaliger Auftrag zur Übersendung von Kompositionen sein konnte. Man hat – wenn auch nicht ohne Widerspruch[36] – diese Formulierung als »verkappte Bewerbung«[37] um einen Kapellmeister-Posten oder zumindest um die Bestallung zu einem markgräflichen Komponisten »außer Haus« verstanden, also ohne Berliner Residenzpflicht, so wie sie Bach später von Leipzig aus unter anderem für den Köthener Hof wahrgenommen hat. Dies erscheint einleuchtend, einmal weil Bach nicht einen Kopisten die Partitur schreiben ließ, sondern sich mit der eigenhändigen Niederschrift eine Mühe machte, wie sie einer Bewerbungsabsicht durchaus entsprechen könnte,[38] dann weil Bach sich mehrfach in der Köthener Zeit fortbewarb, unter anderem ein Jahr zuvor nach Hamburg auf eine Organisten-, wenn nicht Musikdirektoren-Stelle. Wie sich das mit seiner 1730 bekundeten Begeisterung über Fürst Leopold und die Köthener Jahre verträgt, ist eine hier nicht zu erörternde Frage, da sie Bachs lebenslange Unruhe in allen Ämtern betrifft, die er bekleidete. Die »amusa« jedenfalls, als welche sich nach Bachs späteren Worten Leopolds Frau herausstellte, wodurch angeblich die Musikliebe des Fürsten »in etwas laulicht werden wolte«, kann für diese Fortbewerbungen nicht verantwortlich gewesen sein. Denn die Eheschließung mit dem Fürsten fand erst im Dezember 1721 statt, und die »amusa« hinterließ nach ihrem frühen Tode einige Musikalien.[39]

Sind die Gründe für Bachs stürmischen Abschied von Weimar recht klar und einleuchtend – der Streit mit dem älteren Herzog, vor allem aber die Bevorzugung eines anderen bei der Neubesetzung des Hofkapellmeister-Postens 1717 –, so liegen jene für das Fortstreben aus Köthen im Dunkeln. Alles was man früher geglaubt hat, sei es die »amusa« oder eine Reduzierung des Musiketats, hat sich in Luft aufgelöst. Allerdings schrumpfte in den letzten Jahren die Hofkapelle, ohne dass Stellen neu besetzt wurden. Als gewichtigste Gründe für Bachs Fortstreben erscheinen zunächst die vielfachen Folgen, die sich daraus ergaben, dass Bach als Lutheraner an einem Hof arbeitete, der – wie demzufolge auch das ganz Land – reformierten oder kurz calvinistischen Bekenntnisses war, also jener sittenstrengen und nüchternen Lehre der Reformatoren Calvin und Zwingli folgte, welche äußerste Einfachheit in Lebensführung und Gottesdienst verlangt und folglich jeden, auch schlichten bildlichen Schmuck aus der Kirche verbannt.[40] Zwei dieser Folgen seien hier genannt: Erstens wurden zwar Anhänger anderer Bekenntnisse geduldet – Leopold gab sich liberal –, aber sie wurden benachteiligt. So war die lutherische Schule, auf die Bachs Kinder vermutlich gingen, ständig unterversorgt. 117 Schüler saßen in einer Klasse und wurden von einem spielsüchtigen Trinker unterrichtet. Bach musste an die Ausbildung seiner Kinder (sprich: der Söhne) denken, auch die zukünftige, möglicherweise universitäre. Und die gab es beispielsweise in Leipzig. Zweitens: Der Calvinismus untersagt auch musikalische Prachtentfaltung in der Kirche. Liedgesang ist möglich, viel mehr nicht. Lediglich einige wenige Kantaten waren von Bach in Köthen zu komponieren, zum Neujahrsfest und zu den fürstlichen Jubiläen und Feiern, ob Geburtstagen, Eheschließungen oder Taufen. Bach, der sich offenbar in der Eile seines Weimarer Aufbruchs nicht aussuchen konnte, wohin er gehen sollte – eine Verbindung nach Zerbst scheint nicht aussichtsreich gewesen zu sein –, musste demnach im neuen Dienst gerade auf das verzichten, womit er in Weimar so prächtig vorangekommen war: virtuoses Orgelspiel und Komposition von eindrucksvollen Orgelwerken und großen Kirchenkantaten. Hier kommen wieder die »Sechs Konzerte mit mehreren Instrumenten« ins Spiel: Wenn sie in Weimar entstanden wären, hätte Bach doch wenigstens die dritte dort erworbene Fähigkeit, das Komponieren großer Konzerte, in Köthen ausgezeichnet fortsetzen können. Aber wodurch? Das Rätsel bliebe, es sei denn, die meisten der Brandenburgischen und die anderen Konzerte sowie die Orchestersuiten seien – wie Rampe/Sackmann nahe legen – eben doch die Köthener Weiterentwicklung der Weimarer Neuerungen.

Noch ein weiterer Grund für das Fortstreben aus Köthen lässt sich nennen, weitab von Konfessionsfragen, aber von allgemeiner Gültigkeit für alle Menschen jener Zeit, die ohne blaues Blut waren: Was würde werden, wenn Fürst Leopold starb? Der Fürst verfügte offenbar nicht über eine gefestigte Gesundheit.[41] Bach mochte an den Regierungsantritt des »Soldatenkönigs« 1713 denken und dürfte, die Weimarer Erlebnisse von 1717 vor Augen, mit Telemann gedacht haben: »Wer Zeit Lebens fest sitzen will, muß sich in einer Republik niederlassen«, also einer freien Reichsstadt. Oder er las in den gerade 1719 erschienenen *Musicalischen Discursen* von Telemanns Freund Johann Beer folgende Passage: »Viele fürstliche Musiker sehnen sich nach den Städten, weil der Dienst an den Höfen so unsicher ist und er den Wanderstab ergreifen muß, sobald man aus der Gunst der Herren fällt oder die Musik am Hofe eingeschränkt wird [...] Heute muß man mit dem Hofe da-, morgen dorthin. Tag und Nacht leidet da keinen Unterschied; Sturmwind, Regen und Sonnenschein gilt da eines wie das andere. Heute muß man zu der Tafel, übermorgen aufs Theatrum. Gegen solche Unruhe geht es in den Städten etwas ruhiger zu.«

Rezeption

Näheres über die Entstehungsbedingungen, stilistischen Voraussetzungen und Eigenheiten der Konzerte wird man bei deren Besprechung erfahren, so gut wie nichts aber zu deren Rezeption, falls man darunter lediglich die spätere Geschichte von Aufführungen und Beurteilungen versteht. Hierzu ist in neuerer Literatur Wichtiges zusammengetragen worden.[42] Bachs Instrumentalkonzerte sind im späten 18. Jahrhundert und dann verstärkt seit der Zeit um 1800 hier und da in Kennerkreisen aufgeführt worden. Davon zeugt eine nicht große, aber kontinuierliche Handschriften-Überlieferung, auch der Brandenburgischen Konzerte, vor allem des V., aber auch des II., III. und VI. Eine zentrale Rolle in der anhebenden Bach-Renaissance haben die Konzerte aber nicht gespielt, sehr im Unterschied zur Klaviermusik wie dem *Wohltemperierten Klavier,* der *Chromatischen Fantasie und Fuge* oder der *Kunst der Fuge,* die bereits zu Beginn des 19. Jahrhunderts gedruckt waren und sich unter historisch interessierten Kennern und wohl auch einigen Liebhabern lebhafter Zustimmung erfreuten, so auch einige geistliche Vokalstücke, die zwar nicht gedruckt waren, aber handschriftlich kursierten und deren versprengtes Üben dann in die epochale Wiederaufführung der *Matthäus-Passion* 1829 unter Felix Mendelssohn Bartholdy mündete.[43] Er war es auch, der immer wieder Bachs Klavierkonzert in d-Moll und jenes für drei Klaviere aufführte, unter anderen zusammen mit Clara Schumann. In einer speziellen Reihe der Leipziger Gewandhaus-Konzerte, den *Historischen Konzerten,* plante er die Aufführung des III. Brandenburgischen Konzertes, welche 1835 im Frankfurter Cäcilienverein unter der Titelangabe »10-stimmiges Allegro für Saiteninstrumente« tatsächlich stattfand und in den Gewandhaus-Konzerten der 1850er- bis 1870er-Jahre unter Julius Rietz und Carl Reinecke mehrfach wiederholt wurde. Auch die auf das dritte folgenden Konzerte der Reihe erklangen dort.

Kenntnis und Aufführungen der Konzerte waren Mendelssohn durch seinen Lehrer Carl Friedrich Zelter vertraut, welcher in der 1807 gegründeten, der Berliner Singakademie angeschlossenen und zur Übung des Begleitorchesters bestimmten *Ripien-Schule* einige der Konzerte musizierte, das II., IV., V. und VI., selbstverständlich nicht öffentlich. Denn Zelter war im Unterschied zu seinem Schüler der Meinung, dass Bachs Musik, wenn sie über die Dimensionen des *Wohltemperierten Klaviers* hinausging, das Publikum entweder überfordern oder langweilen werde. Auf ihn scheint auch die über hundert Jahre andauernde Tradition zurückzugehen, die Trompetenpartie des II. Konzertes der Klarinette anzuvertrauen.[44]

In diesen Jahrzehnten des allmählichen Aufstieges der Bach'schen Musik zu einem kompositorischen und nationalen Vorbild – und Letzteres ist eben auch einer der Gründe des Aufstieges – sind aber noch andere Arten der Rezeption zu beachten, nämlich eben nicht nur rezeptive, sondern auch produktive. Wichtig ist hier einmal das Denken über Bach, wie es sich in schriftlichen Äußerungen spiegelt, etwa in der ersten Bach-Biographie von Johann Nikolaus Forkel von 1802,[45] dann aber auch die Aufnahme des Bach'schen Stiles in die Kompositionsweise der von seiner Musik begeisterten Komponisten der so genannten klassisch-romantischen Periode. Hierzu ist – nimmt man Mozart und den späten Beethoven aus – bisher nur wenig geschrieben worden. Hinweise auf Spuren der Brandenburgischen Konzerte bei Haydn und beim mittleren Beethoven werden in den Abschnitten zu den Konzerten II und IV auftauchen (vgl. S. 70f. und S. 119ff.). Dass Wagner die Konzerte kannte, ist möglich (vgl. S. 63). Brahms kannte sie ohne Zweifel, da er im entsprechenden Band der Alten Gesamtausgabe (1869) im Verzeichnis der Mitglieder der Bach-Gesellschaft unter jenen aus Wien auftaucht – »Herr Brahms, J., Tonkünstler« –, den Band also automatisch erhielt. Auch war er Mitarbeiter dieser Ausgabe, die ab 1850 das große Unternehmen begann, die gesamte Musik des Thomaskantors – und dies war das zentrale Bach-Bild für Generationen – in der Welt bekannt zu machen. Die Zeit der sechs Konzerte, Weimar und Köthen, ist erst sehr viel später als zentraler Ausgangspunkt des Bach'schen Komponierens ins Blickfeld gerückt worden. Das wichtige Buch von Friedrich Smend, *Bach in Köthen*, erschien erst 1950.

Musiker und Komponisten scheinen sich nach Beginn des 20. Jahrhunderts nur zögernd mit den Konzerten beschäftigt zu haben – Max Reger bemühte sich 1905, sie durch eine Bearbeitung für vierhändiges Klavier bekannt zu machen –, haben sich dann aber seit den 1920er-Jahren, als die Historische Aufführungspraxis an Ausstrahlung gewann und die Komponisten, von Hindemith bis Strawinsky, neue Orientierungspunkte für eine nachromantische Identität suchten, zunehmend den Brandenburgischen Konzerten zugewandt. Hierüber sich Gedanken zu machen, nicht nur im Blick auf Bach, sondern auch auf die genannte Komponistengeneration, wäre sicherlich lohnend, auch weil dabei Wesentliches über die Funktion Bachs im Nationalsozialismus und bei dessen Gegnern zutage treten könnte, wie ich es am Beispiel der *Kunst der Fuge* zu zeigen versucht habe.[46] Vorausweisend auf Gedanken zur Zyklusbildung der Konzerte und zur Möglichkeit oder Unmöglichkeit ihrer zyklischen Aufführung, wie sie im Schlusskapitel angesprochen werden, soll eine Erinnerung Rudolf Ellers stehen, die er 1981 in der Diskussion zum Referat von Karl Heller über die Rezeptionsgeschichte der Bach-Konzerte äußerte:[47] »Eine Gesamtaufführung der Brandenburgischen Konzerte war in Deutschland noch in den 1930er Jahren eine Sensation.«

Kehren wir abschließend zu den Anfangsfragen zurück: Hat sich aus der Darstellung der Forschungsgeschichte etwas Deutliches über Beruf und Arbeitsweise Bachs ergeben, und lässt sich dadurch etwas vom Menschen Bach begreifen? Über die beruflichen Voraussetzungen für die Brandenburgischen Konzerte hat sich wenig erkennen lassen, da zwar die problematischen Bedingungen in Weimar wie in Köthen sich abzeichnen, aber im Hin und Her der Forschung bisher nicht eindeutig zu entscheiden ist, an welchem Ort – oder auch an beiden? – die Konzerte entstanden sind. So ist die Frage nach einem möglichen beruflichen Hintergrund für Faktur und Ausstrahlung der Werke nicht zu beantworten.

Zur Arbeitsweise jedoch ist etwas zum Vorschein gekommen: Bach war kein Vielschreiber oder Massenproduzent wie etwa Telemann (was über die Qualität von dessen Werken nichts besagt), sondern er hat offenbar an bestimmten kompositorischen Ideen lange festgehalten und diese in immer neuem Umformen und Bearbeiten weniger Beispiele zu verwirklichen gesucht. Dabei ist ihm – die Besprechung der einzelnen Konzerte wird es zeigen – auch spontanes Erneuern, Ergänzen, Zusammen- und Umstellen nicht fremd gewesen, vielleicht auch weil er in nie erlahmendem Interesse an allem Neuen und Fremden stets unter den Ersten war, die sich eine neue musikalische Sprache anverwandelten, soweit sie sich in seine Konzeptionen einverleiben ließ. Der Eindruck, er habe sich dabei an vergleichsweise wenigen Beispielen abgearbeitet, ist wohl kaum das Ergebnis immenser Verluste an wichtigen Werken. Die Söhne hätten dies zweifellos vermerkt und beispielsweise dem Biographen Forkel mitgeteilt.

Bach hat sich mit seinen Ideen offensichtlich manchmal zu viel vorgenommen. Häufig schon ist bemerkt worden, dass er hin und wieder im Realisieren größerer zyklischer Pläne erlahmte, sie entweder abbrach oder nicht abzuschließen vermochte. Das *Orgelbüchlein* und die *Kunst der Fuge* können als Beispiele solchen Erlahmens dienen. Will man aus diesen Beobachtungen und Vermutungen auf den Menschen Bach und seinen Charakter schließen, so könnte man, anschließend an eine zeitgenössische Äußerung über ihn – »weil er nicht aufzuhalten« –, auf folgende Begriffsreihe kommen: Gründlichkeit, Hartnäckigkeit, ja Zähigkeit, aber ohne blinden Eifer, Bedächtigkeit neben schnellen Entschlüssen, Neugier und Denkschnelligkeit, vielleicht mit einem Zug zur Selbstüberforderung, aber – bei aller Tatkraft – auch zu Selbstzweifeln, was eine angemessene Umsetzung der Ideen in klingende Musik betrifft. Die folgenden Kapitel werden Aspekte solcher Charakterzüge erkennen lassen.

Konzert I · F-Dur

BWV 1046

Violino piccolo

Corno I, Corno II – Oboe I, Oboe II, Oboe III, Fagotto –
Violino piccolo – Violino I, Violino II, Viola, Violoncello,
Continuo e Violone grosso

Die Frühfassung: Eine Kantatenouvertüre?

Ende Februar 1716 wurde die Bach'sche Kantate »Diana, Endymion, Pan und Pales, Am Hoch-Fürstl. Gebuhrts-Festin [frz.: Fest] Herrn Hertzog Christians zu Sachsen-Weissenfels nach gehaltenen Kampff-Jagen im Fürstl. Jäger-Hofe bei einer Tafel-Musik aufgeführet«. Es ist die so genannte Jagd-Kantate (BWV 208). Christian war der Vetter von Herzog Wilhelm Ernst von Sachsen-Weimar, dessen Hoforganist und »Cammer-Musicus« Bach seit 1708 war. Christians Geburtstag war der 23. Februar. Aber das muss nicht der Aufführungstag gewesen sein, denn die Feste der Großen dauerten oft mehrere Wochen, das Hochzeitsfest von Christians Vorgänger beispielsweise vom 13. Februar bis zum 3. März 1698, ebenfalls in Anwesenheit des Weimarer Herzogs, der mit einem Gefolge von 100 Personen und 112 Pferden erschienen war.[1] Bachs Festkantate war besonders prächtig: Zu ihrer Besetzung gehören außer dem Streichorchester zwei Jagdhörner (*Corni di caccia*), welche bei der Arie der Diana spielten, sowie drei Oboen, die Pan begleiteten. Früher als an jedem anderen deutschen Hof waren in Weißenfels bereits 1706 zwei Musiker ausdrücklich als Hornisten eingestellt worden.[2] Die beiden wichtigsten mythologischen Figuren der Kantate wurden auch anderenorts bei Hoffeiern durch diese Instrumentengruppen begleitet, so während vieler Dresdner Festaufzüge seit Ende des 17. Jahrhunderts. Dass Bach bei der Weißenfelser Feier anwesend war, ist nicht erwiesen, aber höchst wahrscheinlich. Denn wer sollte sonst die recht komplizierte Kantate geleitet haben? Außerdem dürfte Bach ein besonderes Entgelt durch seinen Dienstherrn für die Aufführung erhalten haben, der diese als Geschenk präsentierte. Schließlich war die Anwesenheit auch wichtig, da der Beschenkte zweifellos als Anerkennung für die Musiker in seine Privatschatulle gegriffen haben wird, besonders tief wohl für den »Anführer« der Musik.

Drei Jahre vorher war Bach aber nachweislich mehrere Tage in Weißenfels, und zwar als Ersatzkomponist für den seit genau diesem Jahr in den Altersruhestand entlassenen Hofkapellmeister Johann Philipp Krieger, der zuvor stets die Geburtstagsmusik geliefert hatte.[3] Nach den Hofabrechungen wurden bezahlt »auf Serenissimi Hohen Geburtstag zur Aufwartung [...] H. Johann Sebastian Bach, Hoff Organist zu Weymar, tägl. 16 g Kostgeld«. (16 Groschen sind zwei Drittel eines Reichstalers, an Kaufkraft vielleicht so viel wie 30 Euro heutzutage.)

Entstehung und Funktion der Frühfassung: Eine Jagd-Musik?

Ein fürstliches Fest ohne eine große Jagd entbehrte jeden Glanzes. Und so fand am 27. Februar 1713 ein »Lust Jagen im Jäger Hauße« statt und »Abends lange Taffel im Jäger Hauße auff dem Saale«. Es ist anzunehmen, dass hier die Kantate auch schon aufgeführt wurde.[4] Sie beginnt mit einem Rezitativ, dessen Textanfang inzwischen zu ihrem Titel geworden ist: »Was mir behagt, ist nur die muntre Jagd«. Nur: Eine große Kantate, ob weltlich oder kirchlich, kann unmöglich mit einem Rezitativ beginnen. Sie muss mit einer *Sinfonia* anfangen, einem groß besetzten Stück, das auch einen Chor enthalten kann. Und diese *Sinfonia* ist höchstwahrscheinlich eine Frühform des I. Brandenburgischen Konzertes, wenn auch keine letzte Gewissheit darüber besteht.[5]

Die Funktion als Kantaten-Eröffnung legt nicht nur die der Kantate gleiche Besetzung nahe (2 Hörner, 3 Oboen, Streicher), sondern auch die in der Kantate zentral vertretene Tonart F-Dur und vor allem die noch zu besprechende Jagd-Semantik des ersten der drei Sätze. Drei, nicht vier! Denn es handelt sich noch nicht um das Konzert, wie wir es kennen, sondern eben um eine Frühfassung, die man aus einer Partitur-Abschrift kennt, welche Christian Friedrich Penzel, Chorpräfekt der Thomasschule, nach dem Tode Bachs aus Stimmen angefertigt hat.[6] Dieser Frühfassung des ersten Konzertes, passend *Sinfonia* genannt, fehlten noch das zweite Allegro, die Polonaise aus dem mehrteiligen Menuett, von Bach *Poloinesse* genannt, die gesamte Partie des *Violino piccolo*, und sie enthält auch noch einige kleinere satztechnische Varianten gegenüber der endgültigen Fassung. Sie bestand also aus dem großen Eröffnungssatz, dem jammervollen Adagio in d-Moll und dem mehrfach wiederholten Menuett mit zwei eingelagerten Bläsertrios, in denen gemäß der Jagd-Besetzung einmal die Oboen, dann die Hörner zum Zuge kommen. Mit dieser Satzfolge schnell – langsam – Tanzsatz entsprach die *Sinfonia*, auch in ihrer Funktion als Einleitung, genau der zeitgenössischen italienischen Opern- und Oratorien-Sinfonia, wie sie Alessandro Scarlatti komponierte.[7]

Die Geschichte des Konzertes ist aber, was die ursprüngliche Satzfolge betrifft, noch komplizierter: In Penzels Abschrift gehen in weiten Teilen des Konzertes die drei Oboen mit Geigen und Bratsche parallel. Die dritte Oboe weicht aber immer dann davon ab, wenn die Bratsche unter c^1 geht, den unteren Grenzton der Barock-Oboe. Daraus kann man schließen, dass für die *Sinfonia* eine Vorlage benutzt wurde, welche nicht den dreistimmigen Oboensatz plus Fagott enthielt, sondern den vollständigen und zeitüblichen Satz der Doppelrohrblattinstrumente mit der *taille*, also – statt dritter Oboe – der

Tenoroboe, die tiefer reichte. Beobachtungen ähnlicher Art legen auch nahe, dass der ursprüngliche zweite Einlagesatz des Menuetts – Trio II – getrennt von den anderen Menuett-Sätzen entstanden ist. Diese Vorlage für die *Sinfonia*, vielleicht sogar nur zweisätzig, könnte schon recht früh entstanden sein, möglicherweise ebenfalls als Kantateneinleitung.[8] Andererseits wird die Einleitung, wie sie uns in der *Sinfonia* entgegentritt, wegen bestimmter stilistischer Details teilweise eher auf 1716 als auf 1713 oder gar noch früher datiert.[9] Bleiben wir in dieser unsicheren Situation ungefähr in der Mitte, etwa 1713.

Jagdfeste wie das in Weißenfels haben nicht im Schloss stattgefunden, sondern in einem »Jäger Hauße«. Dieses hatte Christians Vorgänger, Herzog Johann Georg, ein passionierter Jäger, auf den Mauern eines klösterlichen Viehhofes in Weißenfels errichten lassen, zugleich mit dem Jagdschloss Friedenstal im Walde bei Freyburg an der Unstrut.[10] Solch ein »Gebuhrts-Festin« muss man sich als ein Spektakel für alle Sinne vorstellen. Neben gewaltigem Tafeln, Redouten-Bällen, Opern- und Komödienaufführungen, Karnevalsfesten, Tierschießen, Rennen und fürstlichen »Bauernhochzeiten« gab es sicherlich auch bei den Festkonzerten nach einer Jagd viel zu sehen, beispielsweise Köpfe und Geweihe der Beute oder die uns aus Schlossmuseen bekannten Gobelins mit Jagddarstellungen – das Verfolgen, das Sterben der Tiere und der festliche Jubel der Jäger. Schließlich gab es auch viel zu hören, nämlich neben der Musik theatralische Vorträge oder Rezitationen. Selbstverständlich wurde auch getanzt, zum Beispiel zum Menuett, wenn nicht vorher schon zu Bachs Musik Szenisches oder Pantomimisches aufgeführt worden war. Manchmal mussten die Musiker bei solchen Anlässen in Jäger- oder sogar Tier-Kostümen erscheinen, wie von ähnlichen Gelegenheiten bekannt ist. Wie alles bei so einem Fest war auch die Musik auf die erregenden Erlebnisse der Jagd und auf ihren »Gott«, Herzog Christian, bezogen. Damit sich untersuchen lässt, wie Bachs Musik dies getan haben könnte, sollte zunächst gesagt werden, auf welche Art im Februar 1713, aber auch sonst bei besonders großartigen Fürstenfeiern gejagt wurde.

Aufklärung erhalten wir durch eine der Jagdautoritäten des frühen 18. Jahrhunderts, Heinrich Wilhelm Döbel, der 1746 ein Standardwerk veröffentlichte: *Neueröffnete Jäger-Praktika* (ich zitiere aus der 4. Auflage Leipzig 1828, deren zweiter Teil, der die Jagdarten beschreibt und noch »das Gepräge alterthümlicher Kraft und Sitte« hat, die Formulierungen von 1746 unverändert übernimmt). Döbel war 1714–1717 in Harzgerode im Südharz zum Jäger ausgebildet worden, also in unmittelbarer zeitlicher und auch räumlicher Nähe zu Bachs Aufführungen, denn der Ort liegt nur etwa 20 Kilometer nördlich der Nordwestgrenze des damaligen Sachsen-Weißenfels. 1733 wurde Döbel für seine Verdienste zum kurfürstlich-sächsischen Ober-Piqueur ernannt, eine

Bezeichnung, die bereits auf die beliebteste fürstliche Jagdart hinweist. Denn Piqueur heißt soviel wie Parforce-Jäger. Während nämlich jenes »Kampff-Jagen«, welches 1716 stattfand, im Gegeneinanderhetzen einzelner Tiere oder Tiergruppen unterschiedlicher Art in einer Arena bestand, das schließlich im Abschießen der Sieger oder der noch lebenden Verlierer endete, war das »Lust Jagen« von 1713 ein ergötzlicher Scheinkampf, wie auch das altdeutsche Wort »Lust-Kampf« ein Turnier bezeichnet. Zwar kommt das Wort »Lust« bei Döbel auch in allgemeiner Bedeutung vor: Neben dem Nützlichen einer Jagd sind »Waidlust« und »Lust und Ergötzung« wesentliche Elemente und erzeugen »das Vergnügen solcher Jagden«. Aber er benutzt das Wort auch im spezifischen Sinne: »Parforcejagd zur Lust mit Hunden angestellt [...], was aber sehr kostbar [teuer] und nur für große Jagdherren ist, die Macht und Land genug haben, weil dazu eben so viel Geld als Raum gehört.« Diese Jagdart, aus Frankreich übernommen, besteht im oft stundenlangen Verfolgen weniger oder einzelner Tiere des Hochwildes, teilweise auch Schwarzwildes, durch große Hundemeuten und zahlreiche Reiter, bis das Wild so ermüdet ist, dass es von den Hunden gestellt und schließlich von den Jägern, allen voran dem fürstlichen Jagdherrn, mit einem Schuss oder mit einem langen Dolch (Hirschfänger) getötet wird. Viele Bilder aus jener Zeit führen uns sowohl die Verfolgung als auch den triumphalen und finalen Moment vor Augen. Da dieses Schein- oder »Lust Jagen« »einzig und allein zur größten Lust und Pracht eines großen Herrn sich eignet« und »das Vergnügen solcher Jagden [...] eine ächt fürstliche und ritterliche und allem Edlen in der Welt eigenthümliche Lust und Ergötzung ist und immerdar bleiben wird«, ist dies ein »Prachtspiel für Fürsten und Herren, denen es hierin der bloße Edelmann nicht nachmachen kann«. Für die Geburtstagsfeier von Christian von Weißenfels war es das einzig Angemessene. Auch Döbels Hinweise, »die gewöhnliche Zeit zum Parforcejagen ist im Frühjahre« und dass eigens zu dieser Jagdart »ein wohl eingerichtetes Jägerhaus erfordert« werde, stimmen mit Zeit- und Ortsangaben des Weißenfelser Geburtstagsjagens überein.

Dass Herzog Christian von mir als Gott dieser Jagd bezeichnet wurde, war keine Übertreibung. Eine zentrale Passage bei Döbel gibt eine politische Selbstverständlichkeit im Bewusstsein fast aller Mitteleuropäer der frühen Neuzeit wieder und sollte von allen beherzigt werden, die ein unsicheres oder ungläubiges Lächeln auf den Lippen haben, wenn sie vom Gottesgnadentum im Absolutismus hören: »Die Fürsten sind Götter hier auf Erden, und auch selbst in der Schrift [Bibel] so genannt; es gebührt ihnen ein von den gewöhnlichen und täglich vorkommenden Ergötzlichkeiten ganz abgesondertes Vergnügen (Parforcejagd, Auerhahnjagd und dergleichen) sich zuzueignen, und alle diejenigen sind böse, undankbare und strafbare Unterthanen, die ein solches Vergnügen der Fürsten zu stören suchen«, beispielsweise die Bauern, deren Felder durch diese Verfolgungsjagden verwüstet wurden und die tagelange Treiber- und Spanndienste zu leisten hatten. 1728 wurden zur Weißenfelser Sauhatz 250 Mann und 60 Pferde verpflichtet; Proviant war für vier Tage mitzunehmen.[11]

Den Charakter einer Schein-Jagd hat das »Lust Jagen« insofern, als die Hunde und das Nachreiten die Hauptbestandteile sind, nicht so sehr das Schießen wie bei den anderen Jagdarten, etwa der Treibjagd oder dem Hauptjagen, bei welchem Treiber die Tiere an Schießständen vorbeihetzen. Aber es gibt nach Döbel noch etwas anderes, wodurch sich die Parforcejagd vor allen anderen auszeichnet, nämlich etwas Akustisches: Sie ist nämlich »eine lustige und angenehme Jagd für diejenigen, die gerne reiten, den Laut der Hunde lieben und das Blasen hochachten«. Ja, der Jagdherr braucht noch nicht einmal mitzureiten und muss dennoch nicht auf die Teilnahme verzichten – wieder ein Indiz für das Scheinhafte dieser Jagdart –, »wobei ihm deren Hauptlust, der angenehme und wohlklingende Laut der Hunde, Jäger und Jagdhörner, keinesfalls entgeht. Solcher Klang ist fürwahr eine wunderschöne Musik, die mancher Liebhaber dem Klange des besten Glockenspiels vorzieht und zwar mit Recht; man bedenke nur, wie auf einmal und mit einander 50, 60, 100 und wohl mehr Hunde jagen, deren einer einen hellen, ein anderer einen groben, ein dritter einen hohen, ein vierter einen tiefen Laut von sich gibt, und diese Mannigfaltigkeit der Tonlaute so wohl zusammenstimmt, als ob nach den Regeln der Musik der Discant, Tenor, Alt und Baß mit einander anklängen, diese Anmuth aber durch der Jäger Zurufen, Jauchzen und Blasen noch mehr vermehrt wird« (man beachte die Zuordnung der Hundestimmen – hell, grob, hoch und tief – zu den vier menschlichen Stimmlagen!).

Falls Bach diese akustischen Sensationen nicht von sich aus schon für seine Jagd-Musik genutzt haben sollte, so wird man ihn darauf hingewiesen haben. Und mindestens ebenso wichtig für sein Vorhaben war der andere akustische Reiz, das »Blasen«, die Ende des 17. Jahrhunderts aus Versailles an alle deutschen Höfe übernommene Kunst des Jagdhornspiels (es sind keine Waldhörner, wie wir sie aus dem Sinfonieorchester kennen, und sie haben aufgrund ihrer engen Mensurierung einen helleren Ton als jene[12]). Aufgabe der drei oder vier dem Ober-Piqueur unterstehenden einfachen Piqueure war es, neben gutem Reiten und geschicktem Führen der Hunde »ein Parforce- oder Jagdhorn fertig und rein zu blasen«, und zwar die vielen im Verlauf der Jagd notwendigen Signale, »Fanfaren« und »Jagdposten« genannt, etwa zum Sammeln der Jäger, zum Loslassen der Hunde, zum gemeinsamen Nachreiten oder nach Erlegen des Wildes, hierzu das Halali, ursprünglich »Ha, là lit!« (frz. für »Ha, da liegt es!«).[13] »Ich hätte wohl hier auch die Jagdposten, wie sie geblasen werden, nach den Noten hersetzen können, solches ist aber durch die Uebung besser zu begreifen, denn die Jagdposten werden nicht gerade nach den Noten, oder wie bei einem Concert oder einer Kirchenmusik, geblasen, auch weder das Piano oder Forte, Adagio oder Allegro oder dergleichen tonkünstlerisch in Acht genommen; sondern es wird alles mit Kraft geblasen, meist in doppelschlägigen oder doppelzüngigen Tönen, vor allem aber rein und hell« (»hell« bedeutet – wie für das Hundegebell – sehr hoch, in Diskantlage; Bach hat dies genau beachtet). Hier erklärt ein musikkundiger Jäger den Unterschied zwischen Kunst- und Volksmusik.

Wenn man voraussetzen kann, dass Bach nicht so weltfremd war, für eine *Sinfonia*, die einer Jagd-Kantate vorangestellt werden sollte, ein Stück »absoluter« Musik komponieren zu wollen, vielmehr jene reichen akustischen und visuellen Angebote nutzte, die für eine Parforce-Jagd symptomatisch waren, und auf diese Weise ein passendes Klangbild zu einem fürstlichen Jagdfest schuf, so konnte er sich einmal auf Hornsignale, Hundegebell, Jägerrufe, vielleicht auch Schüsse beziehen, dann auf Fliehen, Nachfolgen, vielleicht auch das Niedersinken bzw. Zusammenbrechen der Tiere. Überprüfen wir, ob oder auch wie Bach so etwas in den drei ursprünglichen Sätzen aufgegriffen haben könnte, wobei man den letzten, ein festliches Menuett mit jagdbezogenen Einlagen von Oboen und Hörnern, von der Suche ausnehmen kann, da er als Begleitung bzw. Darstellung des abendlichen Jagdfestes ohnehin ausgezeichnet passt. Das Menuett ist der Tanz, welcher feudale Würde repräsentiert. Don Giovanni erhält ihn in der Tanzszene von Mozarts Oper zugesprochen, während die Bürgerlichen sich mit Kontretanz begnügen müssen, die niederen Klassen mit *La Teitsch*, dem »Deutschen«, also der Frühform des Walzers.

Satz 1: (Allegro), F-Dur, Alla breve-Takt

Ein Thema, das mit einem Dreiklangsaufstieg beginnt, hat ohnehin etwas Aktives und »Munteres« – wie die Jagd nach den ersten Textworten der Kantate bezeichnet wird (s. das Notenbeispiel auf S. 34). Und die Tonart F-Dur stand damals und auch weiterhin für alles, was mit Traum und Wirklichkeit von Natur und Landschaft zu tun hatte, vornehmlich im musikalischen Pendant der Idyllendichtung, der Pastorale. Zwar gehört dieser Konzertsatz nicht in diese Gattung, aber die Wahl der Tonart ist deutlich genug.[14] Der Einsatz von Hörnern hat mehrere, aufeinander bezogene Bedeutungen. Zwei davon sind nach Michael Marissen folgende: »Aufgrund seiner zeremoniellen und Signalfunktion in der Jagd stellte das Horn als allegorisches Zeichen aristokratische

Werte heraus. Der Klang des Hornes war daher in der Lage, im Kreise der Aristokratie tiefe Gefühle zu erregen, da er für sie den wahren Kern des Adels symbolisierte.«[15] Was das zweite Horn bläst, zunächst mit den Geigen gehend, dann von ihnen abweichend, ist aber zusätzlich noch ein feststehendes musikalisches Symbol der Zeit: ein Jagdruf, zugleich aber ein »Herrschergruß«, stets in gleicher oder leicht abgewandelter Form auftretend, wenn den höchsten weltlichen oder himmlischen Fürsten musikalische Reverenz erwiesen werden sollte (mehr dazu im Schlusskapitel). Nicht nur die größte Besetzung aller sechs Konzerte begründet also die Anfangsstellung des F-Dur-Konzertes, sondern auch diese eröffnende musikalische Verneigung in Musik.

Die Hörner spielen später im Thema auch Figuren, die offenbar Jagdsignale, also »Jagdposten«, sind, so in T. 8–10 eine Triolenfigur, die dem noch heute geblasenen Signal »Sammeln der Jäger« sehr ähnlich ist.

Auch gibt es im Weiteren und vor allem am Themenende Tonfolgen, die den Signalen nahe kommen, welche Hans Friedrich von Flemming 1719 – im Unterschied zu Döbel – in Noten wiedergegeben hat (*Der vollkommene teutsche Jäger*).

Wenn überhaupt eine Figur für die vielstimmigen Äußerungen der Hunde in Betracht kommt, so müsste sie schnelle Wiederholungen eines Kurzmotivs enthalten, nicht solistisch, sondern mehrstimmig von gleichen Instrumenten ausgeführt sein. Diese Kriterien erfüllt im Thema nur eine Figur, nämlich das oft als Sextakkord-Triller bezeichnete Anfangsmotiv der drei Oboen (s. das Notenbeispiel auf S. 34). Diese Figur ist dadurch hervorgehoben, dass sie selbstständig, ohne Bindung an andere Stimmen auftritt, wie ein Motto, ehe sich die Oboen den Streichern, also dem Thema anschließen. So könnte man diese Oboenfigur als das Gebell verstehen, vielleicht sogar insgesamt die Gruppe der Oboen als Abbild der Jagdmeute.

Es könnte sich anbieten, für den weiteren Satzverlauf auch andere Instrumentengruppen bestimmten Tieren zuzuordnen, etwa die Streicher den gejagten Hirschen – das bevorzugte Wild der Parforcejagd –, die Bässe dem Schwarzwild. Unter dieser Voraussetzung ist das häufige Hintereinander-Herhetzen der Instrumentengruppen, das Folgen und Einholen, als komponiertes Abbild der Parforcejagd zu hören, auch des Hakenschlagens und Gegenwendens des Hirsches, nach Döbel der »Wiedergang«.

Selbstverständlich wäre eine solche Festlegung durch den ganzen Satz unsinnig, da die Motivik häufig von Gruppe zu Gruppe springt und der ganze Satz außer einer bildlichen auch einer innermusikalischen Logik folgt, derjenigen des Konzertierens in einem Gruppenkonzert mit Bezug zum Concerto grosso. Allerdings würde sich bei der vorgeschlagenen Zuordnung gerade bei den Satzhöhepunkten T. 36ff. und T. 65ff. ein ideales, vierfach differenziertes Jagdtableau ergeben, in welchem in den sich überlappenden, absteigenden Vorhaltketten der Hörner die Rufe und Signale der heransprengenden fürstlichen »Piqueure«, vielleicht auch Schüsse der Jäger – reitend, hoch über den drei Instrumenten- bzw. Tiergruppen – gut zu fantasieren sind.

Der Zeit um und noch lange nach 1710 wäre ein derartiger Vorschlag, Musik bildlich zu verstehen, keineswegs seltsam oder der Musik äußerlich erschienen, etwa im Sinne der Argumente zugunsten »absoluter« Musik aus einer späteren Zeit. Bach »malte« doch ständig, in jeder Sinfonia und Arie seiner Kantaten, ob es nun mit Bild- oder mit Affektfiguren geschah. Ob kirchlich oder – wie hier – weltlich, spielte dabei keine Rolle: Bach verwendete den ersten Satz des I. Brandenburgischen Konzertes 1726 als Eingangssatz der geistlichen Kantate *Falsche Welt, dir trau ich nicht* (BWV 52). Sind nun die eilenden Bässe zu den bösen »Skorpionen« und »falschen Schlangen« geworden, von denen das anschließende Rezitativ erzählt? Sagen die sich reibenden Hörner-Vorhalte von T. 65ff. nun: »Die Redlichkeit ist aus der Welt verbannt, die Falschheit hat sie fortgetrieben«? Ist der Satz das Bild einer Jagd geblieben, nun aber einer Jagd anderer Art, nämlich derjenigen der »falschen Welt«, der »Heuchelei« auf die »Redlichkeit«, auf die »freundliche«, »fromme«, »treue« Tugend?

»Thema« und »Ritornell«

Vor einer Rückkehr zum Satzanfang ist – auch für die Behandlung der übrigen Konzerte – eine Begriffsklärung notwendig. Die Takte 1–12 bzw. 13 des Satzes bezeichnet man häufig als »Ritornell« im Bemühen, das Wort »Thema« zu vermeiden und einen historisch verbürgten Begriff zu benutzen. Beschämt liest man aber bei Malcolm Boyd,[16] dass im frühen bis mittleren 18. Jahrhundert nur Quantz (1752) den Begriff Ritornell im späteren Sinn von Thema verwendete und dessen wissenschaftliche Anwendung eine historisch nicht ableitbare Erfindung der deutschen Musikwissenschaft gewesen sei, eingeschlossen die Erweiterung zum »Ritornell-Prinzip«, mit dem die Satzrahmung durch die gleiche thematische Gestalt und die Verwendung von deren Teilen im Satzinneren gemeint ist, also das Muster des Vivaldi'schen Concerto-Satzes. Tatsächlich wurde der Begriff Ritornell in der Zeit Bachs für allerlei Wiederholungsabschnitte und -sätze, auch kurze freie Stücke verwendet. Jedoch lesen wir bei Johann Mattheson,[17] die Orchestervorspiele in Arien oder Chören könnten ebenfalls Ritornell genannt werden: »Denn wir nennen auch dasjenige ein Ritornell, was mit Instrumenten vorher gespielet wird: weil es hernach zur *Wiederkehr* dienet, und damit sowol *geschlossen*, als angefangen werden kan.« Also genauso wie im Konzertsatz. Für die wiederholte Gestalt selbst verwendet Mattheson sowohl den Begriff »Thema« wie dessen Eindeutschung »Haupt-Satz«.[18] Mithin kann man beide Begriffe benutzen. Nur betrifft derjenige des Themas die Gestalt selbst, für sich, derjenige des Ritornells die Gestalt bzw. ihre Teile in ihrer gliedernden und rahmenden Funktion. Entweder sagt man also: Das Thema kehrt am Schluss wieder, oder: Nun folgt das Schluss-Ritornell (dieses übrigens hat im ersten Konzertsatz einen ganztaktigen Anhang, T. 84, der zeigt, dass das Ritornell im Grunde dreizehn Takte umfasst und der Beginn des Konzertierens in T. 13 nach dem erreichten Schlussakkord lediglich das ist, was man eine Überlappung zweier periodischer Einheiten in einem einzigen Takt nennt, also sozusagen das Vorpreschen der folgenden, ehe die eben abschließende sich schon zurückgezogen hat). Da Boyd trotz seines Einwandes beim Ritornell-Begriff bleibt, können wir ihn auch und nun mit mehr Berechtigung für die Anfangstakte des F-Dur-Konzertes anwenden.

Mir scheint die Absicht dieses Ritornells zu sein, das von Döbel beschriebene Getümmel und Stimmengewirr wiederzugeben, das vielgestaltige Durcheinander am Beginn und im Verlauf einer Parforcejagd. Dieser Gedanke führt zum Blick auf die seltsame Struktur dieser 12 bzw. 13 Takte, die – wie auch die Nicht-Themen des IV. und des VI. Konzertes – aus dem Rahmen dessen fallen, was man als typisches, gestalthaftes Ritornell eines Concerto-Satzes versteht und erwartet und durch die Anfänge der Konzerte Nr. II, III und V auch verwirklicht sieht.

Die auf Wilhelm Fischer (1915) zurückgehende Einteilung solcher Konzertthemen – von ihm als »Fortspinnungstypus« bezeichnet – ist dreiteilig: Vordersatz, Fortspinnung und Epilog, dies im Unterschied zur Themenperiode, dem liedhaften Haupttypus der späteren Musik mit ideell gleich langem Vorder- und Nachsatz.[19] Idealtypisch und mit langer Fortspinnung zeigt sich das Fischer'sche Modell im V. Konzert (vgl. S. 124). Hier im I. gibt es damit Probleme. Der Vordersatz als die thematische Anfangsgeste endet mit Abschluss auf der V. Stufe (C-Dur) am Beginn von T. 3, genauso wie es sich beispielsweise im Anfangsthema des III. Konzertes verhält (Mitte des 2. Taktes). Wie dort beginnen nun die für die Fortspinnung typischen Sequenzen. Das Thema könnte mit einem anzunehmenden Epilog von einem Takt Länge in T. 6 beendet sein – wenn es eben nicht inzwischen in C-Dur angekommen wäre. Nun geschieht etwas Seltsames und Seltenes: Oboen und Streicher fangen bereits jetzt an, mit zwei aus dem Bisherigen gewonnenen Motiven zu konzertieren, so wie es später nach Themenabschluss noch häufig, teilweise sogar notengetreu geschieht (T. 18ff.; s. auf S. 39 die Takte 6–8).

Tatsächlich »stellt der solistische Vorspann in der ›Mitte‹ […] ein sehr eigenwilliges Element dar, das kaum eine Parallele hat« (Zehnder).[20] Nach dieser Episode folgt ab der Mitte von T. 8 eine weitere Sequenzwelle des Tutti. Das konzertierende Spiel der Episode setzt sich zwar fort, wird aber reprisenartig von Hornmotiven (»Sammeln!«) und den Meute-Akkorden der Oboen ergänzt, welche schließlich Geigen und Bässe erreichen und mit der Rückmodulation nach F-Dur in einen kurzen trugschlüssigen Epilog münden (T. 12: d-Moll). Er hebt nochmals die Oboen-»Triller« in fünfstimmiger Entfaltung hervor, von Horntriolen grundiert.

Diese Struktur des Ritornells müsste in Erweiterung des Fischer'schen Modells so bezeichnet werden: Vordersatz, Fortspinnung, konzertierende Episode, Reprisen-Fortspinnung, Epilog. Das Ritornell lässt sich also dreiteilig verstehen (Episode als Mittelteil) oder zweiteilig (Episode und Epilog als Ergebnisse der beiden Fortspinnungen). Ein ausgewiesener Kenner des Bach'schen Konzertschaffens wie Werner Breig meint, das »ungemein komplizierte Gebilde« bestehe »aus zwei Teilen, deren Ausgänge [T. 5 und 11ff.] sich wie die von Vorder- und Nachsatz einer Periode aufeinander beziehen, und es erreicht eine durch 4 teilbare Taktzahl. Doch diese Einzelmomente sind nicht zu

einem einheitlichen System verbunden, sondern bilden gleichsam ein kontrapunktisches Geflecht, das demjenigen der Stimmen des [Themen-]Satzes an Kompliziertheit nicht nachsteht.«[21] Der amerikanische Forscher Michael Marissen sieht gar je drei Fortspinnungen und Epiloge und hebt hervor, dass auch in T. 13 das Ritornell im Grunde noch nicht voll abgeschlossen sei, da keine klare Grenzlinie zum Konzertieren gezogen werde, Tutti und Untergruppen sich im Material des Ritornell-Beginns abwechseln: Die Takte 1–13 »entsprechen auf keine Weise dem Vivaldischen Verfahren«.[22] Diese und andere Gründe lassen einem Spezialisten des Bach'schen Weimarer Stils wie Jean-Claude Zehnder überhaupt die Benutzung des Begriffes Ritornell bedenklich erscheinen.[23]

Das Ritornell könnte so kurz, einfach und einleuchtend sein, wie es einmal innerhalb des Satzes (T. 27ff.) in d-Moll auftaucht, mit sieben Takten plus Schlussakkord, ohne erste Fortspinnung und Episode. Aber am Satzbeginn soll es offenbar betont weitschweifig und uneinheitlich sein. Vor allem die »zu früh« konzertierende Episode führt auf den Gedanken, hier solle neben dem unstrukturierten Durcheinander beim Sammeln von Jägern und Hunden dargestellt werden, wie einzelne sich schon nicht mehr im Zaume halten können und das Jagen vorfantasieren, schon kurz lospreschen oder an den Leinen zerren, bevor das Signal »Jagd frei!« ertönt, welches die Hörner möglicherweise in T. 12 zum Abschluss des Ritornells blasen.

Die Jagd selbst, also das nun Folgende, hat es für die Analysierenden in sich: Erfahren wir einmal von insgesamt »fünf Blöcken«, aus denen der Satz gebildet ist (Marissen), dann wieder von »sechs ›Strophen‹« (Zehnder), so kann auch die Siebenzahl erreicht werden, und zwar bereits 1873 von Philipp Spitta, der die »Corresponsion« der Teile als »chiastisch-cyklisch« bezeichnet, da die ersten beiden am Schluss wiederkehren und »die übrigen in die Mitte [nehmen]; dies geschieht aber in umgekehrter Reihenfolge«.[24] (Die Teile beginnen in den Takten 1, 13, 27, 43, 52, 57 und 72.) Keine leicht begreifliche Aussage! Bei Klein erfahren wir eine Einteilung in acht Elemente, wenn man die rahmenden Themenauftritte außer Acht lässt.[25] All dies wird hier ohne jede Ironie mitgeteilt, vielmehr mit der Einladung zu eigenen Versuchen, die auch deshalb zu empfehlen sind, weil Partitur-Überblick und Satzanlage hierfür weit geeigneter sind als bei anderen Anfangssätzen der Konzerte. Dass Rampe/ Sackmann, wiederum die Außenritornelle abgerechnet, auf neun Abschnitte kommen, scheint dem Gesetz der Progression zu entsprechen, ist aber für die Qualität ihrer Analysen nicht so maßgeblich wie die überzeugende Herleitung fast der gesamten Satzanlage von einem Satz aus Tomaso Albinonis Konzert Nr. 1.[26] Dieses allerdings stammt bereits aus dem Jahre 1700!

Satz 2: Adagio, d-Moll, 3/4-Takt

»Das wahre Herz des Ganzen. Das Adagio gehört zu den leidenschaftlichsten Klagegesängen, die je geschrieben sind. Ein schneidendes, oft zum schrillen Aufschrei gesteigertes Weh tönt aus der Melodie, mit der die Oboe rücksichtslos sofort auf der Dominante anhebt, welche sodann die Quartgeige und die düstern Bässe nach einander sich aneignen, mit der in enggeführtem Canon Oboe und Geige einander nachdrängen; traurig und still ziehen die Achtel der begleitenden Instrumente darunter her. Der Schluß, kühn und genial wie der Anfang war, zerbröckelt, gleich dem Trauermarsche aus Beethovens *Eroica*; das unersättliche Klagewort verstummt plötzlich, nur ein leises Schluchzen tönt durch die öden Räume.« (Philipp Spitta)[27]

Die Frage, warum zwischen muntere schnelle Sätze ein langsamer gestellt wird, der nicht einfach um der Affektvielfalt etwas gemessener ist wie im Falle des vierten und fünften Konzertes, sondern Züge solchen Jammers und Schmerzes trägt, stellt sich hier wie auch noch beim II. und VI. Konzert. Wenn man annehmen kann, der erste Satz zeige etwas vom Vorgang der Jagd, der dritte bzw. – in der Konzertfassung – der dritte und der vierte etwas vom Jubel über das Erlegen des Wildes und vom anschließenden abendlichen Fest, so zwingt der stilistische Extremismus des Adagio zu semantischen Überlegungen.

Die Teilfolge des Satzes ist sehr einfach: Themenfolge Oboe-Geige (A), Gruppensequenz (B), Themenkanon Oboe–Geige (C) und Coda (D) schließen in unterschiedlichen Tonarten symmetrisch aneinander an: A (T. 1), B (T. 9), C (T. 12), B (T. 20), C (T. 23), B (T. 31), D (T. 34 als Coda). Die Abschnitte A, C und D gewinnen ihren spezifischen Charakter zum einen durch das Solospiel, welches zwischen gehaltenen Tönen und schnellen, gekräuselten Tonfolgen abwechselt, dann durch die gemessene, gleichmäßige Akkordbegleitung und schließlich durch Querstände, chromatische Melodik, neapolitanische Sextakkorde und eine Häufung verminderter Septimen, Terzen, und Oktaven. Die letztgenannten Mittel sind nach allgemeiner Praxis und Lehre des 17. Jahrhunderts der Darstellung und dem Hervorrufen der Affekte Schmerz und Klage vorbehalten. Die zuvor genannten Faktoren Besetzung, Satzart und Melodiebildung gehören dieser Tradition ebenso an, wobei die Oboe das Instrument der individuellen Klage war und blieb, z. B. zur Begleitung von Klagearien der Oper oder in entsprechenden instrumentalen Vorspielen. Zum Vergleich eignen sich zwei mit der *Sinfonia* etwa zeitgleiche geistliche Kantaten Bachs, *Ich hatte viel Bekümmernis* (BWV 21) und *Weinen, Klagen, Sorgen, Zagen* (BWV 12), aus den Jahren 1713/14. Der Textdichter beider Kantaten ist wahrscheinlich derjenige der Jagd-Kantate, Salomo Franck. Beide beginnen mit einer *Adagio assai* bezeichneten *Sinfonia* in c- bzw. f-Moll, gefolgt von einem Chor. Die Textanfänge lauten:

»Ich hatte viel Bekümmernis in meinem Herzen,
aber deine Tröstungen erquicken meine Seele.«

»Weinen, Klagen, Sorgen, Zagen,
Angst und Not
sind der Christen Tränenbrot,
die das Zeichen Jesu tragen.«

Die instrumentalen Einleitungen sind in jeder Hinsicht Spiegelbilder des Konzertsatzes. Beide enthalten auch kurz vor dem Ende einen freien Kadenzlauf der Oboe, BWV 21 sogar deren zwei. In dieser Kantate gibt es sogar innerhalb des Alternierens mit der Geige die aus dem Konzertsatz bekannten Melodiewendungen, kanonischen Teile und verminderten Intervalle und Akkorde. Der Affektgehalt des Konzertsatzes kann durch den Vergleich mit den beiden Kantatensätzen noch eindeutiger festgelegt werden: individuelle Schmerzen, Leiden und Klagen.

In den Gruppensequenzen geht Bach noch über das bisher Festgestellte hinaus: Der Bass übernimmt die Melodieführung, und zwar die ersten Takte von A, und die beiden Instrumentengruppen begleiten ihn, sich abwechselnd, mit akkordischen Wechselnoten-Folgen. Was dabei zustande kommt, ist eine für die Zeit um 1710 wohl einmalige Dissonanzenhäufung, die den Schmerz-Affekt zur Qual steigert. Die Akkordfolgen der Oboen und höheren Streicher erzeugen an jeweils einer Stelle der drei Takte »grausame« Dissonanzen zum Bass, in T. 9 durch das a^1 der ersten Geige zum *as* des Basses eine übermäßige Oktave; ebenso entsteht hier eine übermäßige Sexte der zweiten Geige zum Bass, zwar zwischen Wechselnoten auf relativ unbetonten Zählzeiten, aber bei dem langsamen Tempo stark hervortretend. In T. 10 bleibt die übermäßige Oktave bestehen, und in T. 11 kommt es zu Sekund-, Septimen- und Quasi-Quintparallelen zum Sechzehntel-Gang des Basses von *f* nach *es* (in der *Sinfonia*-Kopie Penzels von 1760 sind die Dissonanzen durch Auflösungszeichen und rhythmische Verzögerungen in der Bassstimme vermieden oder zumindest gemildert, was wohl darauf zurückgeht, dass Penzel hier an Schreibfehler glaubte und sie korrigierte[28]).

Das Entstehen der Dissonanzen lässt sich auch anders beschreiben: Der Bass bewegt sich während der gesamten drei Takte ab T. 9 bereits in der Skala von c-Moll, also mit der kleinen Terz *es* und der kleinen Sext *as*, während die Oboen und die höheren Streicher in T. 9 in g-Moll mit dessen Dominante verbleiben, also mit *fis* und *a*, in T. 10 in G^7, also mit *h* und seinem Nebenton *a*, um dann erst in T. 11 nach c-Moll einzuschwenken.

Ein Musikstück, das in seiner Schmerz- und Klagegestik den beiden Kantateneinleitungen in nichts nachsteht, vielmehr noch über sie hinausgeht und selbst in Bachs Passionen nicht seinesgleichen hat, bildet den Mittelsatz der *Sinfonia* der Jagd-Kantate! Was hat es dort zu suchen inmitten des prächtigen Freudenfestes? Im Zusammenhang mit der großen fürstlichen Jagd gibt es nur zwei Gruppen, die leiden, nämlich Bauern und Tiere. Welche kann Bach in dem Klage-Satz gemeint haben?

Eine Bauernklage möchte ich ausschließen. Vergessen wir nicht Döbels Ablehnung aller »bösen, undankbaren und strafbahren Unterthanen«, die das fürstliche Prachtspiel ablehnten. Zu ihnen gehörten mit Sicherheit viele der bäuerlichen Untertanen. Ihre Klagen zu thematisieren, wäre für ein – erklärtes oder erklärungsbedürftiges – Musikstück etwas Ungeheuerliches gewesen, das

Bachs Amtszeit zweifelsohne sofort beendet hätte. Aber auch noch aus einem anderen Grunde halte ich eine Bauernklage für ausgeschlossen, nämlich im Blick auf den Teil D, die Coda. Nach einem Kadenzlauf der Oboe, den man mit Spittas Wort getrost als »Aufschrei« bezeichnen darf, erklingt eine ausgedehnte phrygische Kadenz, in welcher der Bass absteigt und die anderen Gruppen sich alternierend ablösen, aber nicht mehr mittels der Wechselnoten-Akkorde der Gruppensequenzen, sondern in unzusammenhängenden Einzelakkorden, einer Art Skelettsatz der Gruppensequenzen mit »unrichtigen« Akkordfolgen: »Vielleicht gibt es keinen Parallelfall zu diesen seltsam schönen Folgen ›gefrorener‹ Akkorde bis zu Stravinskys *Dumbarton Oaks* (1938).«[29] Es ist ein stilles, schmerzliches Zerfallen und Niedersinken, ein »Schluchzen« (Spitta), ein Sterben. Das Sterben der Bauern war zwar häufige Folge von Ausbeutung und Unterdrückung unter dem Joch des Feudalismus, nicht aber in Verbindung mit der Parforce-Jagd. Der Tod der Tiere aber war deren Bedingung und Ziel. Ihre Qual und ihr Sterben scheint mir das Thema des zweiten Satzes zu sein. Und hier dürfte Bach kaum auf Kritik der Jagdherren gestoßen sein. Denn es war doch das Sterben der Tiere, welches höchsten Triumph der fürstlichen Jäger bedeutete und auf jedem Jagd-Gobelin an zentraler Stelle vorgeführt wird. (Peter Thume hat mit Erfolg eine szenische Umsetzung im Musikunterricht angeleitet,[30] Ulrich Günther am gleichen Ort allgemein die didaktischen Möglichkeiten einer Verwendung der Konzerte reflektiert.)

Eine ganz andere Frage – diese Lösung des Rätsels vorausgesetzt – ist die folgende: Was war Bachs innere Haltung dazu? Entweder er hat das Sterben einfach möglichst realistisch und dem Augen- und Ohrenschein getreu in Noten wiedergegeben, also ein rein sachliches Bemühen um klangliche Entsprechung gehabt wie jeder gute Maler, der eine Vorlage für die Teppichwirker herstellte. Oder aber seine innere Beteiligung war intensiver – die Extremismen legen dies nahe –, ohne dass dies dem Publikum deutlich wurde, wenn es vielleicht auch von einer inneren Unruhe ergriffen wurde. Es war ja Instrumentalmusik, und es genügte, wenn die offiziellen Erklärungen zum musikalischen Tiersterben vorgebracht wurden. Die Frage ist, ob es nicht auch Mitleid war, welches diese Schmerzensklänge hervorgebracht hat, Mitleid mit den Tieren. War es historisch zu früh dafür? Gab es dergleichen erst sechzig Jahre später, im *Schreiben eines parforcegejagten Hirsches an den Fürsten, der ihn parforcegejagt hatte* von Matthias Claudius? Wohl halte ich es für möglich und wahrscheinlich, dass die wortungebundene Musik, eben da sie von begrifflicher Deutlichkeit frei ist, schon sehr früh Gefühlsregionen an- und aussprach, die die Begrifflichkeit der Wortkunst erst sehr viel später auszusprechen vermochte oder sich getraute. Mitleid als zentrales Mittel des antifeudalistischen Protestes ist erst in den frühen Dramen Schillers und des Sturm und Drang möglich. Dennoch aber meine ich, dass ein Mitleid mit dem Leiden von Tieren, wie es seit dem späteren 18. Jahrhundert sich ankündigt und ab da kontinuierlich bis hin zu den Tierschutzgesetzen und bis zum Entsetzen über die Massentötungen aus Anlass der Tierseuchen oder auch einfach des »Ernährungsalltages« unserer Gegenwart angewachsen ist, für die Zeit um 1710 ausgeschlossen ist.

Doch scheint es mir eine ideologische Brücke zu geben, die den Ansatz zu solchen Gefühlen auch in jener frühen Zeit möglich macht, nämlich die im Christentum und gerade im Pietismus vor und nach 1700, aber auch schon lange vordem so häufige Gleichsetzung des sterbenden Jesus mit gejagten Tieren, speziell Rehen oder Hirschen, Letztere das höchste Objekt der fürstlichen Jagdlust, wie es auch im *Schreiben* von Claudius zu erkennen ist. Der für die Passion zentrale Psalm 22 »von der Hindin [Hirschkuh], die früh gejagt wird«, geht in diese Richtung. Vers 17 wirkt wie eine Szene aus der Parforce-Jagd: »Hunde haben mich umgeben, und der Bösen Rotte hat mich umringt.« Später im 17. Jahrhundert bei Christian Keimann unter Rückgriff auf das Hohelied Salomonis: »Er kam auf den Bergen mit Hüpfen und springet, gleich wie ein jung Reh vom Jäger umbringet [umringet].« Dieses Bild vom gejagten Hirsch, gerade in Zeiten der aufkommenden Parforce-Jagd, musste um 1700 an Brisanz gewinnen: Der verlassene, von einer Menschenhorde verfolgte, gemarterte und gemordete Heiland, das geschlachtete »Lamm Gottes«, wesentliches Symbol bei Johannes. Die Übertragung des Bildes auf das gläubige Individuum ist verbreitet, etwa wenn in Psalm 18 von »der Hölle Banden« die Rede ist, von »den Stricken meiner Sünden« in der *Matthäus-Passion* oder in Sätzen aus dem 17. Jahrhundert wie: »Satan jaget dir nach / und stellet seine Netze auff.« Dass es die gläubige Seele ist, die immer wieder nach dem Vorbild Christi gejagt und verfolgt wird bis in den Tod, scheint in Zeiten des Pietismus ein verbreiteter Antrieb gewesen zu sein, Erweckung und Erschütterung auszulösen. Ob Bach, auch wenn er ein überzeugter Lutheraner war oder vielleicht gerade deshalb, der innerkirchlichen Reformbewegung des Pietismus nahe gestanden habe, zumindest in seinen jüngeren Jahren, ist eine umstrittene, aber nicht ganz abzuweisende Frage.[31]

Es mag sein, dass all dies eine etwas heikle Hypothese darstellt. Jedoch könnte sie verstanden werden als Lösungsversuch für die Fragestellung, wie sich dieser verzweiflungsvolle und todesträchtige langsame Satz sinnvoll in die sonst so muntere Jagd-Szenerie fügen mag, stets vorausgesetzt, dass Bach für die Folge der Sätze ein Gesamtkonzept im Sinne hatte und nicht einfach zusammenfügte, was gerade im Regal zu finden war.

Satz 3: Allegro, F-Dur, 6/8-Takt

Das Allegro ist wie auch die *Poloinesse* des vierten Satzes noch nicht in der *Sinfonia* enthalten. Die Bildung seines Themas (vgl. Notenbeispiel S. 171) zeigt eine ganz spezielle Vorliebe Bachs, die viele seiner Ritornelle – auch in Kantatenarien – sofort als ihm eigene und unverwechselbare Erfindungen erkennen lassen. Sind viele Konzertthemen der Zeitgenossen kurz und prägnant, lassen sich auch relativ eindeutig in die drei Abschnitte des »Fortspinnungstyps« gliedern – Vordersatz, Fortspinnung und Epilog, ideell von je vier Takten Länge –, so gewinnt Bach größere Dimension, Vielfalt und Spannung, indem er einen oder (wie hier) zwei, teilweise sogar alle drei dieser Abschnitte durch Verdoppelung, Sequenzierung oder Einfügung in die Länge zieht. Könnte in diesem Fall der kurze und bündige Vordersatz vielleicht noch von Vivaldi stammen, so besteht die Fortspinnung (T. 5–11) aus zwei Gedanken, einmal dreifach, dann zweifach in Sequenzen ausgesprochen. Der fünf- bzw. – mit langem Tonika-Abschluss gedacht – sechstaktige Epilog wirkt fast ziellos in seinem sequenzierenden Auf und Ab und könnte ohne Not auch noch eine Ergänzung erfahren. »Die Dehnung der Fortspinnung um 3 Takte und des Epilogs um einen Takt hat also das Ritornell von der zwölftaktigen Grunddauer auf 16 Takte erweitert.«[32] Wie geschickt die beiden Gedanken der Fortspinnung aus den Sechzehntel- und dann auch Achtelmotiven des Vordersatzes entwickelt worden sind, möge hier lediglich als Aufforderung für eigene Beobachtungen dienen.

Der Satz ist angelegt in Art der »freien« Dacapo-Form, in welcher der erste Teil nicht in der Haupttonart schließt, sondern auf der V. Stufe, weshalb dann die Reprise nach dem Mittelteil so umkomponiert werden muss, dass sie in der Haupttonart schließt, genau wie im Sonatensatz, eben nicht wie in den arienähnlichen, notengetreuen Satzreprisen, die Bach am Ende des Mittelteiles lediglich mit dem Hinweis »da capo« ankündigt (Anfangssatz des I., Schlusssatz des VI. und Außensätze des V. Konzertes).[33]

Bach hat den Satz wie auch das Hörner-Trio aus Satz 4 im Jahre 1726 in eine weltliche Kantate aufgenommen (BWV 207), und zwar für den Eingangschor in D-Dur. Der Text nimmt Bezug auf den Zweck der Aufführung, die Einführung des Juraprofessors Gottlieb Kortte an der Leipziger Universität:

»Vereinigte Zwietracht der wechselnden Saiten,
der rollenden Pauken durchdringender Knall!
Locket den lüsternen Hörer herbei,
saget mit euren frohlockenden Tönen

und doppelt vermehretem Schall
denen mir emsig ergebenen Söhnen,
was hier der Lohn der Tugend sei!«

Die Ergänzung des Konzertsatzes um einen vierstimmigen Chor, der seine Melodik aus der nun eliminierten Stimme des *violino piccolo* zieht, macht den Eindruck, »als habe er ihm schon von allem Anfang an zugehört«.[34] Diese Umarbeitung zeugt von ebensolcher Meisterschaft wie die spätere Ergänzung des Eingangssatzes des III. Konzertes um einen fünfstimmigen Bläsersatz. Bach hat von der Umarbeitung ein skizzenhaftes, mit Korrekturen übersätes Manuskript hinterlassen, welches hin und wieder zeigt, wie er beim Abschreiben das Transponieren von F- nach D-Dur vergessen hat. Die Silben- und Reimfolge des Textes ist alles andere als perfekt und weist darauf hin, dass er schnell an die zu kopierende Musik angepasst werden sollte.

Malcolm Boyd ist durch Beobachtungen an dieser Umarbeitung auf folgende These gekommen: Sowohl Konzertsatz wie Eingangschor sind Bearbeitungen eines älteren Chorsatzes mit Orchesterbegleitung. Die Argumente sind die folgenden:[35]

1. Wozu ein in der Höhe so herausragendes Instrument wie den *violino piccolo* verwenden, wenn er fast stets so niedrig gesetzt ist, dass das Orchester ihn zudeckt? Es geschah (so Boyd), weil Bach einen älteren vierstimmigen Chorsatz nutzen wollte. Daher die vielen bis zur Vierstimmigkeit reichenden Doppelgriffe, die für einen *violino piccolo* – der in D-Dur spielt und in F-Dur erklingt – leichter zu greifen sind als für eine normale Violine, da in D-Dur mehr leere Saiten mitklingen können als in F-Dur.

2. Der Satz ist der einzige in Bachs Konzerten in »freier« Dacapo-Form (vgl. oben und S. 96). In der Chormusik Bachs aber ist diese Anlage recht häufig, ebenso der fast völlige Verzicht auf neue Motivik im Mittelteil, wie es auch hier im Konzertsatz der Fall ist.

3. Ganz ungewöhnlich für ein Konzert, üblich aber für Chorsätze ist die Kürze der solistischen Episoden, hier im Falle der Piccolo-Geige.

4. Fast in keinem Konzertsatz wird das Solo mit dem Melodiebeginn des Tutti-Ritornells eröffnet[36] (eine ebensolche Ausnahme bildet der Schlusssatz des VI. Konzertes).

5. Der Themen- und Satzcharakter stellt eine Mischung von Gigue und Passepied dar, der verbreitet ist in Bachs weltlichen Kantaten (z. B. im parodierten Anfangschor des *Weihnachtsoratoriums*), kaum aber in Konzertsätzen.

6. T. 58–62 zeigen im Autograph eine solche Häufung von Unsicherheiten im Versbau des Textes – »denen mir emsig ergebenen Söhnen« –, im Führen der Oboenstimme und eine solche Fülle von Nachbesserungen, dass nur ein

Schluss möglich sei: »Versehen beim Anpassen der Musik an eine neue Tonart und eine andere Besetzung.«[37]

Ein Punkt kann noch ergänzt werden:

7. Die beiden Adagio-Takte 82f. vor der Reprise stehen ebenso unvermittelt da wie der folgende Rücksprung ins Allegro. Zwar gibt es Tonartsprünge in die Reprisen, etwa im ersten Satz des IV. oder im letzten des V. Konzertes, aber eine plötzliche und unmotivierte Tempostauung ist wohl einmalig und wahrlich nicht das, was einem Konzertsatz eigen ist, auch wenn man Bachs sonstige Extravaganzen überschaut. Der Blick an die entsprechende Stelle im Einleitungschor der Kantate (T. 88f.) spricht ebenfalls für eine vokale Herkunft der Stelle. Vor der Reprise fasst der Chor im Adagio nochmals langsam und deutlich die letzten Textworte zusammen (»was hier der Lohn der Tugend sei«), das Wort »Tugend« im Sopran durch die reiche Kadenzverzierung heraushebend. Das ist wirklich eine überzeugende Funktion der Verlangsamung im Sinne einer *emphasis*, einer Herausstellung des Textkerns. Fraglich bleibt aber, warum Bach die beiden Takte in der Instrumentalversion nicht einfach herausgenommen hat, was an dieser Stelle ohne Probleme hätte geschehen können, es sei denn – dies spricht für Boyd – eine vokale Vorlage hätte bestanden, und in der Instrumentalversion hätte nun ein verlesener erklärender Text oder gar eine pantomimische oder tänzerische Aktion die rätselhaften Adagio-Takte verständlich gemacht. In der konzertanten Aufführung unserer Tage wirken die Takte völlig sinnlos, erzeugen im besten Falle Fragen und Zweifel.

Entstehungsgeschichte

Nimmt man alles zusammen, was bisher von unterschiedlichen Autoren erwähnt und vermutet wurde, ergibt sich eine etwas beunruhigende Folge von anzunehmenden Kompositionsschritten:[38]

1. 1712: Vorform der *Sinfonia* aus Satz 1 (und Satz 2?), noch mit *taille*, also Tenor-Oboe statt 3. Oboe, vielleicht schon als Einleitung zu einer Kantate.

2. 1713, vielleicht auch erst 1716: Beide Sätze mit 3. Oboe und um das Menuett (noch ohne *violino piccolo*) ergänzt zu einer *Sinfonia*, vielleicht der Jagdkantate, möglicherweise das Menuett auch erst später.

3. Ein älteres weltliches Chorwerk wird,

4. eventuell schon mit der hohen Geige, zum neuen dritten Satz umgearbeitet, das Soloinstrument in alle Sätze integriert, all dies vielleicht 1717 für Dresden (dazu weiter unten beim vierten Satz).

5. Ob die *Poloinesse* in diesem Prozess ergänzt wurde, ist zumindest fraglich, denn es ist das einzige Musikstück des Konzertes – die beiden Bläser-Trios ausgenommen –, in dem die Streicher nicht durch die Piccolo-Geige verstärkt werden. Kam der Satz erst später dazu? (Die Notenschrift im Manuskript von 1721 stammt nicht vollständig von Bachs Hand!)

6. Endgestalt 1721, zumindest was die Konzertfassung betrifft.

7. Kantate Nr. 207, 1726, Satz 3 als Eingangschor, eventuell im Rückgriff auf Punkt 3; Hörner-Trio zurückgehend auf Punkt 6, aber mit Trompeten statt Hörnern, zwei Oboi d'amore und *taille* statt der drei Oboen, zugesetzten Streichern und in D-Dur. Titel: *Ritornello* (!).

Wie sah Bachs Notenschrank aus? Wie vor allem sah es in Bachs Gehirn aus, wenn er vor dem Notenschrank stand und überlegte: Welcher alte Satz könnte passen, der sich gut zu einem neuen Feieranlass eignet? Ein Satz muss es sein, den ich mit der gegenwärtigen Besetzung aufführen könnte, den ich nach D-Dur bringen könnte, um den Stimmumfang meiner Chorsänger gut auszunutzen, und der munter genug ist für den Zweck, außerdem nicht zu lang. Und – er findet ihn.

Damit nicht genug: Es gibt noch Nr. 8 und Nr. 9!

8. 1735: Satz 1 von 1726, auch das *Ritornello*, erklingen in einer Glückwunschkantate (BWV 207a) zum Geburtstag des Kurfürsten August II. von Sachsen, durch den Bach im Streit mit den Leipziger Obrigkeiten einen Hoftitel und damit auch einen Rechtsschutz zu erlangen hofft. Im Folgejahr wird er zum »Königlich Pohlnischen und Chur Saechssischen Hoff-Compositeur« ernannt. Der Text des Eingangschores beginnt nun: »Auf, schmetternde Töne der muntern Trompeten!«

9. 1740 oder 1742: Das Stück wird in einem der öffentlichen Konzerte Leipzigs aufgeführt.

Satz 4: Menuett, F-Dur, 3/4-Takt, mit Oboen-Trio (d-Moll, 3/4-Takt), Polonaise (F-Dur, 3/8-Takt) und Hörner-Trio (F-Dur, 2/4-Takt)

Man könnte nach den Bemerkungen, die bereits über diesen Satz gemacht wurden, fragen, warum er noch vorhanden ist. Gibt es dergleichen in dreisätzigen Konzerten der Zeit hin und wieder, so ist ein groß ausgestalteter Tanzsatz als vierter und Abschluss-Satz eines Konzertes doch eine Ausnahme. Vielleicht hat Bach das Konzert in dieser Gestalt nie aufgeführt. Man kann sich vorstellen, dass der Markgraf zu ihm sagte: »Nein, nein, lieber Bach! Lassen Sie den Satz nur dabei! Sie haben mir ja mitgeteilt, wie es dazu gekommen ist. Und schicken Sie mir alles genau so, wie es mit der Zeit geworden ist – mit dem Menuett.« Wie es mit der Zeit geworden ist, wissen wir nicht, außer dass dieser Satz als Schluss-Satz der womöglich zur Jagdfeier konzipierten oder übernommenen *Sinfonia* fungiert hat, das abschließende Fest repräsentierend und begleitend, wohl schon 1713.

Wie bei allen anderen achtzehn Sätzen der Konzerte fördert auch hier eine genaue Beobachtung Erstaunliches zu Tage, zunächst beim Menuett selbst.

Das Thema selbst ist diesmal nicht im Sinne einer Periode gestaltet, also z. B. mit Vorder- und Nachsatz von je acht Takten, auch nicht nach dem Fortspinnungsmodell, sondern nach der Bar-Form, hier in drei gleich langen Teilen zu je vier Takten mit zwei sich ähnelnden Stollen (der zweite beginnt als Umkehrung des ersten) und einem abschließenden Abgesang, der in der Bar-Form länger sein dürfte (z. B. durch Sequenzierung der Takte 9 und 10), hier aber im Sinne eines regelhaften Hoftanzes genau auf das Maß der Stollen abgezirkelt ist. Es ist eine vollkommen befriedigende und ausgewogene dreiteilige Liedform, angefüllt mit Feinheiten, die sich allmählich dem Blick erschließen.

So ist die Vorausnahme des Melodietaktes 9 durch die zweite Stimme in T. 6 ein edler Zug. Er führt zu der Frage nach der Reihenfolge der Bach'schen Gedanken, wie sie bei Besprechung des IV. Konzertes wieder auftauchen wird. Erfand er zuerst Melodie und Bass, so wie es im vierstimmigen Satz üblich war, um dann bei Ergänzung der Mittelstimmen diese Vorimitation als geistreiche Kleinigkeit beizufügen? Oder bedachte er diese Würze schon von vornherein? Die Bratsche spielt gleichzeitig den Krebs des Melodieanfangs. Dies ist vielleicht nicht mit Absicht geschehen. Aber Bach wird es sofort bemerkt und mit einem lächelnden »Sieh da!« quittiert haben.

Dass ein Satz in dieser Zeit mit der Terz der Grundtonart im Bass beginnt, dürfte nicht häufig zu finden sein. Aber es erklingt auch nicht die Tonika F-Dur, sondern F^7, die Dominante von B-Dur. Dies ist ein Beginn, den man von Beethoven kennt, nämlich von der *Prometheus*-Ouvertüre und der 1. Sinfonie. In beiden Fällen eröffnet nicht der Dreiklang der Grundtonart C-Dur das Stück, sondern C^7. Als »revolutionäre« Tat ist dies immer wieder hervorgehoben worden, durch die Beethoven sich Feinde gemacht habe. Man habe ihm den musiktheoretischen Fehdehandschuh hingeworfen. Als erster habe er so etwas gewagt. Nein! Über achtzig Jahre vorher tut Bach es schon, nicht mit der pathetischen Geste, die Beethoven daraus macht, sondern friedlich und freundlich. Er tut aber noch viel mehr. Gleich im 2. Takt wird der Bass im Oktavkanon zum Melodiebeginn geführt. In der h-Moll-Suite für Flöte und Orchester (BWV 1067) geschieht dies in der Sarabande ebenfalls und wird den ganzen Satz über fortgesetzt. Nicht so hier, obwohl die Möglichkeit zur Fortsetzung zumindest bis T. 7 besteht, bis nämlich sehr hässliche Septparallelen auftauchen, die am Beginn von T. 8 auch noch verdeckte Oktavparallelen einschließen würden. Doch hat Bach selbst so etwas um des Kanons willen hin und wieder durch geschickt gesetzte Mittelstimmen zum Wohlklang gebracht (hier wären kanonische Weiterführungen möglich gewesen). Er hätte das Ende des Bass-Viertakters und den Beginn des nächsten durch einen weiteren Kanoneinsatz im Alt markieren und bereichern können. Mit Anfangston *g* wäre das glänzend möglich gewesen, zumindest zwei Takte lang.

Warum hat Bach mit dem Bass-Kanon nicht weitergemacht? Recht hat er daran getan. Ein viertes Mal die Tonfolge *c-es-d* in T. 4 wäre wirklich Redundanz statt Hoftanz. Offenbar wollte er nach der kontrapunktischen Geste des Beginns die Viertakt-Periodik der Oberstimme nicht weiter verschleiern, hat sie nach dem Abbruch der Folgestimme ab T. 4 dann auch nochmals durch gleiche Figuren des Basses in T. 6 und 8 weiter betont und richtig gestellt.

Um noch eine weitere Feinheit in Erwägung zu ziehen: Sind die Themen der beiden Trios und der Polonaise etwa melodische Varianten des Menuett-Themas? Ich stelle die Themen untereinander:

Menuett

Trio I (transponiert von d-Moll)

Polonaise (transponiert von F-Dur)

Trio II (transponiert von F-Dur)

Eine letzte Frage zum Satz betrifft die Polonaise. Sie ist wohl nachkomponiert worden, auf dass aus dem Ensemble der Instrumentengruppen nicht nur Holz- und Blechbläser, sondern auch die Streicher ihren Auftritt bekommen. Boyd[39] meint, dass Teile davon, vor allem der Bordun-Bass des Anfangs und die schnellen Forte-Figuren T. 25–28 wie auch der Achtelauftakt, nicht dem »traditionellen Tanz« entsprechen: »Man spürt eine bestimmte Bedeutung in diesem Satz, ohne identifizieren zu können, worum es dabei geht.«

Dass die Polonaise womöglich im Zusammenhang mit Bachs Dresden-Besuch von 1717 oder früheren Beziehungen zu Dresden entstanden ist, kann vermutet werden, und zwar im Hinblick darauf, dass die sächsischen Kurfürsten seit 1697 auch Könige von Polen waren mit zweitem Regierungssitz in Krakau. Nun wurden Polonaisen zur Devotionalie. Bachs Sohn Wilhelm Friedemann, zeitweise Dresdner Organist, hat hiervon beeindruckende Proben abgelegt.

Boyd hatte offenbar die gleichnamigen Stücke von Chopin im Ohr, nicht aber dasjenige, was Telemann, zeitweilig als Kapellmeister in Sorau an der polnischen Grenze tätig, für »die polnische und hanakische Musik, in ihrer wahren barbarischen Schönheit« einnahm, wie er in seiner Selbstbiographie beteuert:[40] »Sie bestund, in gemeinen Wirtshäusern, aus einer um den Leib geschnalleten Geige, die eine Terzie höher gestimmet war, als sonst gewöhnlich, und also ein halbes Dutzend andre überschreien konnte; aus einem polnischen Bocke [einem Dudelsack]; aus einer Quintposaune, und einem Regal [einer Tischorgel]. [...] Man sollte kaum glauben, was dergleichen Bockpfeiffer oder Geiger für wunderbare Einfälle haben, wenn sie, so oft die Tantzenden ruhen, fantaisiren.« Telemann hat in vielen Kompositionen diese »Einfälle« aufgegriffen und weitergeführt. Und sie gleichen kaum dem etwas düsteren Charme der Polonaisen des 19. Jahrhunderts, sondern sind genau so wild und grob wie die Forte-Stelle des Bach'schen Satzes (T. 25–28). Zugleich mit ihr erzeugt der Bordun-Bass nach Art des »polnischen Bock« genau jene »rustikale und exotische Wirkung«,[41] die Boyd so befremdet.

Die Einbeziehung polnischer Volksmusik in die Konzertfassung und damit der Bezug zum Dresdner bzw. Krakauer Hof mag noch weiter gehen. Zugleich mit der Nachkomposition von drittem Satz und Polonaise ist die Erweiterung des Instrumentariums um den *violino piccolo* erfolgt. »Überraschend wenig ist über dieses Instrument bekannt, und es ist fraglich, ob man wirklich von *dem* violino piccolo sprechen kann wie von *der* Geige oder *der* Bratsche« (Boyd).[42] Kein Wunder, denn vielleicht ist es gar kein Instrument aus der Tradition der Kunstmusik, sondern der Volksmusik. Es ist »eine kleine Terz höher gestimmt als die normale Geige«, mit Telemanns Worten: »eine Terzie höher gestimmet [...], als sonst gewöhnlich.«

Noch ein Letztes zu dem Sätzchen: Es gehört in die Frühgeschichte des Streichquartetts.

Konzert II · F-Dur

BWV 1047

Tromba, Flauto dolce, Oboe, Violino – Violino I, Violino II, Viola, Violone, Violoncello e Cembalo all unisono

Der Anfangssatz des I. Konzertes gibt einen Hinweis darauf, was das inhaltliche Hauptthema des gesamten Stückes sein könnte und wie sich daraus Gedanken über die Bedeutung der Folgesätze entwickeln lassen, vor allem über die des zweiten Satzes. Beim II. Konzert fehlt ein solcher Ausgangspunkt: Der Anfangssatz gibt kaum Hinweise, wohl aber der langsame Mittelsatz. Daher erscheint es sinnvoll, die Besprechung mit diesem zu beginnen und von der Orientierung an der Satzfolge abzuweichen. Vielleicht kann dann von den Gedanken über den Mittelsatz etwas auf diejenigen über die Außensätze ausstrahlen.

Satz 2: Andante, d-Moll, 3/4-Takt

Welch ein munteres Virtuosenstück ist doch dieses Konzert – wenn nur der Mittelsatz nicht wäre, dieses seufzerreiche Lamento! Über einem monotonen Achtelgang der Bässe, der manchmal Züge eines Ostinato annimmt, flechten Flöte, Oboe und Geige ihre Klagemotive ineinander, wandeln sie ab, lassen sie abwechselnd, dann wieder zugleich erklingen, bis sich ihre Kraft nach zwei großen Bögen, die sich von d-Moll aus über a-Moll und C-Dur nach B-Dur schwingen, erschöpft hat.[1] Was dann zweimal zu hören ist (T. 34–45 und 46–65), gehört zu jenen Rigorismen, mit denen Bach zu seiner Zeit – was Instrumentalmusik betrifft – sicherlich einzig dasteht und die sich, wie bereits im zweiten Satz des Konzertes Nr. I, am Affekt des Schmerzes entzünden. Es wird plötzlich still. Nur der Bass wandert unbeirrt weiter, unbeeindruckt von den Seufzern, die die drei Oberstimmen in wechselnden Paaren als einziges noch hervorbringen oder – personifizierend gesagt – hervorzubringen vermögen, ehe sie sich dann noch einmal aufraffen und das Flechtwerk vom Beginn wieder anspinnen. Der Vorgang findet zweimal statt und schließt den Satz ab. Die Partien, in denen nur zweistimmige Seufzer ausgetauscht werden, füllen 16 Takte, fast ein Viertel des gesamten Satzes.

Der Kontrast dieses Jammers zur Munterkeit der Außensätze ist demjenigen aus dem I. Konzert sehr ähnlich und fordert eine inhaltliche Deutung heraus, die dort vermuten ließ, der zweite Satz führe das Sterben der Tiere vor Augen. Hier allerdings gibt es auch nicht die Spur eines Ansatzes zur einer Inhaltsdeutung, zur Semantik. Gedanken, nicht einmal von der Besetzung her, so vielversprechend die außergewöhnliche Zusammenstellung der vier Soloinstrumente auch erscheinen mag: Trompete (in hoher *f*-Stimmung und durchaus auch leise zu spielen[2]), Alt-Blockflöte, Oboe und Geige. Bleibt man bei der Besetzung und beim Mittelsatz und stellt die Frage, warum hier Trompete und Begleitstreicher, das so genannte Ripieno, fehlen, so gibt es üblicherweise drei Antworten:

1. Eine Trompete passt nicht zur Klage. Sie ist ein Herrschaftssymbol, zeigt Macht und Pracht. Richtig, aber auch falsch. Johann Georg Linigke, Weißenfelser Konzertmeister, der 1718 in Köthen gastierte und dort das Bach'sche Konzert kennen gelernt haben könnte, schrieb 1737 eine dreisätzige Trauermusik mit dem Titel *Mortorium* und genau der gleichen Besetzung wie in Bachs Konzert.[3] Zwar schweigt dort die Trompete im Mittelsatz ebenfalls (*Un poco andante*), spielt aber im Schlusssatz und im anfänglichen *Largo* mit, welches in einer unzweideutigen Trauergestik gehalten ist.

2. Der vom ersten Satz erschöpfte Bläser muss sich vor den Anstrengungen des Schlusssatzes erholen. Nehmen wir dieses verbreitete Argument hin, wenn auch voller Zweifel: Warum darf später in Haydns Trompetenkonzert der Solist nach dem ersten Satz, an dessen Ende auch noch eine Kadenz zu blasen ist, im zweiten Satz nicht pausieren? Sicher, ein Solokonzert mit einem sololosen Mittelsatz wäre etwas absurd. Aber waren die Trompeter inzwischen leistungsfähiger geworden?

3. Das ist nichts Ungewöhnliches, denn Reduktionen gibt es auch in den Mittelsätzen der Konzerte Nr. I, IV und VI, außerdem im Tripelkonzert a-Moll (BWV 1044). Gerade der letzte Fall schon weist darauf hin, dass es sich bei Besetzungsreduktionen in Mittelsätzen um Sonderfälle handeln kann, denn im Tripelkonzert ist ein geringstimmiger Mittelsatz aus einer Orgelsonate übernommen worden. Im zweiten Satz des Konzertes Nr. I mögen tatsächlich Schmerz und Trauer die Hörner vertrieben haben, und auch in den anderen Fällen könnten spezielle Gründe, nicht gattungsspezifische oder innovative, bestimmend gewesen sein. Bei Nr. VI hat sich Bach möglicherweise aus inhaltlichen Gründen entschlossen, die Gamben fortzulassen (vgl. S. 164). Bei Nr. V könnte ein thematischer Hinweis auf ein Werk Louis Marchands die Rücknahme in die kammermusikalische Besetzung veranlasst haben. Hier für Nr. II gibt es eine triftigere Erklärung für das Fehlen des Ripieno im Mittelsatz. Klaus Hofmann hat 1997 dreierlei festgestellt:

Bach hat bei der Abschrift von einer Vorlage, die aus einer späteren Kopie zu erschließen ist (Penzel 1760), eine große Menge von Satzfehlern wie Quint- und Oktavparallelen ausgebessert, vielleicht sogar die Melodik des Themas an einer Stelle verändert (T. 3 letztes Viertel ursprünglich möglicherweise *c-d-e-f* statt *c-f-e-f*[4]).

Zwischen den vier Solisten und dem Begleitorchester (Ripieno) gibt es eine für Johann Sebastian Bachs Standard ganz ungewöhnlich hohe Zahl solcher Fehler.

Die Streicherbegleitung ist im Verhältnis zu den Solostimmen vollkommen unselbstständig und scheint – anders als in den übrigen Konzerten – seltsam einfallslos, im besten Falle halbherzig am Spiel der Solostimmen teilzunehmen. Beispiele in Satz 1 sind T. 46 und T. 52 mit scheinselbstständigen Begleitfiguren, die zahlreiche Parallelenfehler entstehen lassen, welche nicht etwa durch Verdoppelung von Solostimmen erklärbar sind, sondern eher wie zufällig, ganz unsystematisch zustande kommen, im ersten Falle Oktav- und Quintparallelen mit der Oboe, im zweiten Oktaven, wiederum mit der Oboe:

Bach war Derartiges nicht gleichgültig – so bodenlos auch damals schon diese Fehler-»Regeln« waren –, sondern er achtete auf Fehler und suchte sie, falls er sie bemerkte, auszumerzen. (Dies zeigt deutlich eine von Alfred Dürr 1988 dargestellte Episode aus der Entstehungsgeschichte von Konzert Nr. V.) Man kann nicht umhin festzustellen, dass die Streicherbegleitung in Satz 1 flüchtig und schlampig, im letzten Satz ohnehin kaum ernsthaft eingesetzt ist, nämlich nur in 57 von 139 Takten, weit unterhalb der Hälfte. Und was sind das im Schlusssatz auch für Behelfsfiguren und Akkordtupfer, immer wieder untermischt mit Fehlern wie den Einklangsparallelen T. 55 zwischen den hohen Streichern, nicht systematisch eingesetzt zur Stimmverstärkung, sondern als Nachlässigkeit wirkend!

Aus all dem hat Klaus Hofmann den Schluss gezogen, dass das Konzert ursprünglich ein *Concerto a quattro* mit Generalbass gewesen sei und die Streicherbegleitung später hinzugefügt wurde, damit es ein »richtiges« Konzert in der Nähe eines Concerto grosso wird, nun allerdings fast ohne Arbeit des Ripieno mit dem Material des Ritornells. Sich die unschöne Arbeit zu erleichtern, könnte der Grund dafür gewesen sein, im Falle des Mittelsatzes auf die seltene, aber vertretbare und in den anderen Konzerten auch schon bewährte Möglichkeit eines Verzichts auf Streicherbegleitung zurückzugreifen, auch wenn man sich durchaus eine Alternative vorstellen könnte, etwa diejenige, dass der Bass die Töne auf den Zählzeiten als Achtel spielt und die Ripienisten mit einem Akkord von Achtellänge nachschlagen.

Offenbar, so Hofmann, ist die anzunehmende Umarbeitung nicht für Christian Ludwig erfolgt, sondern war bereits in der Vorlage enthalten, die Penzel zur Verfügung stand, womöglich auch Bach für seine Reinschrift. Das Konzert ohne Begleitung könnte einige Zeit vorher entstanden sein, vielleicht in Nachfolge der *Concerti senza ripieno* Vivaldis, die seit Mitte 1713 bekannt waren.

Für diese Sicht der Dinge spricht auch die verwunderte Feststellung von Rudolf Stephan, dass das Ripieno niemals das Solothema des ersten Satzes aufgreift, sondern sich – auch in durchführungsartigen Passagen – immer nur mit dem Tutti-Ritornell befasst, und zwar lediglich in einem »Kontrast von ›kompakterem‹ und ›aufgelockerterem‹ Tutti«.[5] Dies – so könnte man folgern – wäre weniger erstaunlich, wenn es ursprünglich gar kein Ripieno gegeben hätte.

Dass es auch genau die Gegenmeinung gibt (Rampe/Sackmann), dürfte niemanden überraschen, der die beiden vorangegangenen Kapitel verfolgt hat: Das Konzert »entstand als letztes der Sammlung von 1721«. Colla-parte-Führungen des Tutti gebe es auch bei Albinoni und Torelli. Falls es überhaupt eine Vorfassung gegeben habe, müsse sie unmittelbar vor der Endfassung bestanden haben, da diese praktisch ohne Korrekturen niedergeschrieben worden sei, also »schon 1721 eine Bearbeitung ›con ripieno‹ vorgelegen« haben müsse. Das Konzert sei vielleicht für den Trompetenliebhaber Herzog Ernst August von Weimar, Bachs Schutzpatron, entstanden, der zum Jahreswechsel 1720/21 Köthen besuchte.[6] Hier nur einer der möglichen Einwände gegen diese Argumente: Colla-parte-Führungen liegen nur dann vor, wenn ganze Melodiestrecken gedoppelt werden. Hier jedoch gibt es Parallelführungen nur ganz kurzer Partikel.

Ein Fazit, den zweiten Satz betreffend, könnte heißen: Er ist ein Überbleibsel einer älteren Fassung und kann in der Lösung vom Ripieno seinen Affektgehalt, schmerzliche Klage, ganz ungeschminkt und konzentriert vorführen.

Satz 1: (Allegro), F-Dur, Alla breve-Takt

Indem wir auf die Außensätze kommen, werden wir gleich wieder auf den Mittelsatz gestoßen. Denn es gibt im ersten Satz einen Hinweis auf den zweiten. Ist so etwas für die Konzerte Nr. VI und V lediglich anzunehmen (vgl. S. 111, 138), so muss man hier doch von einer Absicht sprechen. Denn anders als etwa im IV. Konzert gehört hier die hinweisende Figur nicht zum zentralen Themenmaterial des Kopfsatzes, sondern sie ist wie im V. Konzert singulär. Angesichts der motivisch äußerst engen Arbeit im Satz »dürfte« das eigentlich gar nicht sein: T. 64ff. wird während einer vierstimmigen Fugenexposition über das Solothema – das mit dem Triller! – ein Kontrapunkt entwickelt, der den Seufzern des zweiten Satzes gleichkommt. Die Einzelstellung des Motivs lässt es als Vorausweis erscheinen und zeigt etwas, das man nicht ohne weiteres in den Brandenburgischen Konzerten erwartet hätte, da es doch eher sinfonischen Konzeptionen späterer Zeit entspricht. Kommt man aber auf Gedanken zu einer zyklischen Anlage aller sechs Konzerte, wie sie hier im Schlusskapitel angestellt werden, so ist die motivische Satzverknüpfung weniger erstaunlich.

Die Fugenexposition mit den Seufzern gliedert den Satz in zwei etwa gleich große Teile, in denen das Anfangs-Ritornell jeweils viermal in unterschiedlicher Bearbeitung, d. h. mit Einschüben, Ausschmückungen, Teilkombinationen zur Erscheinung kommt. Dabei werden zwei Abschnitte aus der ersten Hälfte in der zweiten je zweimal wiederholt, jedoch nicht zitathaft, sondern auf eine Art, die man gegen Ende des Jahrhunderts »Schein des Bekannten« genannt hätte, ein von kleinen Überleitungen und freien Teilen durchdrungenes Wiederaufgreifen größerer Formabschnitte, das nie den Eindruck von montierten Blöcken erzeugt. So taucht die Themendurchführung des dritten Teils (T. 31ff.) später als sechster und im siebenten Teil wieder auf (T. 75ff. und 94ff.) – im Schaubild gekennzeichnet mit * –, aber eben nicht als genaue Wiederholung. Es ist die Themendurchführung mit den rumpelnden Bassläufen, deren Oberbau jeweils durch Stimmtausch verändert ist, im letzten Auftreten sogar mit einem Beginn des Themas in Kanonführung.[7]

1	2	3	4	5	6	7	8
1 Ritornell	9 Solo- Auftritte	29 31 *	40 46 #	60 68 Fug. # exp.	75 *	84 94 *	103 118 #
F	*F C*	*F d*	*d G F*	*B C*	*g*	*g a*	*F F*

Ähnliches ist auch zu beobachten an dem längeren Abschnitt T. 46ff. aus dem vierten Teil und seinem variierten Wiederauftauchen in den Teilen 5 und 8 (gekennzeichnet durch #; dass der Bass dabei ab T. 109 die Töne *B-A-C-H* aufeinander folgen lässt, dürfte Bach bemerkt haben, doch ohne weiter darauf zu achten oder es gar als »listiges« Auftauchen des Namens-Symbols herauszustellen, wie Michael Talbot annimmt,[8] denn es gehen die Töne *As* und *G* voraus, die Namenschiffre taucht also als Teil einer chromatischen Sequenz auf). Dadurch entsteht eine für viele Konzertsätze Bachs typische Mischung oder besser Überlagerung von Ablauf- und Axialsymmetrie. Es ist eine Art Montage mit vielerlei Modifikationen und verändernden Färbungen, nicht nur mittels des Durchlaufs durch eine reiche Tonartenpalette, die so gut wie alle Stufen der F-Dur-Tonleiter erreicht – in der Fugenexposition wird sogar T. 65 nach Es-Dur kadenziert! –, sondern auch mit Hilfe von Motivkombinationen, die ihre Möglichkeiten aus der Faktur des Themas ziehen.

Das Satzthema besticht durch seine fröhliche Einfachheit, ja gemahnt geradezu an Spielmanns-Musik:

Ehe es darum geht, das Thema zu beschreiben, hier ein Fund, der sich bei der Suche nach den vielberedeten Vorbildern in Vivaldis Konzerten ergab: Solche munteren Dreiklangssprünge, solche wiederholten Kurzmotive – das riecht doch geradezu nach Vivaldi! Und siehe da: Das anfängliche Allegro molto eines Konzertes von Vivaldi für zwei Flöten, Streicher und Generalbass, im Ryom-Verzeichnis unter Nr. 533 aufgeführt, beginnt fast genauso wie die zweite Themenhälfte bei Bach:

Was ist damit bewiesen? Wenn Bach das Konzert nicht kannte – es gibt keine Dresdner Handschrift davon –, wenig. Dann würde man von einer Gemeinsamkeit der stilistischen Haltung, einer allgemeinen Verwandtschaft sprechen können, vielleicht auch von einer Abhängigkeit Bachs von Vivaldi, wenn es um muntere Dreiklangsthemen geht. Denn die gibt es dort in Hülle und Fülle. Wenn er es kannte – was nicht nachprüfbar ist –, könnte die Passage aus seinem Unbewussten – Abteilung: fröhliches Dur-Thema – eingeflossen sein, oder aber es handelt sich hier um ein verstecktes Zitat. Denn ein offenes, welches möglicherweise zu einer gut hörbaren Ehrung für das italienische Vorbild hätte taugen sollen, hätte Bach doch wohl eher an den Themenanfang gestellt, wie er es im ersten Konzert mit dem »Herrschergruß« vorgenommen hatte, wenn auch mit anderer Absicht. Ganz allgemein lässt sich aber fragen, ob eine so kurze Floskel, auch wenn sie in beiden Fällen wiederholt wird, überhaupt zu Gedanken an ein Zitat berechtigt. Schließlich handelt es sich nicht um ein kompliziertes und gestaltreiches Gebilde mit hohem Wiedererkennungswert wie etwa *B-A-C-H*, sondern um ein wohlfeiles Sprungspiel im Durdreiklang.

Dieses fröhliche Thema ist von allen Anfangsgestalten der sechs Konzerte das klarste und – im guten Sinne – simpelste, geformt als genau bemessene Periode, wie man sie im Lied so häufig antrifft. Der Anfangs-Abschnitt von »Hänschen klein«, bis die Mutter ins Spiel kommt, bietet einen Musterfall: zwei gleich lange Teile, Vorder- und Nachsatz genannt. Ihre ersten Hälften, genannt erste und dritte Phrase, sind gleich – bei Bach von großer Ähnlichkeit. Die zweiten Hälften, die zweite und vierte Phrase, sind zwar ebenfalls gleich lang, aber nicht gleich gestaltet. Die zweite Phrase des Bach'schen Vordersatzes (T. 3–4) bewegt sich in der V. Stufe, und die vierte Phrase (T. 7–8) schließt den Nachsatz und damit das Thema mit dem Grundton ab. Es ist eine Struktur, die angesichts ihrer durchgehenden Taktordnung in Zweierpotenzen »quadratisch« genannt wird. Hier bei Bach wird ihre Regelmäßigkeit noch auf die Spitze getrieben, indem alle Phrasen – mit Ausnahme der letzten – aus einem wiederholten Zweitakter bestehen. Diese Zweitakter lassen sich im Verlauf des Satzes ausgezeichnet zwischen andere Teile einfügen, können einzeln in längeren Folgen wiederholt oder in anderer Kombination als am Beginn zusammengespannt werden. Gleich der zweite Satzteil ab T. 9 zeigt eine solche Möglichkeit, die einer Praxis der Volksmusik entspricht: Die vier Soloinstrumente führen nacheinander das Solothema mit dem Triller vor, dreimal gefolgt von der ersten Ritornell-Phrase im Tutti. Die Nähe zum »Ronda«- oder Runde-Singen in populärer Musik ist offensichtlich. Reihum wird einzeln eine Strophe gesungen. Danach fallen alle mit einem etwa gleich langen Refrain ein. Man könnte an den schlesischen *Bauernhimmel* denken, ein Volkslied, das zu Bachs Zeiten bereits im Umlauf war und in dem nach jedem solistischen Zweizeiler, z. B.

»Ja, das wird ein schönes Leben!
Wenns doch Gott bald möchte geben«
alle folgen mit dem Refrain (und leiten zur neuen Solostrophe über):
»Hoppsa, hoppsa, drüber und nüber!
Gib mer a Guschla [Küsschen],
ich ga ders wieder!
Hoppsassa!«

Martin Geck hat diese Technik äußerst passend als »Staffette« bezeichnet und durch den Satz verfolgt.[9] Philipp Spitta hat sie vor über 100 Jahren in ein Bild gebracht,[10] das sowohl ihre Machart wie ihren Charakter erfasst und offensichtlich von Eichendorff inspiriert ist:

»Fürwahr, wenn auch Bach noch nicht über die satten Farben Späterer verfügt, doch lebt in seiner Instrumentalmusik die ganze deutsche Romantik. Dieser erste Satz! Wie er dahin zieht wie eine Schaar jugendlicher Reiter mit blitzenden Augen und flatternden Helmbüschen! Ein Einzelner läßt sein jubelndes Lied in die Waldeskronen hinaufwirbeln, ein Zweiter, ein Dritter, und machtvoll fällt der Chor der Genossen dazwischen; nun verliert sich der Gesang in der Ferne, schwächer und schwächer, zuweilen dringt er durch eine Lichtung vernehmlicher herüber, dann verweht ihn der Wind, das Flüstern der Blätter übertönt ihn –

Immer weiter und weiter die Klänge ziehn
Durch Felder und Haiden, wohin, ach wohin?
Was ist hier aus der simplen Concertform geworden!«

In den letzten Jahrzehnten werden solche Bilder von vielen mit Bedenken betrachtet, da sie dabei allzu sehr an die Hermeneutik von Hermann Kretzschmars *Führer durch den Konzertsaal* von 1887 erinnert werden, dessen Bemühen es war, die Hörer von »klassischer« Musik nicht durch die Benennung vom ersten und zweiten Thema oder vom Einsatz der Reprise abzuschrecken, sondern ihnen die Musik durch assoziative Bilder nahe zu bringen, wodurch sie allerdings – dies ein Argument Schumanns gegen die Programm-Musik von Berlioz – allzu leicht um ihre hörende Eigenproduktivität gebracht werden: Schon das kleinste Oboensolo wird zur jubelnden Lerche, die sich in die Morgenluft aufschwingt, und es ist nicht leicht, sich nach der Lektüre beim Erklingen der Musik von diesem Tiervergleich zu lösen. Dennoch: Spittas Bild ist von bestechender Prägnanz und spricht eher dafür, dass es nicht so sehr darum geht, ob Bilder zur Beschreibung von Musik eingesetzt werden sollen, sondern welche. Denn dass man bei dem schwierigen Unterfangen, Musik zu beschreiben, auf Bilder verzichten könnte, ist eine Illusion. Schon die Benennung einer Stufenbewegung – schon dies ein Bild! – vom eingestrichenen ins zweigestrichene *c* als Aufwärtsgang bedeutet eine parallelisierende Bilderfindung. Parallelisierungen anderer Art erscheinen da wesentlich bedenklicher: Die Struktur des Teiles 2 etwa (s. Übersicht S. 58) lässt sich recht gut in eine Graphik einfacher Art übertragen, wie es im Kapitel *Barock* des Schulbuches *Musik-Colleg 1* von 1983[11] bei der Behandlung des Concerto grosso geschehen ist. Ihr aber die Silhouette vom »Chorgitter der Stiftskirche in Maria Einsiedeln (Schweiz) von B. Jacob Nussbaumer (1675–1685)« zum Vergleich gegenüberzustellen, zeugt von der Absicht, die Lesenden glauben zu lassen, die verschiedenen Künste der gleichen Epoche folgten auch den gleichen Prinzipien – hier demjenigen der Symmetrie –, auch wenn sich in diesem Beispiel Bauelemente der Volks- und der Hochkultur noch so deutlich gegenüber stehen, vor allem aber axialsymmetrische Anordnungen in einer statischen Kunst (Chorgitter) und einer dynamischen, also Zeitkunst (Musik) vollkommen unterschiedliche Wirkungen erzeugen (weitere Gedanken hierzu im Zusammenhang mit dem VI. Konzert; vgl. S. 152f.).

Zudem wäre für einen solchen Vergleich der Sonatensatz mit seiner wesentlich klareren Symmetrieordnung von Exposition, Durchführung und Reprise viel geeigneter. Nur wäre dann die Botschaft vom zeitgleichen Symmetriegedanken in unterschiedlichen Künsten gestört. Und sie kann ohnehin nicht überzeugen, zeigen doch alle repräsentativen Gebäude seit den alten Griechen und Römern bis zur Postmoderne ausgeprägte Symmetrieordnungen um eine Mittelachse, während die Musik dergleichen nur hin und wieder aufweist. Vermutlich sind die Autoren zu dieser Fehlinformation angeregt worden von dem Buch *Musik und Weltbild* von Werner Korte,[12] in welchem solche Vergleiche zwischen musikalischen und anderen künstlerischen Gattungen und Formen vorgenommen werden, z. B. zwischen Bachs berühmter C-Dur-Fuge aus dem *Wohltemperierten Klavier* und der Kirche »Vierzehnheiligen«.

Nachdem Bach auf die beschriebene Weise die erste Themenphrase dreimal zur Bestätigung der Soli umfunktioniert hat, folgt T. 23 wie selbstverständlich und ohne die erste Phrase der Rest des Ritornells. Es ist hochinteressant zu beobachten, wie Bach durch den Satz diese Technik weiter durchführt und verfeinert. Bei dem letzten dieser Tutti-Refrains des Teiles 2 T. 19 fällt ein weiterer Vorzug des Anfangs-Ritornells für die angestrebte Bearbeitungs-Technik auf, der auch im Schlusssatz zu beobachten ist: Die Bassbegleitung vom Beginn wird später im doppelten Kontrapunkt verwendet, d. h. in horizontalem Austausch mit der Themenmelodie. Die Trompete führt dies erstmals T. 19f. vor. Später erscheint die Sechzehntel-Kette des Basses auch in Umkehrung in den Melodieinstrumenten oder sogar zugleich mit seiner Grundform als Kontrapunkte zur ersten Themenphrase (T. 40ff., 84ff. usw.).

Diese Sechzehntel-Kette ist zusammengesetzt aus sieben Halbkreis-Gruppen, die ehemals sinnvollerweise *circolo mezzo* genannt wurden. Solche Figuren sind eines der Mittel, durch welche große Abschnitte des Satzes, die sich in der Grundstruktur entsprechen, so verändert werden, dass man eher den Eindruck von Varianten als von Wiederholungen gewinnt, häufig dann, wenn das Ritornell mit seiner ersten Phrase anhebt:

- T. 1 mit der Figur im Bass,
- T. 31 mit der Figur in Terzparallelen in Bass und Flöte,
- T. 46 mit der Figur im Bass, aber gleichzeitig mit dem mehrfach wiederholten ersten Ritornell-Motiv in den Begleitstreichern,
- T. 68 nach der Fugenexposition mit der Figur wiederum im Bass, jedoch reduziert auf die erste *circolo*-Gruppe zur imitierten ersten Themenphrase in den Solostimmen,
- T. 113 schließlich bei der stark erweiterten Schlussreprise des Ritornells – fehlt die Figur: Unisono des Orchesters.

Diese Kunstfertigkeit steht in einer eigentümlichen Spannung zu den einfachen, volkstümlichen Themenelementen, einer Spannung, die auch in einem ähnlich gearbeiteten Stück wie dem Eröffnungssatz des dritten Konzertes nicht erreicht wird, da dort das Thema wesentlich artifizieller und komplizierter ist.

Ausgerechnet dieses Thema soll Vorlage für die Gestaltung des Hauptthemas der *Meistersinger* gewesen sein?

Bach

Wagner

Martin Geck hat es vermutet und über Wagners Thema geschrieben: [13] »Seine Darstellung ist nicht etwa einem alten Bild nachempfunden. Sie gibt vielmehr ein ebenso neues wie einmaliges Bild von einem musikalischen Gegenstand, den es ohne Wagners Phantasie nicht gäbe. […] Die Musik mischt alte Farben ein, um […] ›Geschichtstiefe‹ zu vermitteln, ist jedoch nicht alt an sich. Im Gegenteil. Sie ist, was das Reflexionsniveau angeht, fast moderner als die des *Tristan.*« Auf Anhieb wenig einleuchtend, gewinnt der Gedanke mit der Zeit jedoch an Überzeugungskraft: Wenn Wagner zum Preis der »großen deutschen Kunst« im historischen Gewande ein Muster von Kraft und Größe benötigte, das von positiver Ausstrahlung und rhythmischem Schwung war, dann war es nahe liegend, auf die Musik des von ihm aufs Höchste verehrten Bach zurückzugreifen, nicht aber auf Themen in Skalengängen wie aus denjenigen Orgel- und Klavierfugen, die er besonders schätzte, auch nicht auf Choräle oder die Präludien aus dem *Wohltemperierten Klavier*, sondern auf eine klare, reine Dreiklangsgestalt wie jene des zweiten Konzertes, die sich mit den anschließenden Aufsprüngen und Sechzehntelketten ausgezeichnet eignete, in aufsteigende Sequenzen überführt zu werden, von denen der Eindruck historischer Größe ausgehen konnte. Gerade an das kunstvoll Einfache des Bach'schen Themas konnte sich Wagner zur Darstellung »altdeutscher« Tugenden anschließen.

Satz 3: Allegro assai, F-Dur, 2/4-Takt

Auch das Thema der Schlussfuge ist von ähnlicher Einfachheit. Einfach sind allerdings nur seine Intervalle, nicht sein Ablauf. Ein Siebentakter mit Öffnung in die V. Stufe ist sicherlich nicht ein »klassisches« Fugenthema. Er besteht aus einem zweitaktigen Kopf und dessen Wiederholung, die in eine lange Fortspinnung ohne klaren Abschluss mündet. So jedenfalls könnte es der erste naive Blick verstehen. Ein Jazz-Trompeter allerdings überraschte mich mit der Bemerkung, er fasse das Fugenthema im 3/4-Takt auf. Dadurch erst werde der zweite Sprung (Quarte) als Entsprechung zum ersten (Quinte) deutlich. Auch werde so die Sechzehntel-Fortspinnung besser gegliedert, und man komme am Schluss auch wieder richtig auf der »Eins« an. Das Thema wirke dadurch nicht mehr so »eckig«, sondern »schwinge mehr«, was nicht zu bezweifeln ist, bei konsequenter Anwendung durch den gesamten Satz aber Probleme mit den anderen Stimmen nach sich ziehen dürfte:

Im Falle dieser Fugenexposition ist die Öffnung des ersten Themeneinsatzes, des Dux (Anführer), in die Quinte – c^2 in T. 7 –, also quasi nach C-Dur, für den Einsatz des Comes (Gefährte), der eben auf dieser Stufe beginnen soll, ausgesprochen sinnvoll. Hierzu ist eine Erklärung notwendig:

Noch heute kann man in Lehrbüchern über die Fuge lesen, bei einem Thema, das mit einem Quintsprung vom Grundton aus beginne, komme für den Comes nicht eine reale Beantwortung in Frage, also vom Quintton aus mit dem gleichen Quintsprung wie beim Dux. Denn sonst komme man zu weit aus der Grundtonart heraus, müsse ja gleich in die Quinttonart modulieren. Hier sei eine tonale Beantwortung durch den Comes angebracht, die die Anfangsquinte zu einer Quarte umwandle, so dass man gleich wieder auf dem Grundton lande. Diese Regel war schon zu Bachs Zeiten ein alter Zopf, wie eine Äußerung von Friedrich Wilhelm Marpurg (1760) zeigt,[14] der Bachs Auffassung von der Fuge recht genau kannte: Eine reale Beantwortung in einem solchen Falle, also ein Quintsprung, sei »bey den Alten deßwegen verboten« gewesen, »weil er die Tonart ungewiß macht«. In neueren Zeiten sei auch hier eine reale Beantwortung zwar nicht üblich, aber durchaus möglich. Jedoch: »Dergleichen Ausnahmen von der Regel, können nur von Meistern vorgenommen werden, und Anfänger thun wohl bey der Regel zu bleiben, welche einen deutlichen und die Tonart gehörig anzeigenden Fugensatz erfordert.« Das heißt doch wohl, dass eine tonale Beantwortung bei so gearteten Themen den Anschluss an eine altehrwürdige Tradition signalisiere, die man nicht gleich über Bord werfen solle, auch wenn sie, vom gegenwärtigen Stand des Komponierens aus gesehen, nicht mehr notwendig sei. Bach hat der Tradition häufig entsprochen, besonders dann, wenn er ihr Reverenz erweisen wollte wie im Falle des Eröffnungsstückes der *Kunst der Fuge*, die sich insgesamt mit den Techniken der »Alten« beschäftigt. In späteren Fugen des Zyklus aber hat er, auch wenn das Grundthema aller Fugen und Kanons noch so deutlich mit einem Quintsprung vom Grundton aus beginnt, die reale Beantwortung genutzt, z. B. in der Fuge Nr. 11.

Dies ist auch im vorliegenden Fall so. Da das muntere Thema den Quintsprung vom Anfang erhält, wenn es zum zweiten Male auftritt, öffnet es sich hier ebenfalls in die Quinte – g^1 in T. 13. Eine tonale Beantwortung, was würde sie dem Thema an Frische und Impetus nehmen!

Lässt bereits das Solothema des ersten Satzes eine Verbindung zum ersten und zweiten Satz des IV. Konzertes vermuten (vgl. S. 111), so macht der Vergleich der Themen der Finalfugen die Vermutung einer Verbindung beider Konzerte zur Gewissheit. Denn der Kopf des dortigen Themas ist in Intervallen und Rhythmus genau das, was hier die tonale Beantwortung wäre. Und der dortige Comes, tonal antwortend, also mit Quinte über dem Grundton, gibt das Fugenthema aus dem zweiten Konzert genau wieder. (Auch die folgenden Abwärts-Sequenzen ähneln sich.)

Offenbar führt Bach ein Spiel mit unterschiedlichen Fugentechniken am gleichen Thema vor, wobei wohl der Charakter der Themen und nicht irgendeine Regel darüber entscheidet, welche Beantwortungsform gewählt wird. Das außergewöhnliche und scharf profilierte Thema (Konzert II) wird real beantwortet, damit es seine Kontur behält. Das traditionelle Thema (Konzert IV), welches eher vokal geprägt ist und aus einer Motette stammen könnte – z. B. mit dem Text: »Hilf, Herr, daß wir nicht ohne Glauben leben hier im Jammertale!« –, wird auch auf traditionelle Art der »Alten« abgehandelt, sprich: mit tonaler Beantwortung.

Der Vergleich hat allerdings auch einen anderen Aspekt, wenn man nämlich über die Themen hinweg auf ihre weitere Ausformung blickt, auf die Arbeit mit ihnen. Dort nämlich im IV. Konzert echte Stimmenpolyphonie voll gediegener, teilweise sogar kanonischer Arbeit, vielstimmiger Selbstständigkeit und Alla-breve-Charakter in Art einer Kanzone oder entsprechender anderer vokal geprägter Instrumentalgattungen, Seite an Seite mit ausgearbeiteter und thematisch begleiteter Virtuosität, voller Großartigkeit und ernster Ausbreitung. Hier dagegen Hast, Kleinteiligkeit, einfachste Kontrapunktik mit Parallelführungen und Stimmtausch, im Grunde nah an Spielmanns- und Stadtpfeiferkunst, ohne Ruhe, mit Flickwerk aus Versatzstücken und Wiederholungen, und zwar diesmal – im Unterschied zum ersten Satz – kaum verbrämten. Der Satz wirkt wie Bauernmalerei nach Schablone, wenn auch mit fantastischen und lebendigen Blumenmotiven. Betrachten wir dies etwas genauer.

Das »wilde Wesen«, was Forkel 1802 den frühen Werken Bachs attestierte, zeigt sich in diesem Satz in einer ungeduldigen, rohen Raserei, so als wolle die Musik, aller Kunstfertigkeit abhold, nur schnell zu Ende kommen, mit einer Rigorosität, zu der Mendelssohns Äußerung über die Orgel-Toccata in F-Dur (BWV 540) und ihren abrupten Schluss passt: »Das war ein furchtbarer Kantor!«[15]

Der Aufbau des Satzes nutzt das Baukastenprinzip: Die Elemente des Anfangs werden, kaum verändert, herumgereicht. Die einzige Entwicklungs- oder Abspaltungsphase sind die Takte 85–96. Sie besteht allerdings auch aus nicht viel mehr als dem Aneinanderketten des zweistimmigen Zweitakters von T. 13f. Damit wird moduliert. Die großen Abschnitte davor und danach, T. 47–84 und 97–131, sind nahezu identisch. Lediglich die drei Takte 63–65 sind kurz eingeschoben gegenüber der Parallelstelle im hinteren der beiden Abschnitte, um schnell eine Modulation nach d-Moll abzuhaken. Da die beiden Abschnitte jeweils zwei gleiche Passagen enthalten – im vorderen Abschnitt sind es T. 47–52 und T. 79–84 – und der Satzschluss nach dem hinteren Abschnitt lediglich nochmals das Fugenthema herausstellt, kann man mit Fug und Recht sagen, dass es in dem gesamten, 139 Takte langen Satz an Neuerfindungen nur die Takte 1–78 gibt, also die erweiterte Fugenexposition und den vorderen Abschnitt, dann den erwähnten dreitaktigen Modulationseinschub und die wenigen Entwicklungstakte 85–96. Das sind genau 93 Takte von 139, etwa im Verhältnis von 9:14, wirklich selten bei Fugen. Dies gemahnt an die späteren Zeiten der Sonatenhauptsätze mit ihren Reprisen: Ein knappes Drittel wird fast wörtlich wiederholt.

Viele der Neuerfindungen beruhen aber lediglich auf dem Stimmtausch innerhalb eines aus Anfangselementen kombinierten sechstaktigen Komplexes, dem meist noch ein abschließender Viertakter angehängt ist:

47
Eine Quarte höher zu lesen
B Tr. (F)
E Fl.
A Ob.
C Vl.
D Vc. e C.
50
54

Ignorieren wir die marginale Streicherbegleitung und konzentrieren wir uns auf die fünf Hauptstimmen dieses Komplexes, so sehen wir eine Orgie an Sequenz- und Parallelführung. Eine Leitstimme geht mit dem leicht variierten Themenkopf, abwärts sequenzierend, voran (A). Zwei Stimmen folgen im Halbtaktabstand kanonisch und in Terz- bzw. Sextparallelen (B C), während zwei weitere Stimmen mit einer Sequenz der Sechzehntel-Folge aus T. 13f. in die Tiefe rasen, und zwar mit den gleichen Parallelintervallen (D E). Beim vierfachen Auftreten des Komplexes werden die fünf Stimmen folgendermaßen unter den vier Solisten und dem Bass vertauscht (das sind aber nur vier Möglichkeiten von 120!):

Takte Tonarten	47–52 C-Dur	79–84 G-Dur	97–103 B-Dur	126–131 F-Dur
Trompete	B	C	A	E
Flöte	E	B	E	A
Oboe	A	D	B	C
Geige	C	E	D	B
Bass	D	A	C	D

Welchem Ziel folgen all diese Feststellungen von einfachsten Mitteln, von fehlenden Erfindungen, vom Sequenzen-, Stimmtausch- und Wiederholungswahn, von Kurzatmigkeit der Motive und ihren simplen Ableitungen? Sollen sie bedeuten: Der Satz ist schlecht komponiert? Mitnichten. Sie sollen lediglich die Absicht des Satzes klären. Und die heißt offenbar: mitreißende Wildheit, von Kunst ungetrübt, ungehemmtes Drauflosmusizieren, ohne Rücksicht auf geistreiche Motivarbeit. Stimmtausch als Mittel der Variantenbildung ist eine der wichtigsten Techniken volksmusikalischer Praxis, ebenso das Aneinanderhängen von Versatzstücken. Der Einsatz der Trompete ist es dabei sicherlich nicht, der Einfachheit im Sinne von »Trompeterstückchen« auslöst. Die großen Orchesterouvertüren zeigen das. Der Satz *soll* nicht kunstvoll sein, sondern wirken wie ein Ungewitter, wie ein wüstes Volksfest, wie ein Rausch.

Semantik: Eine Ballettmusik?

Kommen wir noch einmal zurück auf die Anfangsbemerkung: »Wenn nur der Mittelsatz nicht wäre, dieses seufzerreiche Lamento!« Dass er nicht zu den Außensätzen passt, ist offenkundig, aber nur dann, wenn man das »Passen«

von der Warte der zeitgenössischen, französisch beeinflussten Theorie vom schönen Ausgleich, von der inneren Harmonie der Teile begreift. Gleich den späteren Bemühungen um den »natürlichen« Ausgleich menschlicher Gefühlszustände in Sonate und Sinfonie sieht auch jene Theorie von der Möglichkeit ab, dass es Gefühlsbrüche ohne Gegengewicht und austarierendes Pendant geben kann, vor allem solche Brüche, die nicht allein innermusikalisch erklärbar sind. Die »unpassende« Gefühlsfolge des zweiten Konzertes muss allerdings nicht unbedingt mit dem Ziel einer semantischen Aufklärung durch eine »Geschichte« erklärt werden, die den traurigen Mittelsatz rechtfertigte. Wie wäre es, wenn die drei Sätze ursprünglich Musik zu einem höfischen Ballett waren, in der Ausgelassenheit, Trauer und Wildheit getanzt wurden, verkörpert durch allegorische oder mythologische Figuren oder gar als Darstellung der Phasen eines Befreiungskampfes: Frieden – Unterdrückung – Kampf? Man weiß doch, dass die Hofgesellschaften sich an solchen Vorführungen ergötzten, bei denen Mimik und Gestik wesentliche Faktoren tänzerischer Qualität waren, pantomimische Hochleistungen, für die auch Ludwig XIV. bewundert wurde, nicht unähnlich dem, was man heute an balinesischer und chinesischer Tanzkunst wahrnehmen kann. Zweifellos hat auch diese Tanzkunst – wie so vieles andere – aus Versailles auf die deutsche Hofkultur ausgestrahlt. Geht man von solch einer Annahme aus, würde die »Primitivität« des Konzertes, zumindest des Schlusssatzes, allen chronologischen Schlussfolgerungen auf stilkritischer Grundlage den Boden entziehen, die darauf hinauslaufen, das Konzert gehöre, was Bachs kompositorische Entwicklung betrifft, zur ganz frühen Gruppe, meilenweit entfernt etwa vom fünften Konzert: frühes Weimar, höchstens 1713.

Rezeption: Wie der Schlusssatz Schule machte

Das Thema Rezeption wird häufig ausschließlich im Hinblick auf die Geschichte der Aufführungen und der Reaktionen von Publikum und Kritik verstanden und behandelt. Diese Gegenstände hier ausführlich aufzugreifen, würde zu weit führen. Einige Bemerkungen werden an anderer Stelle gemacht (vgl. S. 23ff.). Das Thema Rezeption kann aber auch auf andere Art untersucht werden, nämlich im Hinblick auf das Fortwirken in späteren Kompositionen. Das ist oft schwierig nachzuweisen, weil im Grunde ein Überblick über die gesamte folgende Kompositionsgeschichte nötig ist, um kontinuierlich Spuren eines Werkes in den Kompositionen der nachfolgenden Generationen aufspüren und daraus Schlüsse auf das wechselnde Verständnis in der

Folgezeit ziehen zu können. Ein Versuch an Beethovens *Eroica* hat gezeigt, welch ein unermessliches Feld für Forschung noch brachliegt.[16] Hier nur eher zufällige Beobachtungen zum Weiterwirken des Schlusssatzes bei drei Komponisten, deren stilistische Distanz zueinander ebenso groß ist wie ihre historische. Es sind Friedrich II. von Preußen, Joseph Haydn und Ennio Morricone.

Auf eine mögliche Verbindung von Kronprinz Friedrich zu Christian Ludwig ist bereits in der Einleitung hingewiesen worden. Friedrich II. hat Bach wohl nicht erst 1747 anlässlich des bekannten Potsdamer Besuchs mit dem Ergebnis des *Musikalischen Opfers* getroffen, sondern auch davor schon, zumal Bachs Sohn Carl Philipp Emanuel seit 1738 Cembalist in des Prinzen Kapelle und seit 1740 Hofcembalist war und Vater Bach ihn wohl öfters in Berlin bzw. Potsdam besucht hat. Dass Friedrich II. Johann Sebastian Bachs Musik nicht geschätzt habe, da sie ihm zu künstlich war, ist eine Legende. Er soll die Flötensonate E-Dur bei ihm bestellt haben, hat in einer seiner eigenen Flötensonaten eine thematische Anleihe an die h-Moll-Flötensonate gemacht, und es sieht ganz so aus, als gebe es dergleichen auch im Hinblick auf das Brandenburgische Konzert Nr. II, und zwar eine Anleihe an jene Stelle T. 57ff. aus Satz 3, wo die anfängliche Bassbegleitung des Fugenthemas in melodische Funktion aufrückt und zu einer Art zweitem Thema wird. Tempobezeichnung (Allegro assai) und Tonfolge sind gleich, obwohl die Grundtonart bei Bach C-Dur, bei Friedrich II. a-Moll ist:[17]

In Joseph Haydns Trompeten-Konzert Es-Dur, komponiert 1796 als Inaugurations-Musik für die von Anton Weidinger neu erfundene chromatische Klappen-Trompete, hören wir kurz vor dem Ende Folgendes (Satz 3, T. 241ff.; s. Notenbeispiel auf der Nebenseite). Die Stelle klingt wie eine Adaption entsprechender Stellen aus Satz 3 des Konzertes (T. 97ff. und 126ff.).

Ob Haydn in dem Konzert noch weitere Muster der Gattung Trompetenkonzert zitiert hat, müsste untersucht werden, da die Parallele zum Abschluss des Bach'schen Konzertes zu augenfällig ist, um nicht auf eine historische

Gesamtrückschau anlässlich einer neuen Stufe in der Entwicklung der Trompetenkunst schließen zu lassen.

In Sergio Leones Italo-Western von 1968 *C'era una volta il West,* zu deutsch: *Spiel mir das Lied vom Tod*, fällt schon bald nach dem Beginn ein gewisser historisierender Zug in der Filmmusik auf: lange Vorhalte und die Bevorzugung von Sekundakkorden, also Dominanten mit der Sept im Bass. Als dann später der Outlaw Cheyenne (Jason Robarts) die zwielichtige Jill (Claudia Cardinale) aufsucht, lässt Ennio Morricone eine nachdenkliche, langsame Melodie erklingen. Ihr Beginn, triolisch vom Banjo gespielt, klingt so, und zwar in A-Dur:

Später erklingt sie noch sehr häufig, indem der anfängliche Grundton durch die Quint ersetzt ist, wie ein Leitmotiv in all den stillen, aber gefährlichen Situationen, die auf die schreckliche Lösung des Rätsels hindeuten. Ist die Übereinstimmung ein Zufall, braucht man nicht weiter zu spekulieren, falls aber nicht – wie die historisierende Tendenz eines Teils der Musik nahe legt –, muss man sich Gedanken über den Sinn dieser Übernahme machen, vor allem weil der Charakter des Fugenthemas sich so eklatant verändert hat. Das Thema und der gesamte Schlusssatz verdankten doch ihre kraftstrotzende »Primitivität« ganz wesentlich dem ungebremsten Elan des Rhythmus, wie er in hohem Tempo dahintobte. Hier nun die Zähmung zu träger Zähigkeit, ohne jeden rhythmischen Impuls, der muntere Quintsprung am Beginn durch die Wiederholung des Quinttones in die Länge gezogen. Dem Thema sind die Zähne gezogen. Offenbar ist die pervertierte Melodie Symbol für die schleichende, heimliche Gefahr, die hinter den ihr unterlegten Bildern lauert. Aber warum dann gerade Bach? Ein Gedanke dazu: Die verzerrte Melodie symbolisiert falsche Harmonie, auch die falsche Unschuld von Jill. Der Einsatz des Banjo, das sonst bekannt ist für schnelle, fröhliche Musik in raspelnden Harmoniefolgen, nicht für zögernde Einstimmigkeit, trägt dazu bei. Und wo lässt sich ein Muster für Einfachheit und Unschuld besser finden als eben in einem solchen Trompeten-Thema wie dem Bach'schen? Picasso hat auf ähnliche Art in seinen Bearbeitungen historischen Portraits die Unschuld genommen. Aber – wie gesagt: Wenn es kein Zufall ist …

Aufklärung bietet die Morricone-Monographie von Sergio Miceli,[18] und zwar eine rundum positive Aufklärung, welche die Vermutung zur Gewissheit macht. Morricone, Jahrgang 1928, als Komponist klassisch ausgebildet und in engem Umgang mit der Neuen Musik, Schüler von Goffredo Petrassi, bekannt mit Nono und Cage, hat sich lebenslang an Bach abgearbeitet, nicht nur in seinen »ernsten« Werken – 1969 in den *Refrains. Tre omaggi a sei,* die erste Hommage an Bach –, sondern auch in seiner Filmmusik, speziell in den Italo-Western. Er benutzt dabei Bachs Werke auf verschlüsselte Art, etwa im Aufgreifen der Toccata d-Moll oder des Notensymbols *BACH*. Und im *Clan der Sizilianer* von 1969 (Henri Verneuil) ist Bachs Orgel-Praeludium und Fuge a-Moll die Vorlage. Nicht unüblich ist die Übertragung des Übernommenen auf volkstümliche Instrumente wie die Maultrommel. Die Schlussfolgerungen für *Spiel mir das Lied vom Tod* sind demnach mehr als nahe liegend. Der italienische Autor hat in diesem Falle die Vorlage nicht erkannt, aber vielleicht geahnt, als er schrieb: »Das Thema [...], das immer mit Jill assoziiert bleibt, öffnet und verstärkt [...] die breite Strömung einer zynischen – ebenso gekonnten wie verhaltenen – Handschrift Morricones, frei von expressiven Exzessen wie von besonderen ethnischen Konnotationen – wirklichen oder vermeintlichen –; ein Stil mit guten Manieren, anthropologisch idealisiert, gleichsam verbürgerlicht in seinen leicht erkennbaren eurozentristischen Konnotaten und daher geeignet, einen verführerischen Reiz auf das internationale Filmpublikum auszuüben.«

Konzert III · G-Dur

BWV 1048

Violino I, Violino II, Violino III, Viola I, Viola II, Viola III, Violoncello I, Violoncello II, Violoncello III, Violone e Cembalo

Man kann dieses Konzert aufgrund seiner seltenen Besetzung (je drei Geigen, Bratschen und Celli sowie Generalbass), der ungewöhnlichen Art seiner Satzfolge und Kompositionstechnik als Beispiel einer »Übergangsgattung« verstehen zwischen älteren mehrchörigen Sonaten und dem neuen italienischen Konzert.[1] Der Gesamtaufbau, zwei schnelle Sätze ohne langsamen Zwischensatz, ist zwar selten, aber nicht einmalig: Von Johann Mattheson gibt es ein *Concert* von 1717 mit der Satzfolge Grave/Allegro, letzteres, wie hier, im $^{12}/_{8}$-Takt.[2] Die Unklarheit über die Datierung wird eindrucksvoll verdeutlicht, wenn an gleicher Stelle zwei unterschiedliche Angaben gemacht werden: »Zweite Jahreshälfte 1714« und: Es »steht eine Weimarer Erstfassung des dritten ›Brandenburgischen Konzerts‹ erneut zur Diskussion – nun aber unter den Vorzeichen, daß sich Bach um 1714 noch nicht mit Vivaldis modernem Stil der *Concerti* op. 4 (1716) auseinandergesetzt haben kann«.[3] Dagegen gilt die Meinung von Hans-Joachim Schulze weiterhin, der erste Satz zumindest müsse sehr spät liegen, denn er sei »einer der kompliziertesten und höchstentwickelten seiner Art«.[4]

In diesem Konzert häufen sich die Rätsel. Sie sollen Stück für Stück abgearbeitet, nicht etwa gelöst werden.

Besetzung: 3 mal 3 plus 1

»Im Zentrum dieses Werkes stehen zweifellos die Zahlen 3 und 9, indem die je drei Violinen, Violen und Violoncelli zu drei Chören zusammengefaßt werden. Einige Hinweise sprechen sogar dafür, daß die zusätzliche, also zehnte Stimme für *Violone e Cembalo* erst nachträglich von der dritten Violoncellpartie abgetrennt wurde […] Bemerkenswert ist außerdem, daß es Bach zur Verdeutlichung der dreichörigen Anlage auf sich nahm, die drei Violoncello-Stimmen vollständig auszuschreiben, obwohl sie nur an wenigen Stellen des Kopfsatzes voneinander abweichen.«[5] Wohlgemerkt: Im Schlusssatz weichen sie nie voneinander ab und stehen doch alle drei gleichermaßen ausgeschrieben untereinander, zusätzlich noch die mitgehende Generalbassstimme (*Violone e Cembalo*)! Bedenkt man die Mühe, die dazu aufzubringen war, unter dem Gesichtspunkt der Arbeitsökonomie, so kann man nur sagen: unnötig, Zeitverschwendung! Dass dieser Gesichtspunkt Bach nicht fremd war, zeigen seine zahlreichen Umarbeitungen älterer Werke für neue Zwecke – der Anfangssatz selbst ist ein Beispiel dafür (vgl. S. 90f.). Es muss also ein anderer Grund vorliegen, der Bach auf diesen geradezu irrsinnig erscheinenden Gedanken der vierfachen Niederschrift des Gleichen brachte. Überlegungen dazu später.

Elmar Budde schreibt recht bestimmt: »Bachs Konzert ist ein sogenanntes Concerto grosso«,[6] mithin ein Werk, in welchem sich das Orchester (Tutti) und die Solisten (Concertino) deutlich hörbar gegenüberstehen. Der Autor nimmt diese Behauptung aber sofort zurück: »In der instrumentalen Besetzung seines Konzerts verzichtet Bach jedoch auf eine konzertierende Gruppe, die einem Tutti gegenübergestellt ist.« Da es also kein Concerto grosso ist, eine Abhängigkeit von den italienischen Sensationen Corellis und Vivaldis mithin in dieser Hinsicht nicht so deutlich ist wie etwa im vierten oder fünften Konzert, hat Heinrich Besseler einst den Hilfsbegriff »Gemeinschafts-Spielmusik« erfunden, auch für das sechste Konzert, also für Stücke, die zwar solistische Elemente haben, deren Besetzungsgruppen aber die Funktionen von Themenzitat, Solo und Begleitung untereinander austauschen und nicht auf eine Funktion festgelegt sind, wie es im italienischen Solokonzert und Concerto grosso der Fall ist. In jüngster Zeit ist man daher auf überzeugende Weise dazu übergegangen, das dritte Konzert, aber auch das sechste in der Tradition der deutschen Ensemblemusik des 17. Jahrhunderts zu sehen, sowohl was einzelne Spielfiguren als auch die Besetzung und Durchdringung von Solo und Begleitung betrifft.[7] Werke von Buxtehude und Zeitgenossen sind die Muster dafür, und Martin Geck nennt die beiden genannten Konzerte im Verhältnis zu den italienischen Vorbildern »Huldigung und Abfertigung zugleich«, ja hält es für die Absicht Bachs, mit den beiden Werken solle »die deutsche Tradition des Ensemblemusizierens […] im Strudel des modernen italienischen Konzertstils nicht untergehen«. Es herrsche ein »Ensemblegeist in deutscher Tradition«.[8] Etwas zugespitzter, wenn auch mit negativem Akzent,

Peter Ahnsehl: »Dennoch vollzieht Bach im Prinzip nichts anderes als seine deutschen Zeitgenossen; auch er beteiligt sich an dem schöpferischen ›Zerstörungs‹prozeß der Vivaldischen Form. Weder Bach noch seinen Zeitgenossen gelingt es, daraus neue, allgemeingültige Formprinzipien zu entwickeln.«[9]

Man kann sich denken und man kann im Hören bemerken, was alles für Kombinationen entstehen, wenn dreimal drei Streicher miteinander musizieren. Und doch ist auffallend, welche Möglichkeiten Bach *nicht* nutzt. Zwar antworten sich die Gruppen, werfen sich Motive dreistimmig zu, begleiten sich gegenseitig, durchdringen sich, spielen untereinander oder gemeinsam Unisono-Läufe, schwelgen in Dreiklangsfolgen, bilden Paare unterschiedlicher Instrumente. Was aber niemals vorkommt, ist zum Beispiel die Melodieführung von erster Geige und erstem Cello im Oktavabstand, gestützt von einer Akkordbegleitung der übrigen Instrumente. Mozart oder Haydn hätten dies unweigerlich getan und damit die »klassische« Klanglichkeit erzeugt. Bach bleibt aber beim dreistimmigen Gruppensatz mit Solo-, Duo- und Trioelementen. Sein Satz ist nicht im späteren Sinne orchestral, sondern bleibt im Grunde kontrapunktisch, besteht also in selbstständiger Stimmführung der einzelnen Instrumente oder Instrumentengruppen.

Satz 1: Allegro, G-Dur, Alla breve-Takt

Die Frage nach der Gliederung des Ritornells ist bei Anwendung des Fischer'schen Modells (vgl. S. 38) unproblematisch: Vordersatz, Fortspinnung und Epilog sind so deutlich erkennbar wie nur möglich, der Vordersatz in den ersten, der Epilog in den letzten eineinhalb Takten.[10]

Die Frage nach Gliederungsmöglichkeiten des ganzen Satzes allerdings ist nicht so leicht zu beantworten. Sie hat besonderes Gewicht, weil der Satz einer einfachen Lösung seine ganze Eigentümlichkeit entgegensetzt, weil er »so wenig überschaubar ist [...] in formaler Beziehung«.[11] Dieser Umstand hat zahlreiche und höchst unterschiedliche Lösungsvorschläge hervorgebracht, deren Vergleich Aufschlüsse sowohl über den Satz selbst als auch allgemein zum Problem der Analyse eines Konzertsatzes ergibt. Es handelt sich dabei tatsächlich um ein Problem, da Meinungen über die Teilfolge von Musikstücken nicht einfach formalistische Hypothesen darstellen, sondern sich unmittelbar aufs Hören auswirken. Sagt mir jemand, ein Beethoven'sches Finale sei nach dem Prinzip des Sonatensatzes gestaltet, ein anderer, es sei im Grunde ein Rondo, so werde ich die Wiedereintritte des Hauptthemas ganz unterschiedlich aufnehmen, einmal als zentrale Markierungen der drei Hauptteile, im anderen Falle lediglich als Grenzpunkte zwischen den so genannten Episoden. Hat man mehrere solcher Hypothesen im Kopf, kann es beim Erklingen der Musik weniger um ein aufmerksames Hören von Musik gehen als ums Hören von Gedanken über Musik bzw. ums Denken über das Hören von Musik. Ob beim Eintritt einer Gestalt der Begriff »Überleitung« aufleuchtet oder der Begriff »Zweites Thema«, ist entscheidend für die Art meiner Hörgefühle und -erwartungen, ebenso ob Rudolf Gerber[12] den ersten Konzertsatz als zweiteilige Anlage aus »Rahmenform« und »Rondokomplex« etwa gleicher Länge darstellt (Einschnitt T. 47 nach der Wiederkehr des abgewandelten Ritornells in G-Dur), Malcolm Boyd[13] Gerbers Teil II nochmals unterteilt (T. 77 B-Dur vor dem Dreiklangs-Fugato) und den Satz »basically tripartite (ABA')« versteht, Ares Rolf eine Fünfteiligkeit vertritt (A-B-A-C-A')[14] oder Elke Lang-Becker sich vorstellt, »daß der Satz in sechs mehrfach untergliederte Durchführungen mit vier eingeschobenen Episoden und umrahmendem Tutti-Thema geteilt sein könnte«,[15] die Durchführungen beginnend T. 15, 53, 69, 77, 97, 119, die Episoden T. 46, 66, 91, 107.

Solche Ordnungsversuche gehen immer von der Frage aus: Wann kommt das Thema wieder und in welcher Tonart, wie und wo werden Thementeile verändert und bearbeitet? Aufgrund dessen ordnen sie nach Blöcken, dulden kaum Zweifelsfälle und spreizen sich gegen fließende Übergänge, obwohl doch gerade diese für das Hören so reizvoll sind. Hier hat Elke Lang-Becker, ohnehin die Vorsichtigste im Akt des Ordnens nach Blöcken, noch einen zweiten, anderen Weg beschritten, ausgehend von einer Bemerkung Rudolf Gerbers, in welcher er Spinozas Metaphysik auf die Musik überträgt: Bei dem Satz handele es sich »um eine monumentale Verkörperung des monistischen Prinzips«,[16] also der ungebrochenen Konzentration auf einen einzigen Ausgangspunkt oder Kern, der in allem weiterwirkt. Die Autorin verfolgt nun den Weg des dreitönigen Anfangsmotivs durch den Satz. Sie nennt es »Sekundwechselmotiv«. Gerber nennt es »anapästisches Kopfmotiv« oder »Sekundwiderschlag«.

Die Zeitgenossen nannten es *figura corta* – wie in der Cembalo-Kadenz des V. Konzertes T. 164f. –, und Boyd, einer der scharfsinnigsten Kenner der Konzerte, hat dafür eine Bezeichnung, zu deren umgangssprachlicher Flapsigkeit nur der angloamerikanische Sprachkreis fähig ist, zu der ein deutscher Forscher sich aber wohl nie durchringen könnte: »the doh'-te-doh' motif«. Wie das Motiv durch den Satz wandert, ob auftaktig zu Schlag 1 wie gleich am Beginn oder vor schwachen Taktschlägen wie sofort im Anschluss, schließlich volltaktig wie gleich darauf im Fortspinnungsteil des Themas, sich von Form zu Form entwickelt, einmal in Solo-, dann wieder in Begleitfunktion, mit oder ohne Verbindung zu anderen Motiven, einmal konzentriert auf nur eine seiner Möglichkeiten, dann wieder zugleich erklingend mit allen rhythmisch-metrischen Konstellationen (z. B. T. 24, 32, 83), schließlich auch mit Wechselschlag nach oben oder solistisch durch alle Stimmen abwärts weitergereicht (T. 108ff. – eine Stelle, für die Michael Talbot, auch er aus dem englischen Sprachraum, die schöne Bezeichnung »Mexican wave«, zu Deutsch »La Ola«, gefunden hat[17]) – all dieser Reichtum ergibt ein ganz neues Bild vom Satzzusammenhang, das kaum Blöcke und Einschnitte zeigt, sondern dem Strom des Wachsens und Wechselns entspricht, wie es das von Ordnungsgedanken unbelastete Ohr kennt.

Ehe die Gedanken zur Großgliederung des Satzes weiter verfolgt werden, soll der Abschluss der »Mexican wave« genauer betrachtet werden, jene Stelle, wo nach dem Wandern des Motivs von oben herab die Bässe erreicht sind und in wildem Durchrasen der Klänge über dem Orgelpunkt D g-Moll anstreben. Hierbei sind die im Geigen- und Bratschenchor abwechselnden dreistimmigen Motiveinwürfe von besonderem Interesse. Da im dreistimmigen Satz nicht nur Terz- und Sextparallelen, sondern zu Bachs Zeit auch Quartparallelen gestattet sind, kann hier jene Begleitung mit Sext- und Quartsextakkorden erfolgen, die man aus zahllosen anderen Bach'schen Werken kennt. Hier ab T. 114 ist der unterlegte Bass für einige Abweichungen verantwortlich, deren Gründe zu bedenken sind. Die *figura corta* wird abwärts und aufwärts geführt, in einigen Fällen aber nicht im dreistimmigen Satz parallel, weil es sonst allzu stark dissonierende Töne zum Bass oder anderweitig problematische Intervalle gegeben hätte. T. 116: 3. Bratsche d^1 statt fis^1 zum *g* des Basses; T. 118: 1. Geige g^2 statt entweder e^2, was zum Bass-es^1 eine übermäßige Oktave gebildet hätte, aber angesichts von dissonanten Stellen der Konzerte I und IV durchaus möglich gewesen wäre (vgl. S. 41f., 99), oder aber statt es^2, auch wenn dies – in der herausragendsten Begleitstimme – eine in anderen Zusammenhängen nicht unübliche übermäßige Sekunde zum vorangegangenen fis^2 gebildet hätte. Jedoch wollte Bach offenbar nicht durch solche Dissonanzen von der Hauptsache ablenken, nämlich dem Bassgepolter.

Die beiden Anfangstakte zeigen, wie die Bratschen bei den Quartsextakkorden bleiben, während die Geigen beim Wechsel zum nächsten Takt zu Sextakkorden übergehen. In T. 116 hat die 3. Geige nun doch eine übermäßige Sekunde *cis*^{2}-*b*^{1}, aber eben unauffällig in einer Mittelstimme, während der 2. Geige zum *Es* des Basses ein *dis*^{2} gegeben ist, das demnach als Leitton dieser Einzelstimme zum *e*^{2} aufgefasst und auch so geschrieben ist und eben nicht als verminderte Quint *es* in einem verkürzten (grundtonlosen) *A*-Septnonakkord über Orgelpunkt D, wie man heute vielleicht sagen würde. Ebenso wenig ist das Bass-*Es* eine solche verminderte Quint, sondern im höchsten Falle die kleine Non eines Dominantakkordes auf *D*, wie sie dann in T. 118 auch tatsächlich erscheint. Die ganze Passage zielt ja auf g-Moll. Doch nun zurück zur Frage der Großgliederung des Satzes.

Ähnliches wie die Verfolgung des kurzen Motivs durch den Satzverlauf kann ein Versuch ergeben, die großen harmonischen Atemzüge zu verfolgen, die sich immer weiter ausdehnenden variativen Ausformungen des Themas, jeweils beendet durch eine große thematische Kadenz auf der erreichten Tonart, welche die Öffnung zum nächsten Atemzug frei gibt. Wenn man etwas großzügig über Überlappungen hinweggeht, könnte sich dabei folgendes Bild zeigen:

Anfangstakt	Tonart der Schlusskadenz	Erreichte Stufen	Taktanzahl
1	G	I	8
9	D	V	7
16	D	V	8
24	C	IV	8
32	G	I	15
47	e	VI	12
59	h	III	19
78	a	II	24
102	G	I	24
126	G	I	11

Es ist eine Binsenweisheit, wenn immer wieder – anklagend oder entschuldigend – beteuert wird, dass eine Analyse nicht den Eindruck der Musik wiedergeben kann. Dazu ist sie auch nicht da. Sie soll ergründen und darzustellen suchen, was sich unter der unmittelbar hörbaren Oberfläche an Beziehungen und Zusammenhängen tut und wie dieses sich auf den Höreindruck auswirken oder diesen gar bereichern kann. Selbstverständlich kann keine noch so einleuchtende Analyse und ebenso wenig eine noch so schöne Tabelle einen Eindruck von der unermüdlichen Kraft und Frische dieses Konzertsatzes vermitteln, von diesem quasi-naiven, munteren Ernst, mit dem die Musik uns fortträgt. Vielleicht hat das unablässige anapästische Vorwärtstreiben, aber auch der ständige Erweiterungsprozess der großen Atemzüge über sechs Tonleiterstufen hinweg einen Anteil an der nie verebbenden Spannung, die durch den Satz geht. (Das Erreichen der VII. Stufe, fis-Moll oder gar F-Dur, wäre für die damalige Zeit eine Kühnheit gewesen, eine Art experimenteller Vervollständigung oder ein vervollständigendes Experiment, angesichts des Totalitätsanspruchs des im gleichen Zeitraum komponierten *Wohltemperierten Klaviers* Bach aber durchaus zuzutrauen.)

Die Spannung, welche von dem Satz ausgeht und ihn vorantreibt, lässt sich auch aus anderen Blickwinkeln betrachten und wiederum ohne das scheinbar notwendige Ergebnis von Teilgrenzen oder Einschnitten, zum Beispiel wenn es darum geht, wie sich die Verhältnisse der Metrik im Satz verändern, wie also der gerade Vierertakt einmal in Zweitakteinheiten, dann in Taktfolgen mit gleich schweren Akzenten auf Schlag Eins, schließlich auch in halbtaktigen Einheiten aufgefasst ist.[18] Weiter noch in die Einzelheiten des Satzes, der als »eine große, mehrgliedrige Durchführung« gesehen wird, geht eine detaillierte

Betrachtung von Rudolf Stephan, da sie sich auf den »elementaren Dualismus zwischen Auf- und Niedertaktigkeit« des Dreiton-Motivs konzentriert, »der allen Versuchen, schlichte Motiveinheit nachzuweisen, Hohn spricht«. Im T. 78ff. etwa »kommt es zu immer dramatischeren Konfrontationen, die sich erst in der Reprise lösen«. »Gerade von den ›kleinsten Übergängen‹ ausgehend müßte man fragen, ob hier nicht echte Dialektik vorliegt.« Auch Stephan kommt aus seiner Sicht genau auf jene zehn Abschnitte, die die harmonische Betrachtung ergeben hat, wobei die Abschnitte 2/3, 4/5 und 7/8/9 »sich zusammenfügen«.[19]

Der an jedem Detail zu beobachtenden und zu spürenden Eindringlichkeit der Musik auf die Spur zu kommen, ist ein ganz anderer Analyseansatz bemüht, der wie von einem anderen Stern kommt und uns vielleicht noch bei den Gedanken über den semantischen Aspekt des Konzertes behilflich sein kann. Elmar Budde hat ihn 1987 in Wien vorgeführt,[20] und alle, die ihn gehört oder später gelesen haben, waren verblüfft. Budde hat mit dem Wissen, dass es zur Zeit Bachs noch keine Analyse im heutigen Sinne gab, jedenfalls keine umfangreiche und niedergeschriebene, nach anderen Verfahren gesucht, mit denen zu jener Zeit größere musikalische Zusammenhänge betrachtet und zergliedert wurden. Bei Johann Mattheson und seinem Vorschlag aus dem *Vollkommenen Capellmeister* von 1739, die Lehre über die Einteilung einer großen Rede (dispositio), also eines der Mittel der Rhetorik, auf Musik zu übertragen, ist er fündig geworden. Dass Bach ein Kenner der Rhetorik war, ist ebenso bekannt wie die Tatsache, dass er die Detail-Mittel der Rhetorik kannte und, zumindest teilweise, anwendete, nämlich die so genannten musikalisch-rhetorischen Figuren. Dies kann die Vermutung nicht allzu fremd erscheinen lassen, dass er auch die übergeordnete Ebene, nämlich die der Redeteile, für die Strukturierung seiner Musik nutzte. Es ist ein Redeaufbau, den man heute zwar nicht im Bundestag, wohl aber bei einer guten Predigt verfolgen kann. Nach Budde erstrecken sich die sechs Redeteile auf folgende Abschnitte des Satzes:

- Exordium (T. 1–8): Einführung, Absichtserklärung, Aufruf zur Aufmerksamkeit
- Narratio (T. 9–15): ausführliche Darstellung des Redegegenstandes
- Propositio (T. 16–46): Darstellung des Redezweckes
- Confutatio (T. 47–125): Erwägung und Wiederlegung von Gegenargumenten, laut Budde hier das Dreiklangs-Fugato mit Themenkontrapunkt T. 76ff., wobei das Fugato-Thema der Begleitfloskel der Bratschen vom Beginn entnommen ist, für eine Confutatio zweifelsohne eine sinnvolle Kombination

- Confirmatio (T. 126–132): wiederholte Bekräftigung des Ergebnisses, hier in Art der Themenreprise
- Peroratio (T. 132–136): nachdrücklicher, eindringlicher Abschluss, hier Nachspiel

Zweifel an dieser erstaunlichen Interpretation ergeben sich zunächst im Falle der Confutatio, da dieser anzunehmende Teil mit fast 81 Takten mehr als die Hälfte des Satzes einschließt, was dem Zutrauen zur Hypothese nicht sehr förderlich ist. Allerdings enthält dieser Teil auch jene aufregende und von allen Autoren hervorgehobene Stelle T. 87–91, wo nach der kleinen Fugenexposition mit Dreiklang und Themenkontrapunkt alle höheren Streicher Akkorde entfalten, unter denen die Bässe, von D-Dur ausgehend, dreieinhalb Oktaven in die Tiefe wandern bis zum neapolitanischen Sextakkord auf *D*. Ziel ist a-Moll. Auch die bald folgende »Mexican wave« trägt das Ihrige zur Confutatio bei.

Die Peroratio, »Ausgang«, »Beschluß« oder »Nachspiel«, »muß«, laut Mattheson, »eine besonders nachdrückliche Bewegung verursachen«. Die allerdings können die fünf Takte ab T. 132, dem Themenschluss zugesetzt, nun wirklich nicht leisten. Vielmehr sind sie ein kleiner, nachdenklicher Abgesang, wirken wie eine Abschiedsgeste ähnlich jener, mit der Beethovens *Pastorale* schließt. Aber: Bei dem Zweifel über die Affektsprache des Nachspiels geht doch eines unter, nämlich dass es überhaupt ein Nachspiel gibt. Wo sonst in Konzertsätzen Bachs, auch außerhalb der Brandenburgischen Konzerte, gibt es so etwas? Stets gleicht das Schluss-Ritornell jenem des Satzbeginns. Nirgends ist noch etwas zu- oder angefügt. Diese Ausnahme gilt es im Auge zu behalten. Denn möglicherweise steht sie mit anderen singulären Erscheinungen in Beziehung.

Zwei Adagio-Akkorde, die einen zweiten Satz ersetzen

Die beiden Akkorde bilden eine so genannte phrygische Kadenz, hier a-Moll mit *C* im Bass und H-Dur mit *H* im Bass. Es kommt dabei auf den Schritt der kleinen Sekunde an (hier *C-H*), der in der phrygischen Tonleiter (die weißen Tasten von *e* an aufwärts, wie es immer so schön heißt) die II. und I. Stufe bildet. Im Verständnis der modernen Harmonielehre würde man im ersten Akkord die erste Umkehrung einer Subdominante a-Moll, im zweiten die Grundstellung einer Dominante H-Dur erkennen und nun e-Moll als folgende Tonika erwarten. Dass diese im dritten Satz, der wie der erste in G-Dur steht, dann nicht folgt, ist ein altbewährtes Mittel der Überraschung und harmonischen Erfrischung, zeigt zugleich die Akkordfolge als eigenständige Floskel, die häufig auch ganze Sätze abschließt – auch mit anderen Basstönen, sozusagen offen auf der Dominante.

Wie man mit den beiden Akkorden umgehen soll, hat viele Gedanken und Versuche gekostet, die Malcolm Boyd aufgezählt und beurteilt hat.[21] Ausgeschlossen ist, dass uns ein Hinweis Bachs entgangen ist, wie die Füllung der Lücke – falls es eine ist – vorzunehmen sei, da etwa eine Manuskriptseite verloren ging. Denn die beiden Akkorde stehen in aller Deutlichkeit mitten auf einer Seite zwischen Ende und Anfang der beiden Außensätze. Im Blick auf Parallelfälle bei Händel und anderen, die allerdings den Zusatz »ad libitum« tragen, hat man Geige oder sogar Cembalo improvisieren lassen, länger oder nur als kurzen Eingang, entweder vor den beiden Akkorden oder über dem liegenden ersten, bevor der zweite dann das Stegreifspiel abschließt. Auch mehrstimmige Streicherkadenzen, komponiert und aus Noten gespielt, sind erklungen, schließlich auch das Einsetzen eines kammermusikalischen Adagio mit entsprechenden Abschlussakkorden aus einem anderen Werk Bachs. Die Unsicherheit hat öfters dazu geführt, dass nach Boyds Beobachtung »einige Dirigenten die beiden Akkorde feierlich und ohne jeden Zusatz spielen lassen«, was immerhin den Vorzug in sich trägt, nicht mehr zu tun, als was in den Noten steht. Dies allerdings ist nicht durchgehend als richtiger Umgang mit älterer Musik zu empfehlen.

Die Zweifel und Experimente dürften wohl durch die folgenden Bemerkungen von Siegbert Rampe und Dominik Sackmann aus der Welt geschafft sein:[22] »Der häufig diskutierte Versuch, die beiden Akkorde des *Adagio,* welche in der Art eines italienischen Concertos vom Anfang des 18. Jahrhunderts den Mittelsatz ›ersetzen‹ (→ S. 233), durch eine Improvisation zu verbinden, entbehrt jeder kompositionsgeschichtlichen und stilistischen Grundlage. Zum einen steht das 𝄐-Symbol über dem letzten Akkord und nicht über dem ersten, von dem eine Improvisationsanweisung auszugehen hätte. Zum anderen beweisen die in der Partitur von 1721 enthaltenen kadenzartigen Anhänge (BWV 1046/2 und 1049/2), daß Bach eine solche Improvisation nicht den Interpreten überließ, sondern selbst ausschrieb.« An der Verweisstelle heißt es: »In den *Concerti a 4* op. 5 (1692) von Giuseppe Torelli und in den *Concerti a 5* op. 2 (1700) von Tomaso Albinoni sind die mit *Adagio* bezeichneten Abschnitte häufig keine eigenständigen Sätze, sondern haben die Funktion von Anhängen oder Überleitungen mit einem Umfang von zwei bis maximal neun Takten.« Der Hinweis der Autoren auf die ausgeschriebenen Kadenzanhänge in den Mittelsätzen des I. und IV. Konzerts ist triftig. Und: Man stelle sich einmal im ersten Satz des V. Konzerts ein Fermatenzeichen über dem Akkord in T. 154 vor, direkt gefolgt vom Schluss-Ritornell! Dann würden wir die schöne Cembalokadenz nicht kennen. Zugespitzt, wenn auch nicht unbedingt logisch, könnte man verlangen: Wer im III. Konzert eine Kadenz ergänzt, sollte auch den Mut haben, im V. Konzert eine eigene Kadenz anstelle derjenigen von Bach zu erfinden.

Man wird sich also damit abfinden müssen, dass, was dasteht, auch so gemeint ist. Dies kann nur verwundern, wenn nicht bedacht wird, dass die zwei Akkorde als etwas Besonderes nicht für sich allein stehen, sondern das Zentrum bilden von zwei anderen Besonderheiten, nämlich dem »Nachspiel« des ersten Satzes und dem seltsamen dritten Satz. Es ist ein Ensemble singulärer Gestalten, dessen mögliche Absicht, Ausnahmen auf engstem Raum zu konzentrieren, durch das Einfügen einer Kadenz vielleicht zerstört und zur vermeintlichen Normalität verbogen wird.

Satz 3: Allegro, G-Dur, 12/8-Takt

Der Satz eröffnet eine neue Perspektive. Er verkörpert eine Giguen-Fuge als *forma bipartita*, also zweiteilig wiederholt, eine Form, wie sie typisch ist für Tanzsätze in den großen orchestralen Suiten und Klavierpartiten, zugleich eine Tanzgattung, die meist die Schlussstellung dieser großen Zyklen französischer Provenienz einnimmt, aber »grundsätzlich mit dem Concerto nichts zu tun« hat.[23] Nicht nur ist diese Konzeption in den Brandenburgischen Konzerten einmalig, wo sonst Konzertsatz, Dacapo-Form oder Fuge am Schluss stehen, sondern sie zeigt dieses Konzert auch als Muster einer etwas abnormen Stilpalette, nicht etwa im Sinne des späteren »vermischten Geschmackes«, der die Elemente der nationalen Stile integriert, sondern im Sinne einer Folge bestimmter Nationalstile innerhalb jeweils eines Satzes: deutsch (falls man dieser Zuordnung zustimmt), italienisch, französisch.

Als Tanzsatz und auf Grund seiner Kürze, also seines mangelnden Gegengewichts zum ersten hat dieser Satz hin und wieder die Behauptung untermauern sollen, Bach habe die Konzerte aus Vorhandenem schnell zusammengeworfen und so – quasi unaufmerksam – dem Schwergewicht des Anfangssatzes ein amputiertes oder verkrüppeltes Ende angefügt. Wenn man den zeitlichen Ablauf der Sätze vergleicht und voraussetzt, dass einer der beiden Akkorde des *Adagio* den Raum eines Taktes von Satz 1 einnimmt und ein Takt des Schlusssatzes ebensoviel, dann stehen die drei Sätze – Wiederholungen eingerechnet – in einem von der Taktanzahl des Kopfsatzes ausgehenden Verhältnis von 136 : 2 : 96. Das ist seltsam und einmalig zugleich.

Der Satz, nun nur noch siebenstimmig, da alle Violoncelli ausnahmslos unisono mit dem Generalbass geführt werden, lässt in Thema und Anlage zwei Beobachtungen zu. Zum einen zeigt die Sechzehntel-Bewegung des Themenbeginns eine Form, die häufig auftritt bei jenem Versuch der Zeitkunst Musik, eine statische Figur wie die des Kreises abzubilden, und dies tut mittels einer musikalisch-rhetorischen Krücke, die den Namen *circulatio* trägt und zu beobachten ist bei Textworten wie »Kreisbahn« (der Sonne) oder »Erdkreis« bzw. »Kreis der Welt«, zum Beispiel in der Kantate BWV 214. Am bekanntesten sind wohl die »Wolken« aus dem Gewitterchor der *Matthäus-Passion* (»Sind Blitze, sind Donner in Wolken verschwunden?«):

Auch Darstellungen von Kreisbewegungen in Diagramm-Form kennen solche graphischen Hilfsmittel in der Art von Sinuskurven. Ob daraus Schlüsse für eine semantische Botschaft erlaubt sind, ist ungewiss und, falls ja, zu früh gefragt, zumindest da eine andere semantische Botschaft die soeben benannte an Deutlichkeit übertrifft. Die viersätzige Orgel-Pastorale BWV 590, vermutlich entstanden um 1720, endet in ihrer Folge von musikalischen Bildern zum Bericht des Lukas über die Verkündigung an die Hirten mit einer Giguen-Fuge in zwei Teilen, die ganz offensichtlich die Textstelle vertritt: »Und da die Engel von ihnen gen Himmel fuhren, sprachen die Hirten untereinander: Laßt uns nun gehn gen Bethlehem und die Geschichte sehen, die da geschehen ist, die uns der Herr kundgetan hat. Und sie kamen eilend und fanden beide, Maria und Joseph, dazu das Kind in der Krippe liegend.«[24]

Das Fugenthema ist die umspielte Version des Weihnachtschorals »Joseph, lieber Joseph mein«, und die Geschwindigkeit des Themas sowie seine Behandlung als Fuge zeigen, wie die Hirten hintereinander herlaufen. Fuga = Flucht: Diese Sinnbrücke begründet ein traditionelles Mittel des Komponierens, Laufen und Fliehen durch eine Fuge mit eilendem Thema darzustellen bzw. musikalisch zu symbolisieren. So bemühen die *Biblischen Historien* (1700) von Bachs Leipziger Amtsvorgänger Johann Kuhnau dieses Mittel, nämlich eine kleine, teilweise kanonische Imitation zur Veranschaulichung jener Szene, als die Feinde vor dem von Gideon geführten Heer der Israeliten fliehen (Sonate Nr. 5; der Begriff *Fuga* schloss ehemals auch den Kanon ein). Auch die erste der *Veränderungen über das Weihnachtslied »Vom Himmel hoch«* aus Bachs Spätzeit enthält ein kanonisch behandeltes Gegenthema jener Art, die wir aus dem Konzertsatz kennen. Es ist nicht der Weihnachtsmann, der da spricht, sondern es geht wieder um die Eile der Hirten.

Das kurzatmige Fugenthema des Pastoralfinale aber stimmt mit jenem des Konzertsatzes überein. Es ist die Umkehrung des Konzertthemas, und am

Beginn des zweiten Teiles des Pastoralsatzes, wo nach häufiger Giguen-Manier das Thema in Umkehrung fugiert wird, nimmt es fast intervallgetreu die Gestalt des Konzertthemas an:

Satz 3

Pastorale

Semantik: Toben – Staunen – Rasen

Keineswegs darf diese Entdeckung dazu verleiten, den Schlusssatz des Konzertes mit der Weihnachtsgeschichte in Verbindung zu bringen oder das ganze Konzert als Pastoral-Bilderbogen zu sehen, etwa die beiden *Adagio*-Akkorde als den freudigen, aber sprachlosen Schrecken der Hirten und den großen ersten Satz als die Verkündigung der Engel (Große Volksrede!). Wir wissen ja aus dem *Weihnachtsoratorium*, dass die Engel anders musizieren und verkünden. Dass aber im Schlusssatz ein schnelles Hintereinander-Herlaufen oder -fliehen enthalten sein könnte, sollte – zusammen mit dem Erdkreis- oder Kreisbahn-Bild – festgehalten werden.

Vor weitere Gedanken und Schlussfolgerungen kann ein Satz von Malcolm Boyd gestellt werden,[25] wieder einmal über die zwei *Adagio*-Takte, zwar – was die Frage zur Ausführung der Takte angeht – offenbar überholt, nicht aber was eine Grundsatzfrage und Vorbedingung zum Verständnis der Brandenburgischen Konzerte betrifft: »Neben die unbeantwortbare Frage, was Leopolds Ensemble in Köthen an dieser Stelle gespielt haben könnte, möchten wir eine noch unangenehmere Frage stellen: Wie würde das Orchester des Markgrafen von Brandenburg mit dem Problem umgegangen sein?« Hierzu ist es nützlich, nochmals den Beginn von Bachs Widmungstext von 1721 zu zitieren: »Mein Herr! Als ich vor einem Paar Jahren [couples d'années] das Glück hatte, mich auf Ihren Befehl hin vor Ihrer Königlichen Hoheit hören zu lassen, und als ich daraufhin bemerkte, daß Sie einiges Wohlgefallen an den geringen Talenten hatten, die der Himmel mir für die Musik verliehen hat, und als ich dann Abschied nahm von Ihrer Königlichen Hoheit, wollten Sie mir die Ehre erweisen, mich zu beauftragen, Ihnen einige Stücke meiner Komposition zu übersenden.«

Diese Passage scheint mir die Antwort auf die von Boyd aufgeworfene Frage zu sein: Bach und der Markgraf haben sich einige Zeit vor 1721 getroffen, wohl in Berlin. Aus mitgebrachten Noten hat Bach musiziert, ob allein, mit wenigen oder vielen Musikern oder gar mit dem Markgrafen, und sie haben sich über die musizierten oder mitgelesenen oder auch nur gelesenen Stücke unterhalten, vielleicht auch über das G-Dur-Konzert.

Will man nicht eine an Unverschämtheit grenzende Selbstüberschätzung Bachs gegenüber dem Markgrafen annehmen, zugleich aber in der Übersendung eine verkappte Bewerbung sehen, so muss man doch den Widmungstext ernst nehmen und davon ausgehen, dass Bach vor Übersendung der Noten dem Empfänger – schon in Berlin – mitgeteilt hatte, was es mit der merkwürdigen Struktur des Konzertes auf sich hatte. (Warum übrigens sollte Christian Ludwig nicht auch einmal Köthen besucht haben?) Ohne solche Informationen hätte wohl auch damals niemand Ausführung und inneren Zusammenhang des Konzertes begreifen können, auch kaum aufgrund eines musikalischen Selbstverständnisses, das uns heute verloren gegangen ist.

Ich nehme an, dass man nicht den Hauptaugenmerk auf die beiden Akkorde zu richten hat, sondern auf das Ende des ersten Satzes und beide folgenden Sätze in ihrer lakonischen Gemeinsamkeit und dass man eine Erklärung für sie und ihre Verbindung zur Hauptmasse des Anfangssatzes nur finden kann mittels eines übergreifenden Bedeutungszusammenhanges aller Elemente. Gehen wir aus von dem befremdenden Ausschreiben aller drei fast gleichen (Satz 1) oder vollkommen gleichen (Satz 3) Cellostimmen. Das Ziel dieser Mühsal kann nur sein: Sie müssen alle drei optisch präsent, als Bild sichtbar vorhanden sein, genau so wie die anderen zweimal drei Stimmen. Entweder ist die symbolische Bedeutung der Zahl 9 oder der Potenz 3 mal 3 als Idee des Stückes so mächtig, dass sie die konkrete Darstellung erzwingt, oder es ist die Abbildlichkeit etwa von neun Personen oder Gedanken, die die Sichtbarmachung erfordert. Die graphische Erscheinung und Symbolik in der Partitur tritt als wesentliches Element zum Verständnis des Stückes an die Seite der musikalischen. Ähnliches ist aus der Niederschrift von Madrigalen der »manieristischen« Komponisten des 16. und 17. Jahrhunderts bekannt (z. B. viele schwarze Noten auf das Wort »schwarz«).

Allein schon dieser Tatbestand weist auf einen begrifflich fassbaren Inhalt hin, auf eine auch ins Bild übertragbare und zu übertragende Bedeutung, die nicht in Benennung und Analyse allein von Noten aufgeht. Man muss die Idee auch sehen können.

Den Personen oder Gedanken widerfährt im ersten Satz sehr viel an Arbeit, Anstrengung, Wechsel, Aufregung, wenn nicht Gefahr, Schrecken und tiefer Erschütterung, und zwar im beständigen Umgehen mit einer zentralen Frage, Botschaft oder Aufgabe. Soweit, meine ich, kann man gehen, ohne in hermeneutische Überinterpretation zu gelangen. Der Budde'sche Einfall der großen Rede widerspricht dem nicht, was Abwechslungsreichtum und Affektwechsel des Geäußerten oder Erlebten betrifft, wenn auch dessen Einteilung und Affektzuordnung bedenklich ist.

Wie bei drei Sätzen des I. Konzertes gibt es auch bei diesem Satz einen glücklichen Zufall: Bach hat ihn später, 1729, für eine Pfingst-Kantate verwendet, und zwar für BWV 174 »Ich liebe den Höchsten von ganzem Gemüte«. Mit welchem Geschick Bach dort noch einen fünfstimmigen Bläsersatz zugefügt hat – zwei Hörner und drei Oboen – und so ein im Grunde neues Stück daraus gemacht hat, welches teilweise an sehr viel spätere Musik mit »klassischem« Begleitsatz der Bläser erinnert, ist angesichts der ohnehin schon komplexen Faktur der Streicherfassung kaum zu glauben, gehört aber nur insoweit zur anstehenden Frage, als es den semantischen Aspekt betrifft. Die Großbesetzung mit den zahlreichen Streichern und den genannten Bläsern gemahnt an jene des I. Konzertes und steht wie dort und wie in manchen anderen gleich besetzten Sätzen für herrscherliche Pracht, wenn auch nicht grundsätzlich, wie die Wiederverwendung des ersten Satzes des I. Konzerts zeigt.

Es ist zu beobachten, dass Bach seine Gedanken zu Art und Faktur einer *Sinfonia* häufig aus dem Textbeginn der Kantate entwickelt oder darüber hinaus aus der gesamten Textidee, wobei er sich manchmal die Freiheit nimmt – soweit heute noch verständlich –, eine eigene Interpretation des Textes seiner instrumentalen Einleitung mitzugeben. Es ist anzunehmen, dass Bach auch dann so vorging, wenn er die *Sinfonia* nicht neu komponierte, sondern aus einem älteren Werk übernahm, also deren Auswahl nach den gleichen Prinzipien vornahm, soweit der Fundus etwas Geeignetes enthielt. In unserem Falle macht der Zusatz der Bläser dies so gut wie sicher. Denn was könnte unausgesetztem Gotteslob, welches den gesamten Text der Kantate erfüllt, besser entsprechen als der um Bläser bereicherte Konzertsatz?

Der Text der auf die *Sinfonia* folgenden Arie – ein freudiges Siciliano – kann für den gesamten Kantaten-Text stehen:

»Ich liebe den Höchsten von ganzem Gemüte,
er hat mich auch am höchsten lieb.
Gott allein
soll der Schatz der Seelen sein,
da hab ich die ewige Quelle der Güte.«

Der Konzertsatz vermittelt aber trotz seiner »Klangpracht«[26] durchaus nicht durchgehend und ungetrübt Lob, Preis und Dank, sondern enthält neben solchem auch die angesprochenen Brüche, Partien, welche Erschütterung oder im Sinne der Confutatio auch Zweifel und Widersprüche ansprechen könnten. Für den Fall, dass Bach nicht einfach großzügig über solche Sprünge im Bild der Gottesliebe hinweggesehen hat, könnte er sie als Widerspiegelungen der Zweifel und Wunder ins Bild integriert haben, die – wie das Neue Testament mitteilt – dem Lob und Dank, vor allem auch dem Pfingstwunder und dem Tod Christi vorangegangen waren, der in Rezitativ Nr. 3 als »Kindes«-Opfer durch den »Vater« für die »Sünder« besungen wird. So könnte es auch die Gemeinde aufgefasst haben, die zwar beim Hören der *Sinfonia* die folgenden Texte noch nicht kannte – außer den Interessierten, die den Textdruck von 1728 dabei hatten –, aber durch die Predigt bereits eingestimmt war, welche, falls sie der Dispositio einer guten Rede folgte, auch die Confutatio und die abschließende Peroratio als die besonders aufrüttelnden Teile enthielt. Auch dies darf nicht zu der Schlussfolgerung führen, der erste Konzertsatz repräsentiere Gottesliebe, die Neunzahl (3×3) der Instrumente dagegen jene drei Orte – Wüste, Tempel, Berg –, an denen Jesus je dreimal vom Teufel versucht wurde, insgesamt also neunmal. Dass es sich um ein großes, wechselvolles Erlebnis vieler Beteiligter handelt, kann man aber weiterhin annehmen.

Der kurze, singuläre Themenanhang wirkt wie ein erschöpftes oder erleichtertes Aufatmen oder wie ein resignativer bis müder Rückblick auf die Erlebnisse, eine innere oder äußere Abschiedsgeste.

Was die beiden *Adagio*-Takte betrifft: Ich kann mir Bach nicht vorstellen, wie er die Notenblätter des ersten Satzes aus der Hand legt und sich sagt: So, was jetzt? Richtig! Da gibt es ja noch die phrygische Kadenz, einfach zwei Akkorde, wie sie Torelli und Albinoni oft machten. Das hatten wir noch nicht. Das schreibe ich, um der Abwechslung willen. Selbstverständlich wählte er aus der Fülle der Möglichkeiten eine solche, die den inhaltlichen Forderungen entsprach, wählte also die Technik für den Zweck. Und dieser kann die Erzeugung eines Bildes von einer kurzen Pause gewesen sein, von einem kurzen Nachdenken und schnellen Entschluss, vom Erkennen einer Schlussfolgerung aus dem Bisherigen und von der erwartungsvollen, aufrufenden Geste: Also, Deshalb, Daher. Ein Doppelpunkt vor dem Absprung.

Lesende, die bis hierher gelangt sind, werden möglicherweise ein zweifaches Bedenken gewonnen haben, einmal gegenüber der nicht ganz sauberen Kette von Schlüssen nach der Methode Hypothese aus Hypothese – »Falls dies so sein sollte, dann müsste doch …« – mit der Gefahr, dass Annahmen, je länger sie aufrecht erhalten werden, allmählich als Wahrheiten erscheinen, zum zweiten gegenüber meinem Versuch, dem schönen Stück eine innere oder äußere Handlungsfolge zu unterschieben und ihm damit die Unschuld der »absoluten« Musik, deren Erdabgewandtheit zu rauben. Im ersten Punkt mögen viele Recht haben, wenn ich auch nicht der erste bin, der die anrüchige Methode anwendet – in der Physik jedenfalls hat sie schon sehr viel Erfolg durch später erfolgende Beweise gehabt, unter anderem mit Verlaub bei Einstein. Im zweiten Fall kann ich den Einwand nicht gelten lassen, jedenfalls was dieses Konzert betrifft. Alle anderen Brandenburgischen Konzerte – das erste ausgenommen – mögen dem Versuch nicht widerstehen können, als »absolute« Musik betrachtet zu werden. Bei diesem jedoch wird dies angesichts der Unausgewogenheit der Sätze, was Ausdehnung und Affektspannung betrifft, nicht gelingen. Man erinnere sich nur der Bemühungen, den beiden *Adagio*-Takten etwas abzugewinnen. Was ich versuche, ist lediglich, die beiden Takte vor dem Weghören und ihrer Charakterisierung als unwichtige, im besten Falle rätselhafte Überleitung zu bewahren und ihnen in Zusammenschau mit den beiden, unter »absoluter« Ägide kaum zusammenpassenden Außensätzen ein eigenes, für den Rest des Konzertes erklärendes Gewicht zu geben. Wem meine semantische Deutung des I. Konzertes halbwegs eingeleuchtet hat, könnte sich hier beim Versuch zum III. Konzert aufgehoben fühlen.

Um die bildlichen und affektiven Vorschläge für den ersten und zweiten Satz nicht durch eine inhaltliche Festlegung des dritten Satzes, dieser Konsequenz aus dem Vorangegangenen, allzu sehr ins Konkrete zu zwingen, sondern dem Höreindruck genug Spielraum für das zu lassen, was nun die Folgen der Erlebnisse aus dem ersten Satz sein könnten, mache ich einige Vorschläge, die die analytischen Beobachtungen zum Schlusssatz aufgreifen und jeweils zu inhaltlichen Rückschlüssen auf das führen können, was den ersten Satz in innere und äußere Bewegung gebracht haben könnte:

1. Flucht, Weglaufen
2. Hineilen zum Ziel
3. Verfolgen von Gegnern
4. Kreis- oder Rundtanz

Erfreulich ist es, dass ein anderer Autor, Ares Rolf, der im vergangenen Jahre eine minutiöse Analyse des ersten Konzertsatzes vorgenommen hat, sich nicht mit der Feststellung zufrieden gibt, der Satz sperre sich gegen jede Bemühung, Ordnung und Regelmäßigkeit seines Aufbaues festzustellen, repräsentiere vielmehr jenes »wilde Wesen«, welches nach den Worten von Bachs erstem Biographen, Johann Nikolaus Forkel (1802), Bachs frühe Werke an sich haben, eine Formulierung, die Forkel vermutlich von den beiden ältesten Söhnen Bachs übernommen hat. Rolf denkt weiter:[27] Für ihn ist »die Kategorie des Humors wichtig für diesen Satz. […] Bach scheint mir in diesem Satz eine Geschichte zu erzählen, deren Handlung sich mir zwar nicht erschließt, in der ich aber durchaus einzelne Stationen zu erkennen vermeine, die insgesamt auf eine humorvolle Geschichte schließen lassen. So ist z. B. der zuletzt beschriebene abrupte Einsatz des Gerber'schen ›Trillerorkans‹ in das Fugato (T. 87) ebenso komisch, wie das exaltierte Solothema (T. 47ff.). Dessen Zuspitzung in den Violoncelli (T. 114ff.) bis hin zum eher geräuschhaften Klang wirkt grotesk übertrieben. [...] Ebenso lässt sich die Buntheit der formalen Anlage in diesem Sinne interpretieren. Musikalischer Humor zeigt sich in diesem Satz also meiner Ansicht nach in den vielen Überraschungen, in den Übertreibungen und Zuspitzungen und in komischen Wendungen. [...] Allerdings ist der Humor im Kopfsatz des dritten Brandenburgischen Konzerts schwerer namhaft zu machen [als z. B. in der *Bauern-Kantate*], weil ein ›Programm‹, ein Text oder Volksliedzitate fehlen.«

Rolfs wenig konkreter, aber mutiger Vorschlag unterstreicht die Notwendigkeit einer inhaltlichen Deutung des erstaunlichen Konzertes, wenn er auch die »Irrationalität« Bachs im Umgang mit dem Vivaldi'schen Muster in eine völlig andere Richtung interpretiert als jene, die der vorangegangene Vorschlag beschrieb. Schließlich aber kommt er auf einen Gedanken, der wohl kaum von vielen Bach-Hörern und -Forschern akzeptiert werden dürfte und dessen Radikalität sich erst bei mehrfachem Lesen verdeutlicht: »Gerade im hier ausgewählten Satz findet sich viel Sperriges, teilweise geradezu Unschönes [...], das den Anschein des gelungenen Kunstwerkes verweigert.«

Ich fordere die Lesenden auf, diesem Gedanken zumindest näher zu treten, dabei ihr Verständnis vom »Schönen« zu reflektieren und die Möglichkeit zu überdenken, ob nicht schon vor Beethoven, Berlioz und Wagner Hässlichkeit ein Kompositionsziel sein konnte, obwohl alle ästhetischen Positionen der Zeit dagegen sprechen. Jean-Philippe Rameau scheint mir allerdings in manchem seiner Bühnenwerke diese Grenze der geforderten »Schönheit« überschritten zu haben. Warum dann nicht auch Bach? Wenn ich dennoch, obwohl ich Bach fast alles zutraue, dieser Möglichkeit indifferent bis zweifelnd gegenüberstehe, so auch unter der Fragestellung, warum ein Kunstwerk wie dieses Konzert nicht »gelungen« sein soll, weil man neben anderem, so Rolf, eine »›Krisis‹ des Solothemas« annimmt.

Konzert IV · G-Dur

BWV 1049

Violino principale, Flauto dolce I, Flauto dolce II – Violino I, Violino II, Viola, Violoncello, Violone, Continuo

Satz 1: Allegro, G-Dur, 3/8-Takt

Der Satz folgt dem Ritornell-Prinzip des Concerto durchaus, sowohl im Widerspiel von Solisten und Ripieno als auch im Bearbeiten von Ritornell-Teilen. Für das Ritornell selbst gilt dies nicht. Das Übliche ist, so in den Eröffnungssätzen der Konzerte I, II und V, dass das so genannte Ritornell, also das gesamte Thema, so wie es am Beginn erklungen ist, am Ende als abschließender Rahmen, als bestätigende Zusammenfassung seiner vorangegangenen Bearbeitung wiederkehrt. Dabei hat das Ritornell in Konzert I mit 13 Takten und einer unübersichtlichen Binnenstruktur bereits Züge des Bedenklichen, was die Erwartungen an ein klares Statement betrifft. Hier im Konzert IV aber geht Bach noch weiter. Es dürfte schwierig sein, die Takte 1–83 insgesamt als Ritornell anzusprechen, wie sie ab T. 345 wortgetreu wiederkehren. Denn sie enthalten einen befriedigenden Abschluss mit Kadenz in G-Dur tatsächlich erst in T. 83, während schon sehr bald nach dem Anfang des Satzes in die Nebentonart D-Dur moduliert wird, in der dann auch in den Flöten eine Art zweites Thema beginnt (T. 35), das aber gleich wieder in die Grundtonart zurückweicht. Genauso ab T. 345. Dies ist nicht das Schluss-Ritornell, sondern es ist eine wahrhafte Reprise, also dasjenige, was später im Sonatensatz den dritten Teil bildet, allerdings ohne das dort notwendige bzw. übliche Beharren des zweiten Themas auf der Grundtonart. Diese Reprise ist eine genaue Wiederholung dessen, was zuvor so stark an eine Sonatensatz-Exposition mit Tonart- und Themenwechsel erinnerte.

Zweimal 83 Takte ergeben 166 Takte. Das sind von den insgesamt 427 Takten des Satzes knappe 40 Prozent, ähnlich den Maßen der Summe von Exposition und Reprise in einem der avancierteren Sonaten- oder Sinfoniesätze Beethovens, etwa der *Eroica*, wenn man die Coda von deren Anfangssatz als zweite Durchführung gelten lässt. Dies ist zwar ein etwas erzwungener Vergleich, aber es ist dennoch nicht abzustreiten, dass Bachs Satz eine veritable Reprise im späteren Sinne enthält, Tonartenfolge ausgenommen. (Sie gibt es auch in der »freien« Dacapo-Form wie im dritten Satz des I. Konzertes, dort sogar mit Modulation des ersten Teiles in die Nebentonart; vgl. S. 45f. Nähe zum Sonatensatz weisen auch die Finalsätze der Konzerte V und VI auf.)

Selbst wenn dies nicht akzeptiert wird, muss der Satz doch Irritationen und Reflexionen zum Begriff und Inhalt von Thema bzw. Ritornell hervorrufen. Denn was erklingt, lässt keineswegs sofort die Erkenntnis aufscheinen, dass hier etwas Wesentliches im Hinblick aufs Ritornell-Prinzip verletzt würde. Nein, der Satz kommt ganz frisch, keck und »normal« daher und bietet keinen Anlass zu üblen Vermutungen. Und doch ist es beim Hinschauen so: Er stört mit der Anlage seiner Außenglieder die zeitgenössische Norm erheblich. Denn für eine A-B-A-Form im Sinne der Dacapo-Arie, wie man sie im Schlusssatz des V. Konzertes antreffen kann, ist der Mittelteil mit etwa 60 Prozent der Satzlänge zu gewichtig. Wieder eine formale Erfindung Bachs wie in vielen anderen Sätzen der Konzerte!

Um Missverständnissen vorzubeugen: Die Flexibilität des Concerto-Prinzips in der Abfolge von Themen- und Thementeilwiederholungen, von Solo- und Tuttiabschnitten, ist so ausgeprägt und zeigt sich in diesem Satz so eindrucksvoll, dass man auf die Vermutung kommen könnte, er sei eine frühe Ausprägung des Sonatensatzes, zunächst ohne Nachfolge. Bach sei ein einsamer Pionier, ein »Rufer in der Wüste« gewesen wie Heinrich Goebel, der schon 1854 die Glühbirne erfand – ohne öffentliche Resonanz –, ehe 1878 Thomas Alva Edison mit seiner gleichartigen Entwicklung das Rennen machte. Eine solche Vermutung ist jedoch abwegig. Es ist nicht auszuschließen, dass bei den Tausenden von Konzertsätzen des frühen 18. Jahrhunderts auch noch andere Satzabläufe als derjenige von Bach eine Ähnlichkeit mit dem Sonatensatz aufweisen, da die Möglichkeiten des Concerto dies zulassen. August Halm hat in seinem Buch *Von zwei Kulturen der Musik* (1913),[1] unter anderem an Beispielen von Beethoven und Bach, »das Ideal der Form und das des Stils« gegenübergestellt: »Unter Form verstehe ich den grossen Organismus als solchen, in erster Linie die Sonatenform; unter Stil dasjenige, was das Gestalten im einzelnen angeht.« Tatsächlich zeigt sich zur Zeit Bachs nur in einigen der umfangreicheren Gattungen die Tendenz, eine verbindliche Norm des Teilablaufs auszubilden, etwa in der Französischen Ouvertüre und der Arie. Fuge und Konzertsatz aber kennen solche Verbindlichkeiten nur für die Satzanfänge. Für das darauf Folgende gilt nur die Anforderung einer stilistischen Grundhaltung, also kontrapunktischer bzw. konzertierender Setzart. Die Teilfolge wie auch die Tonartfolge sind freigestellt und dem »Gestalten im einzelnen« überlassen. Dass nur wenige Komponisten dies zu individuellen Erfindungen nutzten, ändert nichts an der Tatsache. Die spätere Ausbildung großformaler Normen für alle Gattungen geht offenbar Hand in Hand mit der öffentlichen Verbreitung und Internationalisierung der Musikkultur, ist Teil der allgemeinen Normierung von Kultur- und anderen Gütern seit der Erhebung des Bürgertums zur ideologischen Macht.

Doch nun weiter zu Bachs Konzertsatz »im einzelnen«. Als Block- und Querflötist habe ich mehrfach an Aufführungen der Konzerte II, IV und V teilgenommen. Das IV. habe ich immer als besonders munter, unbelastet und hüpfend empfunden. Auch jene Stelle, wo der Mittelteil in h-Moll endet und mit einem unvermuteten Sprung in G-Dur und damit in der Reprise landet (T. 345), erschien mir immer wie ein kleiner, scherzhafter Zaubertrick, eine »angenehme Uebereylung« oder »vernünftige Betrügerey«, wie Bachs Sohn Carl Philipp Emanuel solches nannte. Nun lese ich eine sehr kluge und genaue Analyse des Satzes von Gerd Rienäcker und bin verblüfft, wie jemand einen derart entgegengesetzten Eindruck gewinnen kann. Dort heißt es, die Entwicklung des Satzes vor eben diesem Sprung nach G-Dur sei »aufs Äußerste belastet, in die Krise getrieben dort, wo man es am wenigsten vermutet, zu Fall gebracht just vor der als da capo ausgewiesenen Reprise«.[2]

Ehe ich mich mit dieser und anderen Meinungen zu dem Satz beschäftigen werde, zunächst zur Grobgliederung seines Mittelteils, also sozusagen der Durchführung (T. 83–344). Sie ergibt je nach Sichtweise acht oder neun Abschnitte nicht nur in meiner Auffassung, sondern auch in der von Christian Martin Schmidt und Rienäcker. Die Einschnitte sind zu deutlich, um entscheidende Gruppierungsunterschiede begründen zu können. (Rampe und Sackmann allerdings[3] teilen den gesamten Satz in 18 Abschnitte ein, aber nur weil sie jede thematische Spur als »Ritornell«, jeden Gedanken dazwischen als »Episode« beziffern, sodass Abschnittslängen zwischen 3 und 33 Takten herauskommen, ja die gesamte Strecke von T. 1 bis 83 tatsächlich als »Ritornell 1« bezeichnet ist wie dann auch die Reprise ab T. 345 als »Ritornell 11«. Fasst man aber jedes der neun »Ritornelle« des Mittelteils mit der jeweils folgenden »Episode« zu einer Abschnittseinheit zusammen, kommt man ebenfalls auf die Zahl 9.)

Wenn ich Einzelheiten in einer etwas vergröbernden Weise zunächst einmal übergehe und diejenigen Partien des Mittelteiles, welche das Hauptthema erwähnen, mit 1 bezeichne, jene, die das so genannte zweite Thema behandeln, mit 2, so komme ich auf folgende Anlage, die eine auch für andere Sätze der Konzerte typische Mischung von Ablauf- und Axialsymmetrie aufweist und sich folgendermaßen darstellen lässt:

T. 83	Geigensolo
T. 125	2 + 1’ (Anhang zum Haupt-»Thema«)
T. 157	Flötenduo
T. 185	zweites, virtuoses Geigensolo
T. 221	Anhang 1’
T. 235	Kanon mit Teilen des ersten Geigensolos
T. 267	2 mit Teilen des Anhangs 1’
T. 285	Flötenduo mit Geige
T. 311	2 gekürzt + Anhang 1’

Wenn ich das erste Geigensolo mit 3, das Flötenduo mit 4, das virtuose Geigensolo mit 5 und die Kanonstelle mit 6 bezeichne, ergibt sich folgende Zahlenreihe: 3 2+1’ 4 | 5 1’ 6 | +3 2+1’ 4 2+1’

Mich befriedigt sie, da ich in ihr eine variierte Wiederholungsfolge um das Zentrum 5 bis 6 sehe. Schließlich sind die Abschnitte 5 und 6 die einzigen ab Satzbeginn, die nicht wieder aufgegriffen werden, was ich als Kriterium nehme, sie als Zentrum zu betrachten. Es ist mir klar, dass in dieser bezifferten Übersicht zahlreiche Feinheiten verloren gegangen sind, beispielsweise der deutliche Bezug des zweiten, virtuosen Geigensolos auf das Hauptthema oder die Teilnahme der Geige am zweiten Flötenduo. Dieses enthält übrigens eine ausgeprägte Quintenparallele (T. 296), traditionell ein Satzfehler, welchen aber niemand beim Hören bemerken wird, da er von einer seltenen und frappanten Dissonanz überdeckt ist, einer gleichzeitig erklingenden übermäßigen Oktave. Auch sie kann man nicht anders als fehlerhaft bezeichnen, wenn man sich auf den Standpunkt akademischer Satzlehre stellt. Hier Flöte 2, Sologeige und Bass:

Rienäcker sieht im Unterschied zu meiner Interpretation in der Teilfolge eher Unlogik, ja fast Beliebigkeit:[4] »Ist von der Krise im Satzgeschehen die Rede, so von der aller Teilhaber und ihres Miteinanders. Als ob die Musiziergemeinschaft, die in den *Brandenburgischen Konzerten* insgesamt sich präsentiert, den Rubikon ihres einstigen Zusammenwirkens zu überschreiten droht, als ob auch die Positionen des Einzelnen, namentlich des Virtuosen, gefährdet sind wie jene der Gemeinschaft. Die alle Handelnden betreffende Zerreißprobe jedoch garantiert den Schritt ins Unterwegs; die gigantischen Ausmaße und der Widerstreit unterschiedlicher Entwicklungszusammenhänge machen dies beredt.«

Wenige Buchseiten davor im *Bericht über das 1. Dortmunder Bach-Symposion 1996*, betitelt *Bachs Orchesterwerke*, nimmt Ulrich Siegele bei der Analyse des Satzes eine Position ein, die nicht konträrer zu derjenigen Rienäckers sein könnte:[5] »Von den 13 Einheiten zu 32 Takten dienen je 2 dem ersten und dem letzten Ritornell als Grundlage; dazwischen bilden die restlichen 9 Einheiten jede für sich die Grundlage eines Abschnitts. Der Formplan weist also insgesamt 11 Einheiten aus. Sie sind in zwei Fällen um 8 vermehrt, in einem Fall um 8 vermindert. [...] Die Proportionierung bezieht sich nicht auf jeden einzelnen Abschnitt, sondern auf die Summen; sie ist ein kompositorisches Arbeitsinstrument, das der Planung und Kontrolle der Form im ganzen dient, nicht dagegen jeden einzelnen Abschnitt von vornherein fixiert.« Folgerung:

»Das kann schlechterdings nicht Ergebnis des Kompositionsvorgangs sein, sondern setzt einen Planungsvorgang voraus.«

So schön und anständig es ist, unterschiedliche Meinungen nebeneinander bestehen zu lassen, so muss man doch in diesem Falle sagen: Es können nicht beide Recht haben. Denn es liegen beiden Analysen Vorstellungen zugrunde, die sich gegenseitig ausschließen.

Dass die berühmten Autoren jener Monographien, die im späten 19. und frühen 20. Jahrhundert die »großen Meister« auf den Schild hoben, feste ideologische Bilder ihrer Helden im Kopf hatten und auf dieser Grundlage Leben und Werke beschrieben und bewerteten, ist bekannt. Nicht erst mit Philipp Spitta (1873/1880), aber durch ihn weiter ausgemalt, entstand das Bild vom ehernen Thomaskantor, durch dessen Werke die deutschen Werte über die Wirren der Zeit bewahrt und durch welche die Nachgeborenen vor Neuerungssucht und Modetand – auch Wagners »Kunstwerk der Zukunft« – gewarnt wurden. Dass solche inneren Bilder als Grundlage wissenschaftlicher Tätigkeit inzwischen Geschichte seien, wird zwar oft beteuert, ist aber ein Selbstbetrug. Jede Werkanalyse, die sich auch noch so sehr um die vielbeschworene Objektivität bemüht, geht von einem solchen Bild aus, schon bei der Wahl der Untersuchungsmethode. Die beiden genannten Analysen sind gute Beispiele dafür. Rienäcker sieht Bach offenbar als einen Mann, der drauflos komponiert, sich aufgrund seiner sprudelnden, aber ungeordneten Gedankenfülle immer mehr in unlogische Teilanschlüsse verrennt und schließlich in wachsender Panik über den weiteren Fortgang den gordischen Knoten mit dem Sprung *h-G* durchhaut, um sich in die Reprise zu retten. So interpretiert er diesen Sprung: ein Rettungsanker kurz vorm Scheitern. Da sind wir schon fast bei der »unwissenden Schwärmerei«, die Carl Ludwig Junker 1776[6] den komponierenden Stürmern und Drängern ankreidete. Siegele dagegen sieht Bach als einen Abgeklärten, der – vielleicht im Abendlicht an der Ilm lustwandelnd – das Projekt G-Dur-Konzert vorausschauend überblickt, damit alles nach Maß, Zahl und Gewicht wohlgeordnet sei. Und da der Herr im Himmel so gnädig war, ihn – aller Widrigkeiten mit der Obrigkeit zum Trotz – bis in sein 32. Jahr auf Erden zu erhalten – wir schreiben das Jahr 1717! –, beschließt er, zum Dank diese Zahl dem ersten Satz einzuprägen. (Die Autoren mögen mir diese sanfte Ironie verzeihen. Meine eigenen Vorstellungen und Bilder von Bachs Wesen und Charakter habe ich in der Einleitung mitgeteilt; vgl. S. 25.)

Noch zwei Beobachtungen am Mittelteil. Die eine betrifft eine Seltenheit, wenn nicht Einmaligkeit in Bachs Konzertsätzen, auf die Hans-Günter Klein hingewiesen hat:[7] Es gibt ein drittes Thema. Oben wurde es Flötenduo genannt. Es hat nichts mit dem zweiten, ebenfalls den Flöten zugedachten

Thema der Außenteile zu tun, sondern taucht im Mittelteil neu auf (T. 157) und wird auch noch einmal wiederholt (T. 285). Dass das Thema aus der Kadenzfloskel von Anhang 1' abgeleitet ist, zeigt ein Blick auf seinen ersten Auftritt und auf die Takte davor, welche mit ebendiesem Abgang ausklingen:

Dies spricht jedoch nicht gegen die Eigenständigkeit des Themas, welche sich in klarer Gliederung und Melodiegestalt sowie beträchtlicher Ausdehnung erweist. Es scheint, als sei es die Selbstständigkeit und durchführungsartige Abtrennung des Mittelteiles gegenüber den Außenteilen gewesen, die dieses dritte Thema ermöglicht oder ausgelöst hat. Nicht nur die gesamte Satzanlage, sondern auch dieses Phänomen verweisen auf die späteren großen Sinfonie- und Sonatensätze, was aber – wie bereits betont – nicht als deren Wetterleuchten gerühmt werden darf. Dennoch: Vielleicht gaben ausgedehnte Satzmaße im Verein mit klarer Teiltrennung in beiden Fällen den Anlass, den Mittelteil durch melodisches Eigentum aufzuwerten, hierdurch seine besondere Bedeutung innerhalb des Satzes hervorzuheben. Das neue Thema mitten in der Durchführung des *Eroica*-Kopfsatzes – ebenfalls in e-Moll – ist hierfür wohl das berühmteste Beispiel.

Die zweite Beobachtung lässt sich an einer der formal und satztechnisch zentralen Stellen des Satzes machen, derjenigen mit den Kanons (T. 235ff.). Sie zeigt zusammen mit den noch zu erwähnenden Passagen im letzten Satz den Kanon als eine der beherrschenden Techniken des Werkes, sicherlich eine Ausnahme innerhalb der Konzerte der Zeit, zugleich ein Hinweis darauf, dass Bach nicht erst in späten Jahren die älteren kontrapunktischen Techniken zu einem seiner zentralen Arbeitsfelder machte, sondern sie schon recht früh als grundsätzliche Facette seiner Kunst betrachtete, auch und vielleicht gerade in den aus dem Süden heranstürmenden und von ihm so begierig aufgegriffenen Musikarten wie dem Concerto grosso und dem Solokonzert.

Es ist hier einer jener engen Kanons, die Bach so liebte und die so viel weniger angenehm klingen als die, welche Telemann auch in den galantesten Sonaten unter die Leute brachte. Nein, Bachs enge Kanons sind im Sinne der Zeit »künstlich« und klingen auch so, massiv und anstrengend. Hier wirken die Kanonstimmen wie ein Strudel, dicht in den tiefen Lagen der drei Geigen zusammengedrängt, was besonders für die erste der beiden Stellen gilt (T. 235ff.). Es ist ein dreistimmiger Einklangskanon im Achtelabstand, eng verwandt – auch in Aufstiegsmotiv und Stimmführung – einigen Stellen aus der Arie der

Johannes-Passion »Ich folge dir gleichfalls mit freudigen Schritten« und aus dem c-Moll-Konzert für zwei Cembali (BWV 1060, Satz 1). Zwar nicht nach dem Ideal des »strengen Stils« in der Nachfolge Palestrinas, wohl aber nach den Lizenzen, die der freie kontrapunktische Stil seit dem späteren 17. Jahrhundert aufweist, sind hier neben Parallelen in Terzen und Sexten auch solche in Quarten erlaubt, sodass Parallelführungen in Sext- und Quartsextakkorden entstehen können. Wir hören die Wechsel solcher Parallelen deutlich. Fast noch auffallender als diese Wechsel ist, dass Bach auch Sekundreibungen toleriert wie in den ersten drei Takten. Nein, er toleriert sie nicht – er schätzt sie zwischen den »richtigen« Klängen als Gewürz und erreicht dadurch eine klangliche Mischung, die weitab ist von der Gleichförmigkeit ausschließlich makelloser Akkorde, die wir aus späteren Bemühungen um die Nachfolge Bachs kennen. Choralsätze etwa aus Mendelssohns Oratorien klären solcherart auf *Ueber Reinheit der Tonkunst*, wie Anton Friedrich Justus Thibaut, in dessen Chor Mendelssohn zeitweise mitsang, sein am Ideal Palestrinas und in Abwehr aller neuerer Kunst verfasstes Buch von 1825 nannte. Das Wort von Mendelssohns Vater Abraham, jeder Raum, in welchem Musik von Bach erklinge, werde zur Kirche, steht in unmittelbarer Nähe zu den Auffassungen des katholischen Cäcilianismus und jenen der deutschen Nazarener, die in Rom Raffael wie einen Gott verehrten. Doch steht Mendelssohns Wort zugleich in einer seltsamen Spannung zum Erschrecken seines Sohnes Felix über die Klangsprünge des »furchtbaren Kantors« (vgl. S. 66).

Die Kanonstelle hat noch einen anderen Aspekt, und zwar den der Klangfarbe. Bach ist mit seinem Kanongewebe in die tiefste Lage der Geigen gegangen, kommt auch zweimal auf den unteren Grenzton *g*. Die ganze Stelle klingt wie ein Gemurmel, ein geheimnisvolles Geflüster. Warum in dem sonst so lichten Satz diese Verdunkelung? Nach einer kurzen, in ihrer Helligkeit abstechenden Unterbrechung durch Anklänge an das erste Geigensolo kommt der Kanon ja noch einmal, jetzt nicht mehr in C-, sondern in G-Dur, eine Quinte höher, und klingt nun wesentlich angenehmer. Bach hätte das schon beim ersten Mal haben können. Bei seiner Kunst der Modulation wäre es nicht zwingend gewesen, dort in C-Dur angelangt zu sein. Auch hätte er in C-Dur den ganzen Kanon eine Oktave höher setzen können. Nein, er *soll* so in der Tiefe arbeiten! Dies einfach mit der Absicht einer *variatio* der Klangfarbe zu erklären, erscheint mir wenig einleuchtend. Denn dann hätte Bach dieses Mittel auch an anderer Stelle genutzt. Aber dieses ist die einzige Passage im Satz, die die tiefe Lage der Geigen konzentriert. Wenn man den Sinn dieser musikalischen Episode begreifen könnte, würde man den Sinn des ganzen Satzes begreifen. Ich fürchte, dass eine auch noch so genaue und kluge Analyse dieser rätselhaften Noten dazu nicht führen wird. Auch hier wieder wie bei so vielen anderen Sätzen der Konzerte dürfte im Hintergrund eine inhaltliche Bedeutung stehen, die den hermetischen Vordergrund verständlicher machen könnte.

Wie ist Bach um 1738 in Leipzig, als er die Solovioline zum Solocembalo umschrieb und das ganze Konzert von G- nach F-Dur transponierte (BWV 1057), mit der dunklen Episode umgegangen, zumal die Geigen ja kein tiefes *f* erreichen können? Ganz einfach: Er hat das gleiche Material für die gegenteilige Idee verwendet. Die zweite Geige hat er in der Tiefe belassen, da sie das *g* – jetzt *f* – nie erreichte. Die erste Geige, bei der dies der Fall ist, hat er um eine Sept höher gesetzt, ebenso das Cembalo. Statt des tiefen Gebrummels ertönt nun ein auseinander gezogenes, lichtes Spiel. Sieht man von den Tupfern der linken Hand ab, hat die zweite Geige plötzlich die Rolle des Basses in höherer Lage übernommen, einer Art Bassettchen.

Was sind Echoflöten?

In der Leipziger Fassung hat Bach die Flöten als *Flauti a bec* bezeichnet. Es sind Alt-Blockflöten in *f*. Daher vielleicht die Umarbeitung nach F-Dur, vielleicht aber auch nicht, da alle, die sich auf dem Instrument ein wenig auskennen, den Problemton der G-Dur-Fassung, das *fis*^{3}, beherrschen. In der Original-Partitur von 1721 heißen die Instrumente aber *Fiauti d'Echo*, Echoflöten. Dies hat in der Vergangenheit wenig Verständnis gefunden. Auf eine Arbeit von Thurston Dart von 1960 geht die Mitteilung zurück, es habe zur Zeit Bachs die Echoflöte in Art eines oktavierenden Flageoletts wirklich gegeben, vornehmlich gespielt von einem Virtuosen dieses Instruments in London, Jean Paisible. Roger Fiske, der dies mitteilt:[8] »Wenn dies Bachs Absicht entsprechen sollte, so müßten die Stimmen eine Oktave höher klingen; in T. 7 und 8, wie auch in T. 12 des Andante wäre es demnach musikalisch sinnvoller, wenn die Stimme der Solovioline zum wirklichen Baß würde« (S. VIII).

Seitdem sind die beiden Flötenstimmen auch auf Piccolo-Blockflöten gespielt worden, Sopraninos, eine Oktave über der Alt-Blockflöte, so in einer Aufführung 1971 durch die Academy of St Martin's in the Fields. Die Argumente für den zweiten Satz sind einleuchtend, sollten aber auch für die Außensätze zu Ende gedacht werden. Denn im Falle oktavierender Flöten bildet dort im überwiegenden Teil des Solisten-Trios die Geige den Bass.

Doch gibt es auch noch andere Interpretationen. Nikolaus Harnoncourt hat einst eine solche, von ihm inzwischen hoffentlich aufgegebene Interpretation erdacht:[9] »Beim 4. Brandenburgischen Konzert gibt zunächst die Bezeichnung Flauti d'echo einige Rätsel auf. Gelegentlich werden hohe Oktavflöten verwendet, doch diese sind in ihrer Wirkung viel lauter als normale

Blockflöten, so daß dann praktisch das Orchester das Echo wäre. […] Der Echo-Effekt im 2. Satz dürfte für Bach so wichtig gewesen sein, daß er ihn im Titel des Concertos herausstellte. Die Idee des Echos ist hier eine wiederholte Unterbrechung der Melodie, die ohne diese Echo-Einschübe kontinuierlich verliefe. […] Die von Bach anscheinend beabsichtige Wirkung kann nur erzielt werden, wenn die Flöten aus einem Nebenraum gespielt werden. An Stellen, wo sie selbständig geführt werden, wie in Takt 40, muß das Orchester dies durch leiseres Spiel ausgleichen. […] Obwohl der 3. Satz direkt an den vorhergehenden anzuschließen ist, finden die Blockflötisten Zeit, an ihre Plätze zurückzukehren, weil sie ja erst im 23. Takt einsetzen.« (Man sieht sie förmlich mit wehenden Rockschößen oder Röcken aus dem Nebenraum an ihre vorübergehend verwaisten Notenpulte eilen.)

Michael Zapf hat die bisherige Forschung zusammengefasst, die teilweise die Meinung von Dart stützt.[10] Es handelt sich bei Echoflöten um gleich gestimmte Doppelblockflöten, einige auch als Sopraninos. Schon Samuel Pepys hat in seinem Tagebuch 1668 »zusammengebundene« Blockflöten als »Echo« bezeichnet, wie sie Paisible offenbar später gespielt hat und wie sie in verschiedenen Instrumentensammlungen, teils mit einer starren Verbindung, aufbewahrt werden, die eine leiser als die andere. Die im Köthener Inventar von 1768 aufgeführten Blockflötenpaare könnten solche Echoflöten gewesen sein, vielleicht noch solche aus Bachs Amtszeit,[11] also spezielle Instrumente, die eventuell in Leipzig nicht mehr zur Verfügung standen und Bach zwangen, das Echospiel dem Manualwechsel des Cembalos anzuvertrauen. Im Mittelsatz des G-Dur-Konzerts ist zusätzlich zur Anweisung der wechselnden Dynamik hin und wieder die Balkensetzung unterbrochen – offenbar für den Instrumentenwechsel, wie es bei Bach auch in Werken für Tasteninstrumente als Zeichen zum Manualwechsel vorkommt.

Satz 2: Andante, e-Moll, 3/4-Takt

Der Satz ist neben dem Mittelsatz des ersten Konzertes der einzige im Ensemble der sechs Konzerte, der das Prinzip des Corelli'schen Concerto grosso rein ausprägt, also des Gegen- und Miteinander von Tutti und Concertino ohne Störungen durch Gruppenkonzertieren oder Züge des Solokonzertes und ohne den Rückzug auf kammermusikalische Besetzungen. Er zeigt auch die Klangpracht und ruhige Würde, die viele Mittelsätze der Vorgänger ausstrahlen. Ruhig? Fließen die Wellenfiguren wirklich ruhig dahin, einfach und »natürlich«, wie man damals alles Unkomplizierte und Wohlproportionierte lobte? Wenn der Anfangssatz an einen Springbrunnen oder einen Katarakt gemahnt, das Finale an einen breiten, reißenden Strom, gibt dann das Andante innerhalb einer solchen Bildfolge des Elementes Wasser den leicht bewegten, friedlichen Fluss wieder? Dazu ist er viel zu raffiniert und verbirgt in seinem würdevollen Prunkkleid viel zu viele versteckte »Zierrathen« – wie man damals sagte –, die, einmal erahnt oder auch bemerkt, den Eindruck von Einfachheit oder ruhigem Fließen zwar nicht verhindern, aber plötzlich das Gewimmel, das Hin- und Herschnellen vieler silbern und golden blitzender Fischchen unter der Wasseroberfläche sichtbar machen, hier und da auch einen Sprung aus dem Wasser.

Offenbar gibt es drei Arten dieser Fische, die man für sich betrachten kann, jedoch, da sie teilweise parallel zueinander schwimmen und ihre Schwärme sich durchdringen, auch in ihrem Zusammenwirken im still ziehenden Wasser betrachten muss.

Hier verlassen wir die Bild- und Vergleichsebene, da wir sonst einzelne Motive als Fischflossen bezeichnen müssten. Die Fachsprache wird notwendig und als Bild statt Fluss und Fisch die nüchterne Partitur. Die drei Fischarten sind die drei wichtigsten Elemente, aus deren unablässiger und gleichzeitiger Bearbeitung sich die Eigenart des Satzes ergibt: Tutti-Solo-Wechsel und Periodik, Motivarbeit und -abwandlung, Teilfolge, alle drei verwoben in drei Satzteilen.

Teil 1: T. 1–17/18

Mit der Sologeige als Bass wiederholt das Concertino bis T. 12/13 immer wieder dasjenige, was das Tutti vorgibt, zweimal zwei Takte und zweimal einen Takt. Spielt man die Tutti-Teile ohne die Solo-Wiederholungen, wird die so auf sechs Takte gekürzte Strecke als eine Art Vordersatz einer Gesamtmelodie deutlich, offen auf der Subdominante a-Moll endend, dem dann ein entsprechend langer Nachsatz mit Ende auf e-Moll folgt, und zwar in Gestalt eines Satzmodells, welches – ohne jede Solo-Wiederholung – über einem großschrittigen Bass eine chromatische Linie mit dem sequenzierten Motiv aus T. 6 verbindet (Flöte 2). Dieses Modell schließt jeweils die drei Teile des Satzes ab: T. 18 e-Moll, T. 45 h-Moll, T. 67 wieder e-Moll vor der Flötenkadenz. (Der Schritt der verminderten Terz jeweils kurz vor den Schlusskadenzen, im ersten Fall T. 16 in der Sologeige, hat eine bedeutungsvolle Parallele an der entsprechenden Stelle im langsamen Satz des Konzertes Nr. 1, z. B. T. 18f.) Den gekürzten Vordersatz mit dem folgenden Nachsatzmodell in dreistimmiger Fassung sieht man im ersten Notenbeispiel auf S. 106.

Der Vordersatz ist durch sein Tutti-Concertino-Spiel eher locker gefügt und wird in den beiden folgenden Hauptteilen durch zwei andere, längere

und sich ähnelnde Abschnitte vertreten, während das chromatische Satzmodell des Nachsatzes immer gleich bleibt – fast gleich. Seine minimalen Abänderungen und seine Begleitungsformen durch das Tutti in den drei Auftritten gehören zum Feinsten des Satzes und können etwas über Bachs kompositorisches Denken verraten. Dazu später.

Im Vordersatz tritt bereits das gesamte motivische Material des Satzes zutage. Die Sequenz der Anfangsfigur ab T. 5 variiert das zweite Motiv zum satzbeherrschenden melodischen Element, zum Hauptmotiv, das sich auf die unterschiedlichste Art abwandeln und vernetzen lässt wie z. B. in der nichtchromatischen Linie des Nachsatz-Modells oder in der Bassfolge inmitten des zweiten Teiles (T. 55ff.), das im Abstieg enden kann wie in T. 6/7, aber auch im Aufstieg wie in T. 11/12. Ist so bisher alles auseinander ableitbar, so ergibt sich dies für T. 9f. nicht ohne weiteres, es sei denn, man wolle das neue Motiv, eine Kreis- oder *circulatio*-Figur, von T. 2 ableiten, möglicherweise als Krebs, als – Flusskrebs.

Wer Derartiges als spitzfindig und hergeholt abtut (wozu auch ich neige), blicke einmal auf die letzten vier Töne der Flötenkadenz T. 69, danach auf den Satzbeginn, und sinne weiter nach, unter anderem auch darüber, warum Bach die Kadenzen alle ausgeschrieben und nicht den Musikern überlassen hat (Gedanken dazu im Zusammenhang mit Konzert III auf S. 85 und mit Konzert V auf S. 136f.).

Nebenbei: Was Bach in der F-Dur-Fassung, in welcher er die Kadenz dem Cembalo überlassen hat, zugleich der ersten Flöte gegeben hat, bedeutet innerhalb des Satzstiles eine solche Desintegration, ja ist von solcher Rohheit, dass man, selbst größte Eile bei der Neufassung angenommen, auch hier wieder auf einen Zug Bachs stößt, den man sonst nicht so leicht vermuten würde, nämlich Radikalität und Bedenkenlosigkeit. Selbstverständlich kann man die Flötenlinie als Umkehrung des Abstieges des chromatischen Satzmodells anerkennen. Aber selbst dann kann man nicht umhin zuzugeben: Die Stelle klingt fürchterlich.

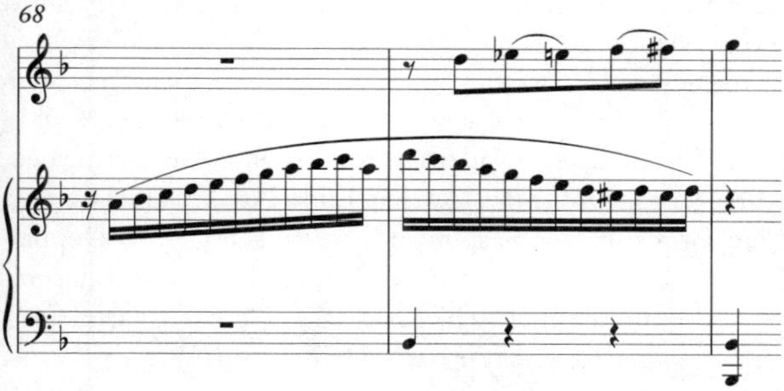

Auch könnten diejenigen, die an einem Bezug von T. 9 zu T. 2 zweifeln, die Bassfigur T. 16/17 dem nämlichen Vergleich mit T. 2 unterziehen und dann wieder auf T. 9/10 zurückkommen.

Teile 2 und 3: T. 18–44/45, T. 45–71

Der Beginn von Teil 2 zeigt, dass nicht nur das Hauptmotiv nach oben geführt werden kann, sondern auch das Anfangsmotiv des Satzes. Spätestens hier ist es mit der Ruhe vorbei, wenn nicht schon zuvor die Chromatik zumindest einen kleinen Kiesel hinein geworfen hat. Das Solo-Trio tritt nun aus seiner Wiederholungsrolle heraus. Es geht voran, eröffnet, stellt sogar mittels des Aufstieges eine Frage. Das hatte am Satzbeginn gefehlt. Dort wurden in sich ruhende Teile jeweils zweimal vorgeführt, zuerst vom Tutti, dann – sozusagen treu und brav – vom Concertino. Dieses aber stößt jetzt die Tür zu Neuem auf oder – um im alten Bild zu bleiben – springt voran über die Stromschnelle auf eine neue Ebene. Es fragt also. Das Tutti wiederholt nicht etwa diese Frage – schon dies wäre Veränderung genug –, sondern antwortet sofort, und dann auch noch mit der einsamen Wellenfigur von T. 9. Das sind fünf Neuerungen in nur zwei Takten, die das innere Tempo des Satzes sprunghaft erhöhen – als wenn ein Fischschwarm davonschösse.

Und als wäre das nicht genug, fällt das Concertino in seine alte Rolle zurück und wiederholt die Antwort des Tutti. Drei erstaunliche Takte, von drei weiteren gefolgt, in denen das Tutti eine neue Figur (T. 22), ein weiteres Element der folgenden Melodie erfindet, einen Viertonabgang, den das Concertino nun wiederholt, ehe eine große Tutti-Kadenz nach a-Moll abschließt. Von kurzen Flöten-Soli eröffnet, bildet eine durchs Orchester wandernde Folge des Hauptmotivs den Mittelabschnitt des Teiles, ehe er mit dem chromatischen Modell endet.

Der dritte Teil wiederholt den Anfangsabschnitt des zweiten Teiles, wiederum mit der Solistenfrage beginnend, und thematisiert im Mittelabschnitt abermals das Hauptmotiv, nicht aber im Gang durchs Orchester wie im zweiten Teil, sondern jetzt mittels einer Basssequenz mit einem aufsehenerregenden Abschluss T. 59ff. Dass er nicht von einer normalen Subdominante a-Moll in die Dominante *H-dis-fis* überleitet, sondern von einer ihrer Sonderformen, dem neapolitanischen Sextakkord *a-d-f*, der seit Ende des 17. Jahrhunderts für hehren Schrecken sorgte, scheint Bach noch nicht zu genügen als Doppelpunkt vor dem chromatischen Abschlussmodell. Er erfindet für diese harmonische Progression ein rhythmisch-metrisch-melodisches Chaos, das seinesgleichen sucht und den Lesenden zur Analyse nach den drei genannten Kriterien empfohlen wird: Rhythmus, Metrik, Melodie.

Dass der komponierten Verwirrung – sozusagen als Belohnung für den Schrecken – nicht der große Orchestersatz des chromatischen Modells folgt, wie er in Teil 2 zu hören war, sondern der dünne Kernsatz des Concertino, wirkt so, als ob man plötzlich in dünne Höhenluft geschleudert würde, einem die Luft ausgeht. Die Verwirrung ist nicht gestillt, sondern nur auf eine höhere Ebene verlegt.

In diesem dreistimmigen Modell übernimmt – wie am Satzbeginn – die Geige die Bassstimme, die erste Flöte die chromatische Linie und die zweite die Sequenzlinie des Hauptmotivs. Beim Vergleich der drei Auftritte des

Modells ist zu bemerken, dass der erste um einen Takt kürzer ist als die beiden späteren, fünf statt sechs Takte lang, und mit nur dreifacher Sequenz des Hauptmotivs statt, wie später, vierfacher. Die Bezeichnung des Nachsatzes als Modell war also richtig, denn ein Modell ist keine festgefügte Gestalt, sondern eine strukturelle Formel, die abgewandelt werden kann. Sequenzen sind tendenziell endlos, besonders solche wie im Modell, da sie auf den in älterer Musik so beliebten Quintschrittfolgen der Harmonie gründen, hier am Bass abzulesen. Beim zweiten Auftritt bewegt sich das Sequenzmodell von Fis-Dur/h-Moll (T. 39, Schlag eins und zwei) über viele Stufen wieder zurück nach h-Moll, beim dritten (T. 61ff.) entsprechend (H-Dur/e-Moll nach e-Moll). Würde der erste Auftritt ab T. 13 ebenso ablaufen sollen wie die späteren, müsste er dem erreichten a-Moll auf Schlag eins ein e-Moll folgen lassen, um später wieder e-Moll zu erreichen, eine übel klingende Harmoniefolge. Oder er könnte statt a-Moll auf Schlag eins A-Dur setzen, von d-Moll gefolgt, käme dann aber in d-Moll an, und zwar nicht in T. 18, sondern in T. 19. Bach beabsichtigt hier aber offenbar die tonartliche Einheit der gesamten Melodiegestalt aus Vorder- und Nachsatz, setzt also einen Takt später im Modell an und spart nach dem erreichten a-Moll die für die lange Version des Modells notwendigen, hier aber ganz unpassenden Anfangsschritte des Basses aus: *e-d-cis*. Ist diese Veränderung des Modells im ersten Auftreten ein Zeichen dafür, dass Bach nicht »von vorneweg« komponierte, sondern die Teile des Satzes vor der Niederschrift im Geiste überblickte und dann im Schreiben abwandelte mit dem Ziel von Steigerung, Gewichtung oder Abrundung? Diese Frage führt zu weiteren Beobachtungen am chromatischen Modell. Sie gehen aus von der einfachen Feststellung, dass bei den beiden ersten Auftritten des Modells die orchestrale Einkleidung der drei Kernstimmen unterschiedlich ist. Der Satz ist siebenstimmig, da Cello und *Violone e Continuo* stets unisono spielen. Beim ersten Auftritt des Modells T. 13ff. spielen drei Instrumente die chromatische Linie, zwei die Sequenz des Hauptmotivs und eines den Bass. Ein Instrument bleibt frei – die Bratsche. Beim zweiten Auftritt T. 39ff. werden die Kernstimmen tatsächlich nur von drei der sieben Stimmen vertreten, und es bleiben drei frei, da Solo- und erste Orchestergeige unisono gehen. Was tut nun im ersten Auftritt die einsame Bratsche, mithin die frei gebliebene Stimme im vierstimmigen Satz, der bei Bach nicht nur für Choräle und sonstiges Vokales bestimmend ist, sondern auch für einen großen Teil der Instrumentalmusik? Sie spielt das, was ihr so oft anvertraut wird, das harmonische Füllsel (zu den kleinen Nötchen später):

Was im zweiten Auftritt (h-Moll) die drei freien Stimmen tun, zeige ich isoliert vom dreistimmigen Modell, ergänzt um die nach h-Moll transponierte Bratschenmelodie des ersten Auftrittes:

An dieser Zusammenstellung lässt sich vielerlei erkennen. Jedoch soll die Fülle hier auf dreierlei beschränkt werden:

1. Von der Bratschensequenz T. 40ff. ist beim ersten Auftritt nur das dritte Glied vorhanden (T. 15). Das erste Sequenzglied hätte Bach in T. 13 nicht benutzen können, da vorne ja ein Takt fehlt und die Bratsche (wie auch

die meisten anderen) erst auf Schlag zwei einsetzt. In T. 14 jedoch wäre die Figur ohne jeden Satzfehler oder fehlende Akkordtöne im Gesamtsatz möglich gewesen (siehe oben die kleinen Nötchen), in die ursprüngliche Tonart zurücktransponiert also *fis*^{1}-*dis*^{1}-*h*. Man hätte eine schöne zweifache Sequenz mit Überbindungen erhalten. Kann man daraus schließen, dass Bach, was Nebenstimmen betrifft, eben doch »von vorneweg« komponierte, dann beim Ansetzen zum zweiten Auftritt des Modells auf das niedergeschriebene erste zurückblickte und den schönen Abwärtsdreiklang in der Bratsche entdeckte, um dann auszuprobieren, ob er daraus nicht eine Dreifach-Sequenz machen und so der Bratsche eine schöne selbstständige Stimme geben konnte?

2. Wiederum die Bratsche schließt T. 17/18 mit den Tönen *h-a-g* ab – transponiert nach h-Moll: *fis-e-d*. Genau das tut im zweiten Auftritt die zweite Geige in T. 44/45. Aber dort ist sie durch Zusatzachtel genau das geworden, womit das Hauptmotiv beginnt. Der simple, kadenzierende Abgang zur Tonikaterz ist thematisch geworden. Warum nicht schon T. 17/18, wo dies gegenüber den anderen Stimmen ebenso wenig satztechnische Probleme erzeugt hätte wie hier? Diese Möglichkeit dürfte Bach sofort erkannt haben. Bachs Sohn Carl Philipp Emanuel berichtet doch,[12] sein Vater habe bei jedem Thema umgehend dessen kontrapunktische Möglichkeiten erkannt. Ich vermute, dass Bach sich diese kleine, themenbezogene Verschönerung zur Verdichtung des zweiten Modellauftritts aufgespart hat. Eine zufällige Erkenntnis beim Zurückschauen bei einem so gewieften Kontrapunktiker und Motivarbeiter halte ich für wenig wahrscheinlich, viel eher einen Zusammenhang mit der folgenden Beobachtung.

3. Das Modell wird beim zweiten Auftreten durch Orchesterakkorde begleitet, die den Dreiertakt akzentuieren. Diese Akkorde folgen der Sequenzstruktur des Modells, wie es auch die Bratsche übernimmt. Schauen wir uns einmal den Verlauf von Solo- und erster Orchester-Geige von T. 40–42 an! Ist er nicht die Vergrößerung des Hauptmotivs, welches zugleich in Sequenzen in der ersten Flöte abläuft, im dritten Sequenzglied T. 41/42 sogar fast mit den gleichen Noten wie jenen der Geigen-Vergrößerung?

Übrigens: Erinnern Sie sich an die motivische Verbindung zwischen einem Detail im ersten Satz des II. Konzertes zu einem der Hauptmotive des dortigen zweiten Satzes (vgl. S. 57)? Hier gibt es dergleichen auch, nur dass es sich im ersten Satz nicht um ein Detail handelt. Und: Die in Frage kommende Figur bezieht sich möglicherweise auf das Solothema im ersten Satz des II. Konzertes.

Konzert II Konzert IV Satz 1 Satz 2

Satz 3: Presto, G-Dur, Alla breve-Takt

Johann Mattheson rechnet 1722[13] mit einer Behauptung des Wolfenbütteler Kantors Heinrich Bokemeyer ab, die da heißt: »Von den Concerten zu den Fugen ist ein allzugrosser *saltus* [Sprung], den die Natur nicht leidet.« Mattheson darauf: »O! du schöne Natur / was bist du doch für eine herrliche ratio? [im Sinne von: was bist du doch für ein wohlfeiles Argument!] [...] Mein Satz ist: Unter Concerten verstehe man alles / was mit einander certirt [musikalisch streitet]. Mein Herr Opponens antwortet [...] Er thue solches gleichfals. Warum sagt er denn hier / es sey ein unnatürlicher Sprung / von den Concerten auf die Fugen: gerade / als wenn die Fugen nicht certirten. Ich meyne sie certiren ja tüchtig / und mehr/ als mir oft lieb ist. Wo ist denn der unnatürliche Sprung / wenn ich einen erst allerhand Concerte machen lehre / und führe ihn denn zu Fugen an? Ich glaube nicht / daß ein vernünfftiger Capellmeister in der Welt dieses procedere tadeln könne.« (Das »ein« ist zu betonen, die Argumentationslogik mehr als bedenklich.)

Bachs Satz bestätigt Matthesons Meinung. Dass Mattheson sich auf ihn beziehen könnte, ist genauso unwahrscheinlich wie möglich. Immerhin war Bach 1720 zu einer Organistenbewerbung in Hamburg, wo Deutschlands erster Musikwissenschaftler wohnte, und könnte das Konzert im Gepäck gehabt haben. Bokemeyers rückständige »ratio« gegenüber der Vermischung der Gattungen bemüht das Natur-Argument in einer Weise, welche an die Einwände gegen die Neue Musik erinnert, die fast das ganze 20. Jahrhundert durchzogen haben: Die »Natur« des Menschen und überhaupt die gesamte »Natur« widerstrebten der atonalen, speziell der Zwölfton-Musik, da nur eine auf dem Dreiklang oder zumindest einem Tonzentrum basierende Musik der »Natur« entspreche. Hätte Bokemeyer konkretere Argumente gesucht, wäre er eher auf ein Problem gestoßen, das sich beim Vermengen von Konzert und Fuge tatsächlich stellt und das man am Bach'schen Satz beobachten kann: Ein Konzertsatz wechselt zwischen Soli und Ritornell bzw. Ritornell-Teilen und lässt diese Wechsel deutlich als Einschnitte erkennen. Eine Fuge aber hat eine Exposition und läuft danach in einer Folge von sich überlappenden Durchführungen und Zwischenspielen ab, die – wenn die Fuge gut gemacht ist – keine Einschnitte und Pausen kennen, in die man ein Solo oder ein »certirendes« Concertino einschieben könnte. Man kann in einem Mischsatz schlecht nach jedem Solo mit einer neuen Exposition beginnen – sie mithin, vielleicht leicht abgewandelt, wiederholen –, ohne den Fluss ins Stocken zu bringen und mit immer neuem einstimmigen Beginn das Konzertprinzip des Tutti-Solo-Wechsels zu Fall zu bringen. Man kann auch nicht nach einem Solo unvorbereitet mit einer mehrstimmigen Durchführung einsetzen. Die späteren

Versuche, Fugen in Sinfonien oder Solokonzerten unterzubringen, haben auch nicht zu viel mehr geführt als zu Fugati oder hin und wieder Fugenexpositionen. Aber richtige Durchführungen? Sie sind der Pferdefuß der Gattungsmischung, denn sie haben nur Sinn innerhalb der Kontinuität einer Fuge. Wie löst Bach das Problem?

Dem Hauptthema,[14] einer etwas behäbigen Gestalt mit vokalem Hintergrund, zugleich einer Variante des Fugenthemas aus dem II. Konzert (vgl. S. 65), wird gleich beim ersten Auftreten ein quirliger Partner zur Seite gestellt, ein schneller Kontrapunkt im Bass. Dies zeigt schon den Weg zur Lösung. Denn die typische Fugengeste im Hauptthema ist gepaart mit dieser Sechzehntel-Sequenz, die sich gut zum Konzertieren und zur Virtuosität ausbauen lässt. Dies wird auch bald deutlich, nämlich ab dem fünften Themeneinsatz der Exposition (T. 23), dem der Flöten, da diese nun mit Solo- und erster Orchestergeige um die Wette den Kontrapunkt erweitern, eben »certiren«, ein Spiel, an dem sich danach bis zum Ende der Exposition (T. 41) fast alle Stimmen beteiligen.

Dieser fünfte Themeneinsatz hat aber noch eine andere Bewandtnis. Gemäß der traditionellen Übung sollen in einer Fugenexposition alle ungradzahligen Einsätze auf der ersten, alle gradzahligen auf der fünften Stufe stehen. Letztere müssen hier – aufgrund des ersten Themenintervalls Quinte–Grundton – mit Grundton und Quint beginnen (zur »tonalen« Beantwortung durch den Comes, also den jeweils gradzahligen Themeneinsatz, vgl. S. 64). Hier aber haben der vierte Einsatz (Bass) *und* der fünfte die Comes-Form von *g* aus, anstatt dass der fünfte wieder auf *d* begänne. Dieses Abweichen von der Norm folgt nicht irgendwelchen satztechnischen Notwendigkeiten, sondern ausschließlich Zielen der Tonartplanung: Die gesamte Exposition soll in der Haupttonart G-Dur abschließen (T. 41) und einen Mittelteil in der Tonart der Quinte, D-Dur, haben. In diese lässt sich mit einem Tonschritt *g-d* und dem folgenden *cis* glänzend modulieren. Die Flöten liefern dann T. 36ff. den »richtigen« Einsatz auf *d* nach, und zwar in der Form des ersten Themeneinsatzes (Dux), und befestigen so die Rückkehr zur Ausgangstonart. Schon diese Maßnahmen zum Erreichen einer tonartlich geschlossenen Wiederkehrfolge zeigt den Versuch, trotz Fuge eine Art Ritornell herzustellen und den Anforderungen eines Konzertsatzes zu entsprechen. Einer »echten« Fuge widerspricht die geschlossene Form. Sie hätte aus dem fünften Einsatz eine Modulation entwickelt, die in eine Fortspinnung ohne kadenzierenden und abschließenden Einschnitt übergegangen wäre.

Ebenfalls der üblichen Fugenarbeit widerspricht ein anderer Aspekt. Die drei Comes-Einsätze des Themas von zweiter Geige, Bass und Flöten werden sekundiert von einem immer fast gleichen Kontrapunkt in Gestalt eines über eine Oktave aufsteigenden Ganges. Solche festgehaltenen Kontrapunkte nennt man Kontrasubjekte, und Fugen gelten als besonders gelungen, wenn diese Kontrasubjekte immer wieder hervortreten, sobald die entsprechende Themenform auftaucht. Hier aber kehrt das Kontrasubjekt bei keinem weiteren Comes-Einsatz im Satz wieder.

Was nach der Exposition vor sich geht und dazu angetan ist, das Bokemeyer-Problem einer Lösung zuzuführen, soll abschnittsweise abgehandelt werden.

1. Takte 41ff., 87ff.: Nun beginnen die Soli des heimlichen Hauptinstrumentes Geige, zuerst ein recht zahmes, das nach D-Dur moduliert, dann, T. 87, ein äußerst virtuoses in e-Moll, dazwischen ein Orchestersatz. Das zahme Solo wird zweimal von den Flöten mit dem Stolz jeder Fuge begleitet, einer Engführung des Themas: Beginn des zweiten Einsatzes, ehe die vorangegangene Flöte mit dem Thema zu Ende gekommen ist. Diese Technik kommt im vollen Orchestersatz nur noch einmal ganz am Schluss vor, sonst nur hier und an der Parallelstelle T. 179ff., und zwar nicht in primärer Funktion als Vorführung von Fugenarbeit, sondern in sekundärer als Solobegleitung, wie ein geistreiches Ornament. Die Gewichte verschieben sich zugunsten des Konzertprinzips. Aber es gibt auch das Gegengewicht: Der Satz ist vom Thema der Fuge beherrscht, die Soli haben kein eigenes Thema, sondern im Wesentlichen Figurationen.

2. Der Orchestersatz zwischen den Soli stellt eine Lösung des Problems dar, die Beethoven würdig ist, etwa dessen Einfall, das Reprisen-Problem so zu lösen, dass die Wiederkehr nicht als Bestätigung des bereits in der Exposition Vorgeführten erscheint, sondern als Konsequenz der Durchführung (Kopfsätze der Sinfonien VIII und IX). Bei Bach wird nach dem ersten, zahmen Solo das Orchester zu Gesten der Spannung und Erwartung angespornt. Und dann schlägt der Bass mit dem Thema zu, als sei es die Erlösung (T. 67). Das ist wahrlich keine Themendurchführung, sondern eine gewaltige Geste mit der Faust. Hierzu hat Bach etwas getan, was in der Fuge verpönt ist. Er hat das Anfangsintervall des Themas nicht etwa wegen satztechnischer Notwendigkeiten, sondern eben um der Geste der Erlösung willen zu einer Oktave verändert. Wie sagte doch Beethoven – nach langem Studium Bach'scher Fugen? »Eine Fuge zu *machen*, ist keine Kunst, ich habe deren zu Dutzenden in meiner Studienzeit gemacht. Aber die Phantasie will auch ihr Recht behaupten, und heut zu Tage muß in die alt hergebrachte Form ein anderes, ein wirklich poetisches Element kommen.«[15] Da Beethoven – wie noch gezeigt werden wird – die Bach'sche Fuge höchstwahrscheinlich kannte, dürfte er in ihr eine Ausnahme innerhalb der »alt hergebrachten Form« gesehen haben. Denn sie enthält doch wahrlich genug »poetisches Element«.

Dieser Orchestersatz ist alles andere als eine Durchführung. Außer langen Bass-Sequenzen, die die Viertelschritte des Themas durch die Tonarten treiben, sowie Vorhaltketten in den Oberstimmen gibt es nur einen einzigen weiteren Themeneinsatz, in den Geigen (T. 79). Aber an anderer Stelle bewegt sich etwas. Es sind die Mittelstimmen, zweite Geige und Bratsche, die in einem Achtelgeflecht umeinander herumkreisen. Sie leisten die Hauptarbeit, aber keine, die man im engeren Sinne thematisch nennen könnte. Sie haben eigene Gedanken, wenn sie auch im weiteren Sinne auf das Thema bezogen werden können. Interessant ist ein vergleichender Blick auf die Parallelstelle T. 207ff. (G-Dur). Der Vergleich hat zwar nichts mit Fuge und Bokemeyer zu tun, soll aber doch einer Erwähnung wert sein, da sich dabei die Aufmerksamkeit zeigt, die Bach der Durchsichtigkeit des Gesamtsatzes zollt. Nach zwei Takten der Parallelstelle tauschen zweite Geige und Bratsche die Stimmen vom ersten Auftritt, nicht etwa weil sie nicht die erforderliche Höhe erreichen könnten – man ist von D-Dur nach G-Dur gerückt –, sondern weil sie dort oben die Vorhaltketten der Solisten nicht stören sollen. (Zweite Geige hatte ehemals als Umfang d^1–fis^2, hätte jetzt g^1–h^2, hat jetzt aber nach Stimmtausch cis^1–e^2, entsprechend hatte die Bratsche g–h^1, hätte jetzt c^1–e^2 und hat – siehe da! – wieder g–h^1.) Selbstverständlich würde die untere Umfangsgrenze beider Instrumente, *g* und *c*, gerade ausreichen, genau die gleiche Stimme wie vordem beizubehalten. Dann aber würden die Achtelgänge des Basses beständig umspielt und verdunkelt. Weder zu hoch, noch zu tief, also Stimmtausch.

3. Ab T. 127 führt die Sologeige das Tutti an. Tatsächlich, es kommt zu einer erneuten Exposition in e-Moll: Obere Streicher mit dem Dux, dazu die zweiten Geigen mit dem quirligen Kontrapunkt vom Anfang, Flöten mit dem Comes, Bass wieder mit dem Dux. Dann – vorbei die Exposition. Stattdessen ein Orchestersatz , der die Struktur des vorigen erneuert: Bass-Viertelgänge und Vorhaltketten in den Oberstimmen. Noch deutlicher als zuvor wird aber die ungewöhnliche Zentralposition der Mittelstimmen, zweiter Geige und Bratsche, dies nun ganz konträr zu den Prinzipien der Fuge, deren höchstes Ideal doch der polyphone Ausgleich aller Stimmen ist. Endlich sind einmal jene Stimmen Hauptakteure des »Certirens«, die sonst so häufig im Schatten stehen. Nachdem die zweite Geige mit der ersten bereits ab T. 133 einen kleinen Kanon in der Oberquarte vollführt hat, kommt sie im Folgenden mit der Bratsche zu einem – wenn auch sehr locker gefügten – Kanon im Taktabstand, eher einer freien Imitation. Und währenddessen spielen die Flöten und die hohen Streicher ab T. 146 zwei Takte lang einen fast intervallgenauen Kanon in der Oberquarte – Anfangstöne cis^2 und fis^2 (vgl. das Notenbeispiel auf der folgenden Seite).

Kanon über Imitationskette, kein Fugenthema in Sicht, wenn auch alles auf dessen Motive bezogen ist! Das alles hat, sieht man vom kontrapunktischen Satz ab, mit einer Fuge nichts mehr zu tun. Insofern hat die anfängliche Exposition die Erwartungen getrogen. Sie war mitsamt ihrem Kontrasubjekt lediglich der Ansager, der im Bewusstsein, dass er das Publikum auf eine falsche Fährte lockt, aus der Kulisse tritt und mit wichtiger Miene ankündigt: »Sehr verehrtes Publikum! Lehnen Sie sich zurück und merken Sie auf! Es wird jetzt eine wichtige Person erscheinen, eine Fuge! Sie hat sogar ein echtes Kontrasubjekt mitgebracht.« Was hier nach der Exposition geschieht, ist eine Neuerfindung, für die es keinen Namen gibt und die man in Lehrbüchern zur Formenlehre nicht finden wird.

Wer kann das alles im Hören entdecken, inmitten der Gewalt von Bass-Vierteln und Oberstimmen-Vorhalten, ohne vorherige Partitur-Lektüre? Wohl kaum jemand. Also eine jener versteckten Feinheiten, zu deren Sinn und Zweck schon so viele Antworten versucht worden sind. Ich möchte eine weitere, ergänzende nennen, die aber allgemein – auch bei Musikern – auf solide Ablehnung stößt: Die Erfindung ist auch zur Freude der Ausführenden ersonnen worden, ist hervorgebracht worden, damit auch die Mittelstimmen nachher sagen können: Endlich hatten wir mal wieder was Interessantes zu tun! Vielleicht ist nicht allgemein bekannt, dass Bach auch Bratschist war – wie übrigens auch Beethoven. (Ich glaube, die Qualität eines Komponisten lässt sich neben vielem anderen auch daran ermessen, ob er diesen Gesichtspunkt überhaupt kennt. Der immer einmal wieder wegen seiner Orchester-Instrumentation gescholtene Robert Schumann beispielsweise hat ihn sehr genau gekannt.)

4. T. 159ff.: Ein Flötenduo mit Bassbegleitung durch Cello und *Violone e Continuo* in »heterophoner« Gleichstimmigkeit, in welcher die beiden Stimmen sich im Gleichklang des Fortgehens umspielen, wie es die Bässe im Mittelsatz des VI. Konzertes tun (vgl. S. 153, 162). Was tun die Flöten? Sie spielen verzierte Fassungen des Hauptthemas, wiederum kanonisch, nicht immer sehr streng und in wechselnder Führung. Auch die Bässe haben einen Themeneinsatz, einen unverzierten in Comes-Form. Von G- nach C-Dur moduliert dieser Abschnitt, den man getrost als Episode bezeichnen kann, im Vergleich mit den solistischen Eskapaden der Sologeige auch als Zugeständnis an die weniger beweglichen Flöten.

Eine Mischung aus Kanon und Fuge, und das auch noch im Erscheinungsbild des Konzertierens. Das genau ist jene Mischung, auf die Bokemeyer nie gekommen wäre und die Mattheson vielleicht nur erahnte, falls er sie nicht 1720 kennen gelernt hatte.

5. Der Satz reiht eine Neuerfindung an die andere. Einer blendenden Idee folgt gleich die nächste. Und jede kreist um das Problem Bokemeyers. Kein Zweifel: Es könnten sich noch viele weitere anschließen. Aber Bach ist auch bemüht, trotz der Überfülle von Einfällen doch ein gewisses formales Gleichgewicht im Auge zu behalten. Die mehrfache Wiederaufnahme von Teilen aus dem Anfangsbereich des Satzes in dessen zweite Hälfte zeigt es. Um nun endlich abzuschließen, kommt Bach auf die Geste des Anfanges zurück: Fuge. Ab T. 219 folgen vier für die Schlüsse größerer Fugen typische Elemente: Orgelpunkt, schnelle Läufe vor einer Folge abreißender Akkorde – *abruptio* oder auch *tmesis* genannt in der Sprache der musikalisch-rhetorischen Figuren, so als ob der Redner kurz vor Schluss dem Publikum noch einmal zuruft: »Hört her!«, »Beherzigt dies!«, »Und vergesst es nie wieder!« –, endlich die Schlussbestätigung des Fugen- bzw. Redethemas. Bedeutende Fugen Bachs bemühen genau diese Elemente zur Schlussbildung, vielleicht nicht immer in der genannten Reihenfolge: Die große b-Moll-Fuge aus dem zweiten Teil des *Wohltemperierten Klaviers* oder das Anfangsstück der *Kunst der Fuge*. Auf diese

Weise ist der Konzertsatz nochmals der Gattung Fuge zugewiesen, und dem Eindruck, vieles, was in dessen Mitte geschah, strebe im Grunde aus der Gattung hinaus, wird ein Riegel vorgeschoben.

Auf eigenständige und bewunderungswürdige Weise wäre also das Bokemeyer'sche und auch mein eigenes Problem mit der Gattungsmischung gelöst – wenn es denn eines war. Carl Dahlhaus jedenfalls hat 1955 in einer Studie über *Bachs konzertante Fugen* ebenso wenig eines gesehen wie einst Mattheson: »Das Mißtrauen gegen die Form der konzertanten Fuge«, wie sie in der älteren Literatur wahrzunehmen ist, »geht wohl vor allem auf die Solopartien zurück, die das gleichmäßige Fortschreiten der Fuge hemmen.« Dieses Misstrauen »ist eine Folge der Absicht, das Konzert auf das Prinzip des Gegensatzes, die Fuge auf das der Einheit festzulegen«. Jedoch: »Der Zusammenhang zwischen Bachs Konzerten und Fugen besteht in der Ähnlichkeit der formalen Bestimmungen des Konzerts (Vordersatz und Fortspinnung, Ritornell und Episode, Tonartstation und Modulation) mit den formalen Bestimmungen der Fuge (Thema und Fortspinnung, Durchführung und Zwischenspiel, Tonartstation und Modulation). [...] Eine Auslegung des Konzertbegriffs, die sich nur an den Wortsinn ›Wettstreit, Gegensatz‹ klammert, ist etymologisch einseitig [auch eine Ableitung von conserere = zusammenfügen ist möglich], und eine Auffassung des Konzertprinzips, die ausschließlich eine bestimmte Richtung der Entwicklung, die Bildung eines thematischen Gegensatzes, verfolgt, erschöpft das Prinzip nicht. [...] Der Ausgleich von Kontrasten oder Unterschieden in Bachs Konzerten (und konzertanten Fugen) erscheint nur deshalb als Entfremdung vom Konzertbegriff, weil das ›Prinzip des Gegensatzes‹, das der Konzertform zugrunde liegen soll, unvollständig und einseitig bestimmt wurde.«[16]

Bach hat das – scheinbare? – Problem, die Gattungen Fuge und Konzert zu integrieren, auch auf andere Weise gelöst, nämlich einfacher. Der erste Satz des Doppelkonzertes für zwei Geigen in d-Moll (BWV 1043) beginnt mit einer regelgerechten vierstimmigen Exposition mit »realer« Beantwortung, deren Abschluss durch einen fünften Einsatz gebildet wird, genau nach der Regel wieder mit *d* anhebend. Da die Bratsche (später zugesetzt?) keinen Themeneinsatz hat, erhalten die beiden Geigenstimmen je zwei Einsätze. Abschluss der Exposition in der Grundtonart. Bis hier verhält sich vieles ähnlich wie im Brandenburgischen Konzert. Nun aber erfindet Bach eine Struktur von äußerster Knappheit und Präzision. Die Soloinstrumente erhalten ein eigenes Thema, und das Tutti wirft innerhalb einer Satzanlage von vollendeter Ablaufsymmetrie hin und wieder den Ritornell-Kopf ein, zitiert aber dreimal das ganze Fugenthema als viertaktigen, in sich geschlossenen Oberstimmensatz, als periodische Einheit ohne jeglichen Zug von Fugenarbeit. Das Fugenthema fungiert so auch als Ritornell. Hier neigt sich die Waage doch sehr auf die Seite der Gattung Konzert, auch wenn die beiden Solostimmen ihr Thema kanonisch vortragen. Nach der Exposition gibt es nichts mehr, was an eine Fuge erinnert, auch nicht am Schluss. Er wird gebildet durch die Themenperiode in d-Moll. Diese Lösung des Problems kann man »klassisch« nennen, wenn man darunter das Befolgen der Prinzipien von Ausgewogenheit, Abgeklärtheit und Einfachheit versteht. Vom Fugensatz des vierten Konzertes kann man das wahrlich nicht sagen.

Als Entstehungsdatum des Doppelkonzertes werden heute die Jahre 1730/1731 angenommen, auch wenn es Hinweise auf eine frühere Entstehung gibt, vielleicht gar für Köthen, was früher als selbstverständlich galt. Es ist schwer vorstellbar, dass die beiden Sätze in enger zeitlicher Nachbarschaft komponiert wurden, als zwei unterschiedliche Lösungen des gleichen Problems. In dessen Bearbeitung hat Bach offenbar eine Entwicklung durchlaufen, hat Fortschritte gemacht, wie man später gesagt hätte, Fortschritte von einer mit Mühe zusammengehaltenen Ideenfülle, im Gattungsbezug widersprüchlich, zu einer proportionierten Wohlgestalt, unbekümmert um eine gleichartige Berücksichtigung beider Gattungen. Aber sind das Fortschritte? Im vierten Konzert ist das Problem wenigstens noch lebendig.

Rampe/Sackmann meinen zum Konzert IV,[17] es bestehe »kein Anlaß, die Komposition […] deutlich vor 1721 zu datieren«, einmal weil in der Partiturreinschrift praktisch keine Korrekturen zu entdecken sind im Unterschied zu den Beobachtungen bei anderen Konzerten, deren Frühgeschichte bekannt ist, dann auch weil die »avancierte Form des Mittelsatzes«, aber auch der Ecksätze, »eine Entstehung vor 1719/20« ausschließe. Dies angenommen, ist es meines Erachtens undenkbar, dass das Doppelkonzert im gleichen Zeitraum oder gar noch früher – vielleicht als Triosonate – entstanden sein soll, auch wenn die gleichen Autoren dies vehement vertreten.[18]

Beethoven und das IV. Brandenburgische Konzert

Im ersten Satz von Beethovens so genanntem Harfenquartett op. 74 von 1809 gibt es nach der Reprise einen Anhang, eine Coda, die fast ausschließlich aus einem Solo der ersten Geige in Sechzehntel-Figuration besteht. Ich bin nicht der erste, dem das Altbackene dieser Violintechnik aufgefallen ist: Akkordbrechungen ohne Unterlass. Es ist ein Stück altmodisches Violinkonzert, »althergebrachte Form« nach Beethovens Wort über die traditionellen Fugen (vgl. S. 114). Das Solo wird begleitet zunächst von den namenstiftenden

Dreiklangs-Pizzicati, die durch die drei anderen Streicherstimmen wandern, dann von taktweise imitierenden, themenbezogenen Figuren der Mittelstimmen mit vielen Überbindungen. Hier drei Takte dieser Stelle:

Sowohl diese Begleitfiguren als auch die solistischen Dreiklangsbrechungen der Geige kennen wir aus Bachs Satz (T. 106ff., 40ff.).

Woher kannte Beethoven das Konzert? Vielleicht hat er es während seiner Berlin-Reise von 1796 bei Zelter gesehen, der einige der Brandenburgischen Konzerte in der *Ripien-Schule* der Berliner Singakademie aufführte, darunter auch das IV. Für die Zeit ab 1807 ist das belegt. Die reiche Bach-Tradition in Wien könnte ebenfalls eine Quelle gewesen sein, auch wenn kein Sammlungskatalog der Zeit das Konzert nachweist.[19] Beethovens Kenntnis und kompositorisches Aneignen der Werke des »unsterblichen Gottes der Harmonie« (1801) hat sich also nicht nur auf Klavier- und Vokalmusik erstreckt, sondern auch auf Konzertmusik. Die Coda des Quartetts ist offenbar eine Hommage auf diese. Sicherlich wäre einer Suche nach Spuren anderer Bach'scher Konzerte in Beethovens Werken Erfolg beschieden.

Die Coda wirkt seltsam angeklebt an den schönen Quartettsatz. Dieser Eindruck widerspricht nicht ihrer Funktion als Denkmal, wohl aber dem bei Beethoven oft zu beobachtenden Zusammenhang aller Teile eines Satzes oder gar eines ganzen Werkes. Schwer vorstellbar ist es, dass ihm der Einfall zur Coda erst nach abgeschlossener Reprise kam. Wahrscheinlicher ist eine Planung von vornherein. Dann aber müsste Beethoven dafür gesorgt haben, dass in Exposition oder Durchführung schon ein Motiv vorkommt, welches in der Coda Begleitfiguren mit Nähe zum Bach'schen Begleit-Kanon ergibt. Ein solcher Gedanke erscheint zwar bei einiger Kenntnis Beethoven'scher Technik einleuchtend, führt aber darauf, das Allegro-Thema des Quartettsatzes mit dem Bach'schen Fugenthema zu vergleichen:

Bach

Beethoven op. 74

Ich muss bei aller Logik gestehen, dass mir vor der Vermutung graut, Beethoven habe die betreffende Figur um der Coda-Hommage willen in sein Thema aufgenommen.

Konzert V · D-Dur

BWV 1050

Flauto traverso, Violino principale – Violino in ripieno, Viola in ripieno, Violoncello, Violone, Cembalo concertato

Satz 1: Allegro, D-Dur, Alla breve-Takt

Führt man sich die Anfangssätze der anderen fünf Konzerte vor Augen, so kann man trotz ihrer Unterschiedlichkeit doch auf einen gemeinsamen Nenner kommen, der mit Begriffen umschrieben werden könnte wie Energie, Arbeit, Fantasie und Zielstrebigkeit. Den Anfangssatz des D-Dur-Konzertes im Ganzen unter diese Begriffe zu fassen, macht ein wenig Mühe. Denn bei aller Kraft und Ideenfülle, die der Satz über weite Strecken ausstrahlt, hat er doch hin und wieder Züge einer abwesenden Lässigkeit, einer scheinbaren Planlosigkeit, die das uns so bekannte Bild des Arbeitens, Entwickelns und Weiterstrebens als Bach'sche Spezifika verunklaren (für manchen vielleicht zu Bachs Vorteil). Ehe diese Züge ins Blickfeld geraten, sollen jedoch die »starken« Elemente betrachtet werden. Da ist zunächst das Thema selbst:

Die Meinung, die Abhängigkeit der Brandenburgischen Konzerte von Vivaldis Schaffen beschränke sich auf die Außensätze des V. Konzertes (vgl. S. 14),[1] bestätigt sich bei der Suche nach Vivaldi'schen Themen, die denjenigen der sechs Konzerte ähneln.[2] Man findet kaum etwas außer für dieses D-Dur-Thema, da allerdings gleich drei Konzertanfänge: Ryom 110, 172 und 213. Dass Bach zumindest die letzten beiden Konzerte kannte, ist so gut wie sicher, da beide aus Dresdner Beständen stammen, das letzte (D-Dur) aus dem Besitz des Bach wohlbekannten Vivaldi-Schülers Johann Georg Pisendel, das vorletzte (C-Dur) sogar für ihn geschrieben: Auf dem Autograph in Vivaldis Schrift: »Con[cer]to facto p[er] Mr Pisende[l] Del Vivaldi.«[3] Dass Bach und Pisendel sich 1717 in Dresden getroffen haben, ist sehr wahrscheinlich (vgl. das Notenbeispiel auf der gegenüber liegenden Seite).

Will man davon ausgehen, dass dieser Satz, zumindest sein Thema, eine Replik auf eines der Pisendel'schen Mitbringsel aus Italien ist und dass das Thema des zweiten Satzes tatsächlich auf ein Thema des 1717 in Dresden

anwesenden Louis Marchand zurückgeht, so könnte man das gesamte Konzert auf den Dresden-Besuch Bachs beziehen, müsste dann allerdings – ein logisches Vorgehen Bachs vorausgesetzt – auch für das Thema des letzten Satzes eine Vorlage finden, z. B. eine deutsche, da doch die Fuge durch das ganze 18. Jahrhundert als Paradegattung deutschen Komponierens galt. Wie schon für das III. Konzert angenommen, wäre dann auch dieses Konzert eine Huldigung an die drei großen Musiknationen Europas. Auch die Wahl der drei Soloinstrumente könnte so gedeutet werden: Querflöte für Frankreich, Geige für Italien, Klavier für Deutschland.

Das Thema kann aber auch noch in anderer Hinsicht unser Interesse wecken, nämlich seiner Struktur und seiner Semantik wegen. Gleich dem Anfangsthema des III. Konzertes ist es ein Idealtyp des Gliederungsmodells Vordersatz – Fortspinnung – Epilog (2, 4 und 2 Takte). Wegen der Länge der Fortspinnung (T. 3–6) ist es allerdings auch als besonderer Typus des Modells herausgestellt worden.[4] Und über den Beginn des Epilogs herrscht keineswegs Einigkeit, wird er in einem Falle doch bereits T. 6 angenommen.[5] Bei der angegebenen Einteilung 2+4+2 jedoch, so angenehm einfach sie sich auch darstellt, kommt die differenzierte Anlage der Fortspinnung unter die Räder, da der Teil – so bezeichnet – insgesamt als etwas Abgeleitetes, Sekundäres erscheint und der strukturelle Sinn der drei einander entsprechenden Ansätze in den Takten 3, 4 und 6 nicht recht klar wird.

Deshalb sollte man sich von dem eingefahrenen Modell lösen und ein anderes – ebenfalls dreiteiliges – in Betracht ziehen: Eine Frage (T. 1–2) mit zwei unterschiedlichen Antworten (T. 3–5, 6–8), einer vertrauten und einer unerwarteten. Die vertraute besteht in einer sequenzartigen Folge und könnte das Thema in der Mitte von T. 5 abschließen. Aber mit dem Oktavlauf wird der Beginn der vertrauten Antwort, in Tonhöhe und Ausgangsklang etwas verändert, wieder aufgenommen, um dann jene überraschende Schlusswendung zu nehmen, die im üblichen Modell Epilog heißt. Oder: Ausgangsgedanke mit alternativen Konsequenzen könnte das Modell auch genannt werden. Ein Vorteil dieser Sichtweise besteht darin, dass die beiden Antworten als vergrößerte Versionen der Anfangsfrage verstanden werden können. Denn diese zeigte selbst schon zwei gleiche Gestalten mit unterschiedlichen Fortführungen: Dreiklangsaufstieg und Oktavabstieg, dann gleicher Dreiklangsaufstieg und Quintabsprung. Diese Beobachtung ergibt eine dritte Ansicht des Themas, nämlich eine zweiteilige: Das Verfahren, zwei unterschiedliche Antworten auf eine Anfangssentenz zu geben, eine fortsetzende und eine abweichende, wird zuerst in kleinem Rahmen von 2 Takten Länge angewendet, dann in einem größeren von 6 bzw. 7 Takten. Um vorauszugreifen: Die Struktur »Gleiche Sentenz mit unterschiedlichen Konsequenzen«, wie sie hier in Klein und Groß in der Bildung des Themas gefunden wurde, lässt sich auch in größeren Dimensionen erkennen, nämlich als bestimmend für die Gesamtform des Satzes. Denn er lässt sich einteilen in zwei Hälften, die ähnlich beginnen und dann sehr unterschiedlich ausgehen: T. 1–100 und T. 101–227.

Das Hören eines Themas kann erleichtert, aber auch erschwert werden, wenn Verstand und Fantasie sich bemühen, seine Strukturierung, wie sie sich unbewusst beim Hören vollzieht, ins Bewusstsein zu heben und dabei möglicherweise auf mehrere, sich teilweise widersprechende Lösungen zu kommen. Der Hörgenuss kann sich vermehren, aber auch vermindern, wenn beim Hören alle Modelle im Kopf parallel ablaufen. Die erklingende Musik kann zum Beweisgegenstand für Denkmodelle werden. Um die Unschuld des Hörens ist es dann geschehen.

Das Problem verstärkt sich, wenn die semantische Seite des Themas zur Sprache kommt. Dieses besteht zum größeren Teil aus Tonrepetitionen in Sechzehnteln. Reinhard Goebel[6] hat in ihnen den *stile concitato* erkannt, in dem sie seit Monteverdis *Combattimento di Tancredi e Clorinda* von 1624 als Kennzeichen von streitbarer Erregung, Kampf und Krieg stehen.

Hört man, wie nach dem Beginn des Satzes Teile des Themas zwischen und unter die langsameren Kantilenen von Geige und Flöte fahren – dies bereits ein bildlich und gestisch gewähltes Verb –, so kann man Goebels Annahme zustimmen, der Widerstreit dieser beiden Ebenen im Tutti-Solo-Wechsel symbolisiere zwei Gegensätze, die das Stück beherrschten und auch seinen semantischen Gehalt ausmachten, nämlich Streit und Friedfertigkeit, wenn nicht Krieg und Frieden.[7] Vielleicht nicht in dieser Zuspitzung, aber doch unter diesem Gesichtspunkt hat Rudolf Gerber gemeint, das Konzert sei das einzige von allen sechsen, »in dem das dualistische Prinzip zu wirklich konstruktiver Bedeutung gelangt«,[8] geradezu im Vorausweis auf den Charaktergegensatz der Themen im Sonatensatz. Müssten dann nicht auch die mitgeteilten Vivaldi'schen Themenbildungen auf Streit deuten?

Diese Gedanken, so einleuchtend sie auf Anhieb auch sein und so angenehm sie das Verständnis für eine programmatische Interpretation auch öffnen mögen, haben aber einen großen Haken: Das Cembalo, doch wohl wichtigster Teilnehmer an der Aktion, kommt im Bild nicht vor. Oder sollte es etwas die Rolle des Vermittlers zwischen den Parteien zugewiesen bekommen haben? Vielleicht eine allzu untergeordnete Rolle für ein Instrument, welches an der Schwelle zu seiner Karriere als *das* konzertante Soloinstrument der Zukunft steht.

Dass das streichende und das blasende Soloinstrument einerseits und das Tutti andererseits im Gegensatz zueinander stehen, ist offenkundig und entspricht den Prinzipien des Concerto grosso. Daraus aber eine programmatische Polarität zu machen, ist nicht recht überzeugend. Ob es allerdings ausreicht, den Eindruck von munterer Energie, den das Thema heute bei den meisten Zuhörern auslösen mag, als zutreffend – auch im Sinne der Zeit Bachs – anzunehmen und damit die unverkennbaren Züge des *stile concitato* und seiner semantischen Botschaft in den Hintergrund zu drängen, ist zweifelhaft. Die heutigen Hörgefühle können meilenweit entfernt sein von denen, die in jener fernen Zeit beabsichtigt oder auch produziert worden sind. Dies gilt ja selbst für geographische Ferne: Ein italienisches Kampflied wird bei den meisten uninformierten Deutschen doch immer noch die Assoziation »amore« auslösen. Die Kampf- und Zorngeste der Sechzehntel-Repetitionen muss demnach weiter berücksichtigt werden, wenn sich daraus auch keine klare semantische Konzeption ergibt, die das Cembalo integriert. Man muss doch bedenken, dass das Thema auch glänzend ohne die Repetitionen auskäme, also mit Dreiklangsbrechungen und anderen Figuren in Achteln, durch Sechzehntel-Läufe verbunden. Flöte und Geige glätten in den Soli die thematischen Repetitionen ohnehin zu Achteln, ohne dass eine melodische Schwächung zutage träte. Die Repetitionen sind also bewusster Zusatz zur Melodielinie.

Bewunderungswürdig ist der Übergang vom Themen-Ende zum Beginn der Soli. Die Anfangsgänge von Geige und Flöte scheinen vollkommen selbstverständlich, im Sinne der Zeit »natürlich« aus dem Themen-Ende herauszuwachsen. Werden sie als vergrößerte Fassung der Tutti-Töne vor dem Abschluss-Triller wahrgenommen (T. 8) oder jener der zweiten Hälfte von T. 1? Diese Eröffnung hat vielerlei Gedanken ausgelöst. Der unbefangenste, aber vielleicht auf die Dauer wirksamste ist jener von Jean-Claude Zehnder, dass nämlich dieser Abgang in Achteln eine bevorzugte Figur aus Bachs Weimarer Zeit ist.[9] Ein weiterer schöner, in seiner Einfachheit seltener Gedanke steckt in der Frage von Werner Breig, ob man denn gezwungen sei, jede abfallende Notenfolge auf etwas Vorangegangenes zu beziehen, oder ob bei der Beschränktheit der Skalen- und Dreiklangsfiguren jener Zeit »dieses Quartmotiv nicht allzu üblich, sein Vermeiden hingegen geradezu sehr schwierig« gewesen wäre.[10] Man würde dieser Absage an einen in der Musikforschung verbreiteten Ableitungswahn gerne zustimmen – Fischer erwähnt eine Verbindung zum Ritornell überhaupt nicht[11] –, wenn nicht das nächste Solomotiv (T. 21ff.) ganz unbezweifelbar auf T. 3ff. des Ritornells bezogen wäre:

Man kann daraus doch wohl schließen, dass Bach auch das vorangegangene Solomotiv dem Ritornell entlehnt hat, also – wie auch bei den Tutti-Einwürfen – das Ritornell bearbeitend von vorne her durchgegangen ist, »sein thematisches Material zunächst sukzessiv ordnet«.[12]

Ebenso bestechend wie der Quartzug von Flöte und Geige am Beginn des Concertino-Einsatzes ist der 32stel-Eingang des Cembalo, der wie ein »Hoppla« wirkt, wie eine Markierung für den Beginn des Concertino und zugleich Startsprung und Eigentum des Cembalo-Solos selbst. Selten hat man beobachten können, wie eine so winzige Geste soviel Frische und Elan für die Eröffnung eines neuen Gedankens erzeugt. Und: Wirken die Anfangsgänge von Flöte und Geige wie die Vergrößerung der Schluss-Sechzehntel des Tutti, so die Cembalo-32stel als deren Verkleinerung. Die motivische Integration ist vollkommen, der Eindruck der Selbstverständlichkeit also auch strukturell begründet.

Später im Verlauf des Satzes erscheint diese kleine, erstaunliche Wendung noch einmal (T. 110), wieder als Eröffnung der gleichen Episode des Concertino, nachdem das Tutti dasjenige vorgeführt hat, was man später in den Zeiten des Sonatensatzes eine Scheinreprise nennen wird, nämlich einen Themeneinsatz wie am Satzbeginn, aber in der »falschen« Tonart, nämlich A-Dur statt D-Dur (T. 101ff.). Nur: Im Konzertsatz gibt es keine falschen Tonarten. Man ist in Wahl und Folge der Tonarten frei bis auf das Abschluss-Zitat des Themas, das in der Haupttonart stehen muss. Dass also danach das Erscheinen der ersten Themenhälfte in der »richtigen« Tonart D-Dur (T. 121ff.) als die wahre Reprise zu bezeichnen wäre, kann man ausschließen, auch weil es danach völlig anders weitergeht als zu Beginn des Satzes.[13]

In der abschließenden Cembalo-Kadenz taucht dann das kleine Motiv noch fünfmal auf und gewinnt gliedernde Funktion. Hier erweist sich seine Charakterisierung – Eigentum des Cembalo – als richtig. Vielleicht hätte jeder andere Komponist, auch mit dem Ziel der Integration der Soloinstrumente, das Motiv zuvor auch auf Flöte und Geige übertragen. Bach tut dies aber gerade nicht, wie er auch durch den ganzen Satz dem Cembalo eine ganz eigene Motivik vorbehält.

Dies führt zu der oft aufgeworfenen Frage, warum im Unterschied zu den Aufgaben des Cembalo jene von Geige und Flöte doch recht einfach sind. Zwei Antworten sind geäußert worden. Erstens: Es ist Bachs erste Komposition für Querflöte. Ja, »Bach mag tatsächlich der erste deutsche Komponist gewesen sein, welcher die Querflöte in einem Konzert verwendete«.[14] Erst später habe er deren virtuose Möglichkeiten kennen gelernt. Also: Er glich die Aufgaben der Geige den einfachen der Flöte an, um ein gleichartiges Zusammenspiel zu gewährleisten. Zweitens: Fürst Leopold nahm auf seine Badereisen nach Karlsbad nur wenige Musiker mit, sodass einige dieser Viel-Instrumentalisten auch ihr Zweitinstrument spielen mussten, das sie nicht so gut beherrschten wie das Erstinstrument.[15] Einer also, der in einem anderen Stück sein Hauptinstrument, z. B. Gambe, gespielt hatte – vielleicht sogar Fürst Leopold selbst –, musste nun Flöte blasen und war Bach dankbar für den einfachen Part.

Zum Ersten: Pierre-Gabriel Buffardin war der schulbildende Virtuose dieses in Deutschland neuartigen Instruments und seit 1717 – als Bach Dresden besuchte – neben seinem deutschen Kollegen Johann Martin Blockwitz Flötist der Dresdner Hofkapelle, also in unmittelbarer Umgebung Bachs. Und in der Köthener Hofkapelle selbst waren zwei Flötisten tätig, Johann Gottlieb Würdig und Johann Heinrich Freytag.[16] Zum Zweiten: Bach müsste dann das Konzert nur für Karlsbad geschrieben haben.[17] Und zu Hause in Köthen, wo das Konzert wohl wesentlich öfter gespielt worden ist als in den Badewochen, konnten die beiden angestammten Flötisten ihre Fähigkeiten nicht zeigen. Außerdem: Wenn schon die Partien des ersten Satzes als einfach bezeichnet werden: Für jene der Folgesätze lässt sich das nicht sagen.

Wie wäre es mit einer dritten Erklärung? Die Schlichtheit war Bachs Absicht, und zwar mit dem Ziel, das Cembalo durch anspruchsvollere Aufgaben und weitgehend eigene Motivik als Hauptinstrument von den beiden anderen abzuheben. Dies dürfte auch einer der Gründe für die Erweiterung der Cembalo-Kadenz in der Zweitfassung gewesen sein. (Zu einem anderen später.) Zumindest der erste Satz ist eben nicht der eines echten Tripelkonzertes, wie es jenes in a-Moll (BWV 1044) darstellt, wo die drei Soloinstrumente – die gleichen drei übrigens – sehr viel stärker motivisch und im Schwierigkeitsgrad angeglichen sind. Dass das fünfte Konzert ein verkapptes Cembalokonzert sei, wurde schon oft mit gutem Grund gesagt.

Was zwischen der Klammer von Anfangs- und Schluss-Auftritt des Themas geschieht, verblüfft wieder einmal durch die Individualität und Einmaligkeit, mit welcher die Teilfolge erfunden worden ist. Es bestätigt im Verein mit vielem, was an den übrigen Konzerten bereits auffiel und in den folgenden auch noch auffallen wird, die zusammenfassende Sicht von Reinmar Emans:[18] »Die Brandenburgischen Konzerte sind hinsichtlich ihrer jeweiligen Individualität der Form wie auch der Klangbilder allein wohl schon einzigartig. Kombinationsformen, bei denen die Konzertform mit einer Dacapo-Anlage oder Fugen verknüpft sind, lassen erkennen, wie Bach […] stets versucht hat, die der Konzertform innewohnenden Möglichkeiten auszunutzen. Die meist einfache Abfolge von Tuttiritornellen und Soloepisoden der Vivaldischen Konzerte wird bei Bach aufgrund der unterschiedlichsten Kombinationen immer stärker verschleiert, zumal er diese normierte Abfolge gerne zu einer Abfolge von größeren Komplexen verwandelt, in denen Struktur- und Klangelemente gegeneinander ausgespielt werden.«

Sehen wir den Satz weiterhin mit dem Anspruch, »Ordentliches« aufzuspüren, so lässt er sich recht bequem in zwei Großteile gliedern (T. 1–100 und 101–227), die jeweils – wie üblich – Themen-Teilzitate des Tutti und bearbeitendes Abwandeln der Thementeile durch das Concertino mischen, sich dabei aber nicht sehr weit von der Haupttonart D-Dur entfernen. Die beiden Großteile beginnen fast gleich, tauschen dann Abschnitte untereinander aus, bis sie in längere freie Endstücke münden, nämlich die Tutti-Strecke T. 71–100 und die Cembalo-Kadenz vor dem Schluss-Ritornell. Zusätzlich enthält jeder Großteil einen Abschnitt, der nur im eigenen Teil nochmals aufgegriffen wird, und einen weiteren, der nirgends noch einmal auftaucht. Es ergibt sich ein geschachteltes Symmetriesystem, das sich mitsamt den Tonartstationen wie auf der gegenüber liegenden Seite darstellen lässt (von den Teilzitaten des Themas durch das Tutti sind nur die beiden bereits erwähnten in A-Dur und D-Dur gekennzeichnet).

Drei größere Abschnitte aus dem ersten Großteil – A, D und E – sind es, die im zweiten Großteil in veränderter Reihenfolge wiederholt werden – A, E und D. Die jeweils innerhalb der Großteile wiederholten Abschnitte sind B und F, die Abschnitte innerhalb der Großteile ohne Wiederholung C und G, wobei die ohnehin komplizierte Schachtelung noch durch die Themen-Teilzitate des Tutti, welche fast überall zwischen diesen sieben Abschnitten und ihren Wiederholungen stehen, das Gefüge noch vielfältiger und unübersichtlicher machen.

Dies ist das Ergebnis einer auf Ordnung zielenden Betrachtung, welche bei anderen Autoren zu weit elaborierteren Folgerungen geführt hat: von der Feststellung einer »chiastisch-zyklischen Form« mit »symmetrischer Disposition« und »spekulativem Bauprinzip«[19] über die Annahme einer ursprüng-

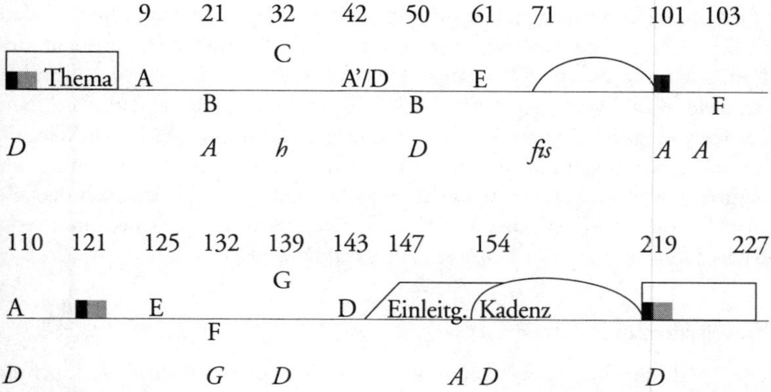

lichen Planung Bachs, eine »großformale Gliederung in 72 + 36 + 72 Takte« vorzunehmen, von der »die letztendliche Realisierung [...] jedenfalls nur geringfügig ab[weicht]«, und zwar im Sinne einer angenommenen Symmetrie von 70 + 40 + 70 Takten mit einer Gliederung der Außenteile in 41 + 29 bzw. 29 + 41 Takte,[20] bis hin zu komplexen, wiederum auf regelhafte, sich überlagernde Zahlenverhältnisse hinauslaufenden Untersuchungen zur »Relation von Sukzessivität und Simultaneität« und von »Verflechtung und Entflechtung«, zur »Relation der Ritornelle beziehungsweise Ritornelleinschübe«, zur »Rangordnung der Abschnittslängen« und zur »Hierarchisierung der Kontrahenten als Voraussetzung ihrer Vermittlung«.[21]

Ohne solche Anstrengungen und unter Einbeziehung der im Schaubild nicht enthaltenen Themen-Teilzitate offenbart sich allerdings – dies der zweite Blickwinkel – das Bild einer nahezu beliebigen Teilfolge, einer Art assoziativer Wiederholungsstruktur oder ungeregelter Montage, die das Hörerlebnis dieses Satzes in einer Balance zwischen Ordnungs- und Zufallseindruck hält, zwischen Wiedererkennen und Neuheitszweifel.

Der Schlüssel zu diesem Phänomen ist Bachs Art, die Unterschiede und Grenzen zwischen Ritornell und Episode durch motivabspaltende und -verändernde Zerlegung des Themas zu verschleiern und dadurch motivische Integration zu erreichen, allerdings auf Kosten klarer Einschnitte, wie wir sie von Vivaldi kennen. Carl Dahlhaus beschreibt dies folgendermaßen:[22] »Bach benutzt die Technik der thematischen Arbeit auch zur Variation. Durchführung in verschiedene Tonarten und die Einführung modulierender Sequenzen kann die Indifferenz von Ritornell und Episode zur Folge haben. So setzt sich z. B. die erste ›Ritornell-Wiederholung‹ im 1. Satz des V. Brandenburgischen Konzerts zusammen aus dem Vordersatz in der D [Dominante, also A-Dur] (T. 19), einer modulierenden Sequenz mit einem zweitaktigen thematischen Modell (T. 21), der halben Fortspinnung in der D (T. 29) und einer Sequenz des Epilog-Motivs, die den Übergang zur nächsten Tonartstufe, der Tp [Tonikaparallele, also h-Moll], vermittelt (T. 31). Wenn nun durch thematische Arbeit der Unterschied zwischen den Episoden und den mittleren Ritornell-Wiederholungen weitgehend aufgehoben ist und wenn außerdem ein Seitensatz im Ritornell oder ein Solothema in der ersten Episode als Gegenthema aufgefaßt werden können, so ist scheinbar eine ›Sonatenvorform‹ die Konsequenz von Bachs Umwandlung der Konzertform Vivaldis.«

Zwei Kadenzen im ersten Satz

Die Teilabfolge des Satzes als unklar, ungeordnet zu empfinden, als Ergebnis scheinbarer Planlosigkeit, wie anfangs gesagt, muss aber noch nicht zum Urteil einer Lässigkeit führen. Solche assoziativ wirkenden Schachtelsymmetrien begründen auch die Gestaltung anderer Sätze der Konzerte. Nirgends dort aber gibt es so etwas wie die beiden freien Abschnitte, auf die die beiden Großteile hinauslaufen, nämlich die abschließende Cembalo-Kadenz und die 30 Takte ab T. 71. Im Blick auf das Cembalo-Solo könnte man diese 30 Takte mit aller Vorsicht als eine Art Orchester-Kadenz ansprechen, mit welcher der erste Teil beendet wird. Sie sind die wohl ungewöhnlichste und überraschendste Passage in der gesamten Konzertmusik Bachs. Ihre Ausnahmestellung ist immer wieder betont worden: »die absolute Stille und Ruhe« des Teiles, die »sich in keiner Weise nach den ihn umrahmenden Teilen auswirkt«,[23] und zwar aufgrund »äußerst geringer substantieller Dichte und geringer faktureller Komplexität«.[24] Das darauf folgende Tutti-Thema in A-Dur – ist keine »Scheinreprise«. Es wird durch eben diese »Episode vorbereitet, die zunächst immer wieder abwärts- und dann aufwärtsführt, wobei Bach eine starke Erwartungsspannung aufbaut. Im Grunde genommen könnte der Satz etwa hier seinen Abschluß finden.«[25] Also tatsächlich eine Tutti-Kadenz?

Die Arbeit am Thema wird eingestellt. Ruhepause. Alle spielen Figuren, sehr eingeschränkte Figuren, die noch nie da waren und sich kaum vom Themenmaterial ableiten lassen. Sie spielen sie in monotoner Wiederholung. Die Bewegung stockt, nicht jedoch wie am Ende des IV. Konzertes als Stauung vor dem Schlusssturm, sondern quasi für immer. Es ist eine plötzliche Lähmung, in welcher die Musik in ziellosem Schweifen vor sich hindöst. Mattigkeit breitet sich aus, als Flöte und Geige, von repetierten Streicher-Achteln begleitet, zunächst für die Dauer von drei Dreitaktern »still und heimlich« (Philipp Spitta) in Kurzmotive einschwenken, die noch einen Rest von melodischer Prägnanz aufweisen. Die Motivik »schwimmt auf leise wallenden Accordfluthen weiter und weiter und verliert sich wie im unabsehbaren Ocean, nur ein eintöniger Rhythmus lenkt nunmehr die Fahrt«, so Spitta weiter.[26] Flöte und Geige gehen zu unendlich wiederholten, kanonartig ineinander greifenden Dreiklangsabstiegen über, immer nur drei Töne lang, vom mittleren aus wieder neu ansetzend, während das Cembalo die gesamten 30 Takte über in der rechten Hand Dreiklangsbrechungen in Sechzehnteln hat mit Nebentönen, die die ganze Strecke, durch alle Akkordwechsel hindurch mit einer Gleichartigkeit zugesetzt sind, die man monoton nennen kann, wenn nicht penetrant. Wenn zuvor der Musik das Schild angeheftet werden konnte: »Immer neu!«, so jetzt ein großes Plakat mit der Inschrift: »Immer das Gleiche!« Nur ein Achtel-Gang des Basses und die Achtel-Repetitionen der Begleitstreicher, taktweise alternierend, lassen erkennen oder besser vermuten, dass die Ewigkeit in Zweitaktgruppen gegliedert ist.

Ein fahles Licht breitet sich plötzlich aus. Entsprechend unmotiviert wirkt T. 101 der Wiedereintritt in die Helligkeit des Ritornells, ins grelle Licht von Thema und Arbeit. Große Mühe erfordert es, diese Überwindung zum Neuansatz, zum Erwachen ins Bewusstsein, als überzeugend zu empfinden, vor allem da kurz vor diesem Losreißen aus der Siesta Geige und Flöte taktlange Triller gespielt haben, die die Szene weiter verwirren. Immerhin trillert die Flöte in T. 95 zu einem E^7-Akkord auf der kleinen Non f^2, sodass mit g^2 getrillert werden muss, einem Ton, der zusammen mit dem *gis* des Akkordes eine verminderte Oktave ergibt, später ein beliebtes »empfindsames« Intervall, jetzt aber wohl das Schrägste, was man sich an dissonanter Wirkung vorstellen konnte. Hier wird es schon ein wenig unheimlich in dem fahlen Licht. (Flötisten bzw. Flötistinnen, die dies vermeiden wollen und sich in den Techniken der Historischen Aufführungspraxis auskennen, wenden hier eine spezielle alte Trillerform an, das »flattement«, wo die Fingerbewegung an der Kante des Tonlochs erfolgt und nur eine leichte Schwebung des Haupttons erzeugt. Tun sie Recht daran?)

Die fremdartige Traumpassage ist mit den Mitteln der Themen- und Satzanalyse üblicher Art nicht zu begreifen. Wenn überhaupt eine Stelle nach semantischer Aufklärung schreit – außer den Mittelsätzen der Konzerte I, II und VI –, dann ist es diese. Es muss eine bildliche oder affektbezogene Erklärung geben, die dann aber auch Konsequenzen für den gesamten Satz oder gar das ganze Konzert hätte. Nur: Es gibt nicht den geringsten Anhaltspunkt für eine Lösung. Man ist zweifellos im Recht, wenn man mit Blick auf die Temperamenten-Lehre die Passage als ideale Darstellung des melancholischen Temperaments versteht. Aber führt das weiter? Ist das Hauptthema der Sanguineus? Würde man im Zwang zur Vollständigkeit auch noch die beiden anderen Typen im Satz oder im Konzert auffinden wollen, den Phlegmaticus und den Cholericus, träte jener Vollständigkeitswahn zutage, der schon der

Aufklärung über die Funktion der Kanons in der *Kunst der Fuge* geschadet hat: Vier Kanons, und einer davon klingt melancholisch. Also müssen die drei anderen den übrigen drei Temperamenten entsprechen …

Auch die einzige wirkliche Bewegung der Passage, jene der harmonischen Fortschreitungen, liefert keinen Hinweis auf eine semantische Klärung, zumal auch sie nichts anderes tut, als die Monotonie noch zu verstärken, ja eine Atmosphäre dumpfen Brütens zu erzeugen. Wie erreicht sie das im Zusammenspiel der Instrumente?

In den anfänglichen Dreitaktern (T. 71–79/80) schieben sich die Klänge über einem unentschiedenen Herumtappen des Basses recht zäh von fis-Moll nach A-Dur, wobei der Ausgangspunkt fis-Moll im Verständnis der Zeit wahrlich keine Tonart ist, die auf Positives oder Aktives hinweist. Mattheson meinte 1713, dass sie »zu einer grossen Betrübniß leitet«. Diese sei jedoch »mehr languissant [sehnsüchtig] und verliebt als lethal [tödlich]; es hat sonst dieser Thon etwas abandonirtes / singulieres und misanthropisches an sich«, also als ob man verzichtet, vereinsamt und menschenscheu, wenn nicht menschenfeindlich wird.[27] Es folgen sieben Zweitakter, in denen der Bass nach jeweils einem Takt Dreiklangsbrechung auf einem Tiefton ausruht und dabei über die 14 Takte hinweg von *a* aus schrittweise hinabsteigt bis zum Contra-*H*, um dann einen achttaktigen Orgelpunkt auf *E* folgen zu lassen, über dem die verwirrende Trillerkette erklingt. Dies ist zwar ein ebenso unmäßig langer Bassabstieg wie jener im ersten Satz des III. Konzertes (vgl. S. 84), aber er vermittelt dadurch keineswegs den gleichen Sinn. Hier erzeugt er wahrlich keine Erschütterung. Eine musikalisch-rhetorische Figur wie die *katabasis* ist also kein technisches Mittel zur Auslösung eines stets gleichen Affektes, wenn dies auch häufig im Sinne eines Ursache-Wirkungs-Modells behauptet wird. Zusammenhang und Einkleidung sind mitentscheidend.

Die Zweitakter sind alle genau gleich gebaut, bilden – und zwar im gesamten Orchester- und Solistensatz – das, was man eine Sequenz nennt. Selbst in der an Sequenzen so reichen Musik jener Zeit gehen solcher Quasi-Wiederholungen selten über fünf Folgen hinaus. Hier aber sind es sieben, nicht hervorgebracht durch Mangel an Ideen, sondern mit der Absicht, eine schematische, einschläfernde Dumpfheit zu erzeugen. Sehen wir uns die Anfangstakte ab T. 80 an, wo die vorangegangene Flöten-Geigen-Figur ein letztes Mal vorkommt, der Bass aber bereits seine Reise in die Tiefe antritt (die begleitenden Geigen und Bratschen spielen nur in den Tiefton-Takten des Basses, das Cello geht mit der linken Cembalo-Hand, der Violone markiert auf jeder Eins deren ersten Ton).

T. 80 steht in A-Dur, T. 81 beginnt zwar mit fis-Moll, wendet sich dann aber durch den Zusatzton *dis* in einen Akkord, den man in moderner Sprache als dis^7 halbvermindert bezeichnen kann oder – in der Sprache Rameaus – als fis-Moll mit »sixte ajoutée«, also als subdominantischen Vorbereitungsklang (IV. Stufe) für einen Klang, der als Dominante bzw. V. Stufe einer folgenden Tonika cis-Moll ein Gis^7 sein könnte. Es folgt aber T. 82 gis^7, also keine Dominante, da kein Durdreiklang. Ab T. 83 das Gleiche: E-Dur, dann cis^7 halbvermindert bzw. E^{5+6}, darauf in T. 84 fis^7. Und so weiter bis T. 92 h-Moll^7. Es geht also in einem fort ohne Dominanten. Doch! T. 86 E^7, aber nicht nach A-Dur führend, sondern nach cis-Moll (T. 87), das dann in der zweiten Takthälfte durch die bekannte Unterterz zu A-Dur wird, allerdings mit großer Sept *gis*, wodurch die Dominantwirkung zerstört wird, ebenso beim folgenden D-Dur mit *cis* statt *c* (T. 88).

In diesem ziellosen Dahintreiben »unreiner« Sept- und Sextklänge ohne Tonikazentrum wird auch nicht deutlich, wo eigentlich die Zweitakter beginnen, mit dem Tiefton – dies würde durch die begleitenden Streicher-Achtel gestützt – oder mit den Dreiklangsprüngen im Bass – dies würde gestützt durch die Akkordveränderung im Takt mit dem Tiefton als Ziel. Schon der Ausgangstakt 80 war ja ambivalent, was seine Zugehörigkeit zum Vergangenen und Zukünftigen betrifft, sodass nicht zu entscheiden war, ob er wirklich der Eintritt in die Zweitakter ist.

Was tun Flöte und Geige, um hier Klarheit zu schaffen? Nichts. Im Gegenteil, sie lassen den Nebel nur noch dichter werden. Ihr Primitiv-Kanon im Viertel-Abstand, von der Geige angeführt, geht von einem Hochton jeweils in die Tiefe, soweit es der Umfang der Instrumente in der Tiefe zulässt, um wieder oben zu beginnen. Zuerst setzt der Kanon mit dem Hochton in der Taktmitte an, später am Taktbeginn, schließlich wieder in der Taktmitte. Trägt schon diese Unregelmäßigkeit nichts zur Klärung bei, so lässt die Tonfolge der beiden Stimmen die Absicht der gesamten Passage erneut erkennen: Unklarheit, Verschwommenheit. Denn sie vollführen etwas Unerhörtes: Terzfälle ohne Ende, in eine ziellose Akkordfolge eingebettet.[28] Am Ende der Terzenfälle sind Flöte und Geige – die Tonwiederholungen in den Rücksprüngen abgerechnet – jeweils 27 Terzschritte abwärts gewandert, wären, wenn ihr Tonumfang nicht die Oktavsprünge aufwärts erzwungen hätte, fast acht Oktaven in die Tiefe gewandert, ins Bodenlose. Schreibt man die Terzschritte der Flöte einmal nacheinander auf, zeigt schon der graphische Gesamteindruck das Lähmende der Stelle, die mehr einer Treppe in die Unendlichkeit gleicht als einer Komposition. Vergleichbares kennt man von Spiegel-in-Spiegel-Bildern und -Blicken:

Cis – a – fis – dis – h – gis – e – cis – a – fis – d – h – gis – e – cis – a – fis – d – h – gis – e – cis – a – fis – d – h – gis.

Der Orgelpunkt auf *E* hält das auf. Die Arbeit ruft – das Ritornell in A-Dur T. 101, welches den zweiten Teil des Satzes einleitet. Er mündet wiederum in eine traumhafte Passage, jene ab T. 147, mit der sich die Cembalo-Kadenz ankündigt. Wie sah diese Kadenz in der Frühfassung des Konzertes aus? Sie setzte dort an, wo die Endfassung bei T. 197 im zweiten Kadenzteil angelangt ist, und ließ dann, gerahmt von einigen Takten voller Läufe und »Reißwerk«, die Stelle mit dem Orgelpunkt auf *A* folgen, ein wenig kürzer als in der Endfassung, noch ohne den Übergang zu den Triolen in den Figurationen der rechten Hand. Sie enthielt keinerlei Anspielungen auf die Themenmotivik. Die Kadenz war ein reines Stück Toccatenwerk, also angelehnt an eine jener Gattungen, aus denen später die Freie Fantasie hervorgegangen ist. Auch die Konzertkadenzen selbst hießen in ihrer Entstehungsphase manchmal *Fantasia*.

Der Gedanke, der die Umarbeitung zur Zweitfassung ausgelöst hat, kann nur gewesen sein: Thematische Arbeit. Die alte Kadenz wurde – nun als zweiter Kadenzteil – leicht erweitert, von 18 auf 22 Takte. Der Übergang der Figurationen über dem Orgelpunkt zu Sechzehntel-Triolen bezieht sich bereits auf jene Triolen, die bald nach dem Anfangs-Ritornell auftreten, und die fünf letzten Takte der Kadenz, die auf das Schluss-Ritornell hinführen, sind eine fast notengetreue, transponierte Wiederholung einer früheren Taktgruppe der neuen Kadenz (T. 168ff.): Strukturierung, Rahmenbildung. Diese wiederholten Takte beziehen sich auf Elemente des nunmehr abzuschließenden Satzes. Die Bearbeitung dieser Elemente nämlich ist die Aufgabe des neu erfundenen, 42 Takte umfassenden Kadenzteiles, den Bach dem aufgeputzten alten vorangestellt und damit genau jene Struktur einer Konzertkadenz erdacht hat, die später Mozart und viele andere bevorzugt haben: Zunächst Bearbeitung der Themen des Satzes, dann freie, virtuose Kadenz innerhalb der Kadenz, nämlich Passagen- und Akkordwerk vor dem abschließenden Triller. Selbst der abermalige dominantische Absatz zum Absprung in den zweiten Teil, wie er bei Mozart so häufig vorkommt, ist vorhanden (T. 195).

Der neue Kadenzteil handelt die wesentlichen Figuren des Satzes ab, eine nach der anderen, und jetzt tatsächlich auch diejenigen, die bisher den beiden Solisten vorbehalten waren. Damit zeigt sich das Cembalo endgültig als Herrscher des Satzes. Selbst die ziellose Traumpassage kommt an die Reihe, aber auch ein Detail wie der Triller. Soll man wirklich so weit gehen, sein dreifaches Auftreten als Reminiszenz an die Trillerketten von Flöte und Geige am Ende der Traumpassage zu verstehen? Wer je gehört hat, was ein gutes Cembalo bei einem ganztaktigen Triller auf dem tiefen *G* (T. 180) für einen donnernden Lärm hervorruft, wird kaum einen Rückbezug auf jene feinen, vernebelten Triller im Pianissimo annehmen. Oder sollte Bach in struktureller Rigorosität gedacht haben: Hauptsache Triller übernehmen, egal wie?

Christoph Wolff hat eine Hypothese entwickelt,[29] wonach die Kadenzergänzung erst während der Niederschrift des Autographs entwickelt wurde. Die Partitur ist nämlich auch nach dem Abschluss des Tutti weiterhin so eingerichtet, dass für das Cembalo Systeme mit mehr Abstand zwischen den Notenlinien vorgesehen sind als für die Systeme der übrigen Instrumente. Das hätte für die kürzere Kadenz sechs Seiten bedurft, unten das Cembalo, oben nur Pausen, für die längere Kadenz aber mindestens das doppelte Maß solcher Papierverschwendung gekostet. So trug Bach die Kadenz von oben an auf jedem der Blätter ein, also auch auf den schmalen Systemen, und brachte auch noch den Mittelsatz auf dem Rest der sechs Seiten unter, schrieb aber vor der Kadenz des Cembalo an dessen Systeme »Solo senza stromenti« und an jedes der übrigen Systeme »64 pausae Cembalo solo«, an das der Flöte sogar »64 tact pausae usque ad signum[?]«, also bis zum Anfangs-Zeichen des Ritornells. Es sind Angaben für das Ausschreiben der Einzelstimmen. Beunruhigend ist, dass die Zahl 64 bei den beiden obersten Systemen für Soloflöte und -geige eine Überschreibung ist, bei den vier weiteren jedoch nicht.

Die überschriebene Zahl ist keinesfalls 18, das Taktmaß der alten Kadenz. Welche überschriebene Zahl auch erraten werden mag: Komponierte Bach die neue Kadenz etwa während der Reinschrift noch einmal um, so dass sie länger oder kürzer wurde als geplant und bereits teilweise eingetragen? Und warum nur teilweise?

Motivverbindungen zwischen den Sätzen

Gab es in den Eröffnungssätzen des II. und IV. Konzertes jeweils eine Figur, die mit großer Sicherheit auf die Mittelsätze hinweist (vgl. S. 57, 111), so gibt es im soeben behandelten Satz dieses Phänomen ebenfalls – und zwar beide Folgesätze betreffend.

Es fällt auf, dass in den beiden Parallelstellen des ersten Satzteiles, die im Schema S. 131 mit F bezeichnet sind, die erste eine Bassfigur hat, die im zweiten Auftreten des F-Teiles seltsamerweise ausgespart ist. Genau so, wie es die Seufzer-Figur im ersten Satz des II. Konzertes war, die dann im zweiten Satz auftauchte, ist sie im gesamten Satz singulär (T. 103f.).

Rhythmisch durch eine Punktierung geschärft, trägt diese Figur weite Teile des Mittelsatzes, tritt sowohl im Thema selbst auf, wie sie auch kettenartig als Bassfolge verwendet ist. Nicht überzeugt? Wie ist es dann mit Folgendem?

Satz 1, Teil D, T. 47ff.:

Satz 2, T. 28ff. (entsprechend T. 43ff.):

Wohl doch nicht ganz von ungefähr, vielmehr eine deutliche Übereinstimmung.

Ob gar motivische Hinweise auf den dritten Satz bestehen, ist zweifelhaft. Wenn alle schwingenden und kreisenden Figuren des ersten Satzes wie die soeben zitierte von T. 47ff. als Vergleichsobjekte herangezogen würden, könnte man auch gleich alle Tonleiter- und Dreiklangsbewegungen berücksichtigen und fände sich auf einem Terrain der Beliebigkeit wieder, das auch eine motivische Verbindung zur *Matthäus-Passion* ermöglichte. Eine Stelle des ersten Satzes allerdings, T. 35ff., erregt Aufmerksamkeit, da die Struktur des zweistimmigen Satzes von Flöte und Geige in Satz 3 (T. 118ff.) fast Ton für Ton wiederkehrt. Auch hier wieder wie im Falle der zuerst genannten Bassfigur T. 103f. ist es eine im ersten Satz singuläre Erscheinung, da sie aus dem unwiederholten Teil C stammt. Hat Bach die Hinweise der Anfangs- auf die Folgesätze – auch in Konzert Nr. II – vor allem auf singuläre Partien beschränkt, um den Charakter von Anspielungen, nicht aber von Übernahmen zu erzeugen?

Satz 2: Affettuoso, h-Moll, 4/4-Takt

Die imitierende Setzart hat das Stück mit allen anderen Mittelsätzen gemeinsam, ausgenommen jene der Konzerte III und IV.[30] Sie ist ein häufiges Verfahren, unter anderem in Triosonaten, und wird hier durch die Teilnahme des *Cembalo concertato* im Quatuor angewendet, also mit komponierter Stimme für die rechte Hand im Wechsel mit Generalbassspiel. Mehrfach ist die Übereinstimmung des Themas mit einem Fugenthema von Louis Marchand betont worden, jenes französischen Organisten, der sich 1717 während Bachs Besuch in Dresden zu einem musikalischen Wettstreit stellen sollte. Da jedoch das Entstehungsdatum der Fuge Marchands nirgends genannt ist, erscheint die Annahme, Bach habe das Thema von Marchand übernommen und man verfüge damit über ein Indiz für die Kompositionszeit des Konzertes, zumindest des Mittelsatzes, nicht unbedingt einleuchtend.[31] Wenn Marchand nämlich derjenige war, der das Thema übernahm – etwa nach dem Zusammentreffen in Dresden –, müsste das Konzert schon vor diesem Zeitpunkt entstanden sein.

Aufregend wirkt die 32stel-Figur in T. 6, mit der das Cembalo seinen Themenauftritt als *Cembalo concertato* eröffnet:

Sie erscheint in ihrer Einmaligkeit als Extravaganz, umso mehr, als sie in der Erstfassung des Konzertes noch nicht auftauchte. Ihre Aufnahme in den Satz könnte auf Bachs Erfahrungen mit der Aufführung durch andere Cembalisten gründen. Erfahrung 1: Jemand verhunzte den schönen Satz durch unablässiges Verzieren. Bach will sagen: Ganz wenig! Fast nur soviel wie hier! Erfahrung 2: Jemand verdarb den Satz nicht durch zu vieles, sondern zu schlechtes Verzieren, eventuell mit ständigen, fantasielosen Oktavläufen, möglicherweise noch mit falschen Halbtönen. Bach will sagen: Wenn schon »willkürliche Manieren« angewendet werden, also solche, die sich nicht mit Symbolen ausdrücken lassen wie die festgelegten »wesentlichen Manieren« (Triller, Mordente, Doppelschläge usw.), sondern frei erfunden werden, dann bitte sehr nach diesem Muster!

Dies entspräche der späteren Kritik seines Schülers Johann Adolph Scheibe, der »Herr Hofcompositeur« drücke das, was die Musiker sonst selbstständig dem Notentext an Verzierungen zusetzen, »durch eigentliche Noten« aus und nehme damit den Musikern die Freiheit beim Spiel, den Anteil eigener Produktivität. Bachs Sprachrohr im Streit, der sich in Scheibes Zeitschrift *Der critische Musikus* seit 1737 abspielte, Johann Abraham Birnbaum, hielt dagegen, Bach habe beabsichtigt, auf diese Weise »auf die erhaltung seiner eigenen ehre zu sorgen«, damit nicht schlechte Verzierungen für Geschriebenes gehalten und so »dem componisten leicht als ein fehler angerechnet werden könnten«. Man wähnt sich bereits in der Zeit Beethovens. Falls Birnbaum wirklich Bachs Meinung wiedergab, deutet dies auf den äußerst frühzeitigen Ausbruch eines brisanten sozialgeschichtlichen Problems von Produzieren und Reproduzieren in der Geschichte der europäischen Musik hin.[32]

Spricht man die Kompositionsart des Satzes als imitierend an, so fragt man sofort nach dem Thema, welches imitiert wird. Aber eine feste thematische Gestalt, die sich dazu eignet, misst lediglich einen einzigen Takt. Das Imitieren ist auch nicht die wesentliche Aufgabe des Satzes, sondern die Art und Weise, wie von diesem kurzen thematischen Kern aus einzelne Motive im Satzverlauf abgespalten, bearbeitet und kombiniert werden. Dabei kommt es zu zwei sich durchdringenden und überlagernden Entwicklungszügen. Der eine besteht in einem Frage-Antwort-Spiel, wobei zunächst der Themenkopf die Frage bildet, das absteigende, nun leicht veränderte Sechzehntel-Motiv aus T. 4 die Antwort. Dreimal wird der Einfall nach der Verzierungsfigur des Cembalo vorgeführt, dann nach Unterbrechung durch das »Ritornell« in D-Dur noch dreimal, nun aber in Umkehrung: Frage absteigend, Antwort aufsteigend (T. 14ff.).

Der Abschluss der Passage erfolgt durch eine imitierende Andeutung des Satzbeginns mit Antwort-Anhang durch das Cembalo (T. 18f.). Hatten bisher Flöte, dann Geige die Fragen gestellt und diese vom Cembalo beantworten lassen, so wird dies nach einer weiteren Unterbrechung durch das »Ritornell« in fis-Moll umgekehrt gehandhabt (T. 24ff.). Später im Satz, nach einem durchführungsartigen Zentrum, wird die Folge verkehrt: Zuerst drei Fragen und Antworten, jeweils in Umkehrform der Ursprungsgestalt, dann wieder die Andeutung des Satzbeginns mit Cembalo-Antwort (T. 38f.). Dieser Entwicklungszug bildet demnach dadurch, wie er das Zentrum umlagert, eine Axialsymmetrie.

Der andere Zug ist für den Satz so bestimmend, dass er auch den ersten schon beeinflusst: Es geht dabei um ein weiteres Spiel mit Originalgestalt bzw. Realform und ihrer Umkehrung. Es entwickelt sich aus den antwortenden Sechzehntel-Anhängen. Diese Anhänge bilden ein Eigenleben aus, und das Cembalo bestreitet schließlich damit zwei Takte (T. 26f.), die den Höhepunkt, das Zentrum des Satzes vorbereiten. Zunächst schwingen sich Flöte und Geige zu einer dreifachen Sequenz der ursprünglichen Antwortgeste auf, abwärts weisend, in Terzparallelen und jeweils bestätigt durch jene Kurzmotive der Cembalo-Oberstimme, die offenbar eine Übernahme von Satz 1 sind. Diese Stelle strömt einen Jubel aus, der ausreichen würde, den Entwicklungszug mit dem erreichten e-Moll abzuschließen. Die Antwortgeste wird nun aber weitergenutzt: Es wird ernst. Ein zweistimmiger Kanon in Flöte und Geige hebt an – Arbeit am Motiv. Man hat sofort den Eindruck, die Musik trete nun in einen echten Durchführungsabschnitt ein. Man ist auf eine längere Arbeit eingestellt. Doch der Ernst verflüchtigt sich bald, genau wie am Satzbeginn, als zunächst strenge Imitationsarbeit winkte. Die hintere Symmetriestrecke des Frage-Antwort-Spiels, also des ersten Entwicklungszuges, beginnt. Wirkt diese eher rahmend, so wird sie vom sich verbreiternden Impetus des zweiten Entwicklungszuges in »überspringender Verknüpfung«[33] kontrastiert, fast überlagert. Dessen Kraft ist noch nicht erschöpft und hindert, den Satz als eine dreiteilige Wiederkehrfolge zu begreifen, mit An- und Abschwellen um ein Zentrum. Denn vor dem Schluss-»Ritornell« kehren die jubelnden Terzenparallelen wieder, zusätzlich noch mit einer zweifachen Vorankündigung (T. 40–42), die vom Cembalo noch nicht mit dem kleinen Bestätigungsmotiv unterlegt wird, sondern mit der Antwortfloskel in Umkehrung. Ursprüngliche und Umkehrungsgestalt folgen sich hier unmittelbar, ehe die beherrschende Idee des Satzes – Umkehrung – im Cembalo erklingt (T. 42): im Bass die vier letzten Töne der ursprünglichen Antwortfloskel, in der Oberstimme deren Umkehrung. Die Ausnahmestellung dieses Details, sein Hinweis auf das Thema Umkehrung, zeigt sich auch darin, dass dies die einzige Stelle im Satz ist, die sich nicht durch eine wie auch immer geartete Überlappung auf einen Vier- oder Zweitakter zurückführen lässt, wie dies bei anderen Dreitaktgruppen der Fall ist, sondern eindeutig als Dreitakter erkennbar ist:

40
Fl.
Vl. pr.
C.
42
tr
44
f
f
6
5
♯
6

Bemerkenswert an dem Satz ist, wie die leitende Idee der Umkehrung sich in der Überlagerung von zwei Formprozessen darstellt, einem axialsymmetrischen, eher statischen, und einem sich entwickelnden, eher dynamischen. Erzeugt diese Zusammenfassung verschiedener Prinzipien in einem doch recht kurzen Satz den Eindruck großer Konzentration und Dichte, so sind andererseits die tragenden Motive von Frage und Antwort, mit welchen die formale Konzentration erreicht wird, von solch einschmeichelnder Sanftheit und Eingängigkeit, ist die Antwortgeste – dann auch in ihrer Umkehrung – derart schmachtend, dass man sich fragen muss, wie die Mär aufgekommen sein mag, Bach sei im Hinblick auf den leichten, sanglichen »galanten Geschmack« wenig geschickt gewesen oder – wie Mattheson monierte – dass er, »seines fertigen Spielens und künstlichen Setzens ungeachtet, weder mir, noch einem andern, so leicht ein Muster zu singbaren Sachen abgeben wird«.[34] Sollte dieser Satz vom »galanten Geschmack« abweichen, dann darin, dass die schmeichelnden und seufzenden Gesten in einen Prozess eingebunden sind, der in einer konsequenten Doppelstrategie Ideen zu formaler Anordnung und motivischer Weiterentwicklung unter dem Thema Umkehrung verfolgt. Dies allerdings findet sich in den entsprechenden Werken des musikalischen Abgottes des »Galanten«, Telemann, nicht. Er ist im Hinblick auf angespannte Aufmerksamkeit der Hörenden, auf deren Spürsinn für geistreiche Einfälle, nicht so anspruchsvoll.

Satz 3: Allegro, D-Dur, 2/4-Takt

Dass der Satz durch eine Fuge eröffnet wird, ist so richtig wie falsch. Ein Thema von nur zwei Takten Ausdehnung! Daraus ergibt sich keine ordentliche Fuge. Eher sieht es danach aus, als habe Bach trotz oder mittels Fugentechnik eine liedhafte Periode bauen wollen: Viertaktiger Vordersatz aus Dux und Comes, dann jeweils zwei Takte Geige und Flöte als Nachsatz, ehe das Cembalo mit seinen Themeneinsätzen folgt.[35] Fugiert beginnend, weist der Satz eine Wiederholungsanlage auf wie eine Dacapo-Arie, also – lax gesagt – A-B-A, was innerhalb der Brandenburgischen Konzerte nur noch in den dritten Sätzen des I. und des VI. Konzerts vorkommt und auch sonst in Konzerten selten ist.

Der Mittelteil steht in der Paralleltonart h-Moll. Er ist bestimmt durch einen Einfall, der Bach offenbar so zugesagt hat, dass er ihn viermal in wechselnden Instrumenten-Kombinationen erklingen lässt. Mehr als ein Viertel dieses Mittelteiles nimmt er ein. Hier der zweite Auftritt ab T. 89 mit der Sologeige als Melodieträgerin und Flöte, Ripiengeige und Cembalo mit Begleitstimmen (Cello ausgespart):

Die zwei Viertakter der Melodie, periodisch als Vorder- und Nachsatz geformt und von Sequenzbildungen geprägt, ergeben zusammen mit den Akkordfolgen der Begleiter das Idealbild von Weichheit und Geschmeidigkeit, durch den federnden Sprungbeginn der Melodiehälften mit munterer Spannung ausgestattet. Die Ingeniosität Bachs zeigt sich an diesem Gebilde auf vielerlei Art. Dass Melodie und Begleitung aus den Motiven des Anfangsthemas entwickelt sind, ist kaum der Erwähnung wert. Es gehört zum kompositorischen Standard Bachs. »In bezwingender Kantilene strömt hier die Melodie, Größe und seelenvolle Innerlichkeit miteinander vermählend«, so Rudolf Gerber, wobei das Thema des Satzes »ins Kantable umgedeutet und dabei ein ›singendes Allegro‹ hervorgezaubert« wird,[36] also jene Melodieart, die für die Melodik der Mozart-Zeit so bestimmend ist. Wie die Motive des Anfangsthemas aus ihrem imitatorischen Zusammenhang gelöst und nun zu einer festen, kleinen Einheit anderen Charakters umgeformt werden, bedeutet eine neue Stufe in Bachs Entwicklung und geht doch schon recht weit ab von der allbeherrschenden Forderung und auch der verbreiteten Praxis der Zeit, in einem Satz nur *einen* Affekt herauszustellen: am Beginn frisch dahinspringend, jetzt in Wohlklang badend.

Auch der Einsatz dieser kleinen Periode im weiteren Verlauf des Mittelteiles ist bemerkenswert. Der Achttakter erscheint zunächst dreimal, jeweils mit kurzen Überleitungen, und gibt den drei Solisten nacheinander die Melodie. Deren Zahl scheint die Anzahl der Auftritte zu bestimmen. Es schließen sich weitere ausgezeichnete Gedanken an: Das Fugenthema wird hin und her gewendet, die Gruppen werfen es sich zu. Wenn das Wort »Spiel« in seiner Mehrdeutigkeit angemessen auf die Musik angewendet werden kann, dann hier. Im Zentrum des Mittelteiles (T. 148) wird A-Dur erreicht, ein wenig früh als Dominante für die Rückkehr in den Schlussteil und damit nach D-Dur. Es geht stattdessen weiter nach fis-Moll. Man könnte fragen, warum A-Dur schon jetzt kommt und seine dominantische Wirkung verpuffen lässt, statt sie für den Übergang zur Reprise aufzusparen. Die Frage erübrigt sich, denn Bach will gar nicht so normal nach D-Dur gelangen, sondern erreicht es mit einem unmotivierten Sprung von fis-Moll aus, genau wie bei der Reprise im ersten Satz des IV. Konzertes, wo der Sprung von h-Moll nach G-Dur stattfand.

Zurück zu T. 148, also zu A-Dur. Hier nämlich setzt der schöne Achttakter wieder ein, und man erwartet wiederum ein mehrfaches Auftreten, wiederum das ungestörte Bad in den schmelzenden Akkordfolgen und der von ihnen getragenen wiegenden Melodie. Aber nein! Nur einmal, mit der Melodie in den Geigen – und es geht mit einem neuen Gedanken weiter. Wie nebenbei floss die vertraute Gestalt ein und verschwand. Wäre Bach ein Systematiker, ein berechnender Komponist gewesen, hätte er, der bestechenden Wirkung der anfänglichen Dreierfolge sicher, hier ein Gleiches getan. So ist es nur eine Erinnerung, aber keine sehnsüchtige. Denn die Gestalt hat ihren Charakter gewandelt. Das Schmelzende ihres dreifachen Auftrittes leitete sich offenbar auch davon her, dass Moll erklang, zweimal h-Moll, einmal fis-Moll. Moll gehört einfach dazu, wenn Melodien besonders schmachtend und süß sein sollen. Man denke sich einmal die große Arie des Phoebus in der Kantate *Der Streit zwischen Phoebus und Pan* (BWV 201) statt in h-Moll in H-Dur! Der

Text dürfte dann nicht mit den Worten beginnen »Mit Verlangen drück ich deine zarten Wangen«, sondern mit den Worten »Mit Ergötzen will ich mich zum Mahle setzen«. Hier beim vierten Auftritt erscheint der kleine Viertakter aber eben in Dur, in A-Dur. Und entsprechend der Wortbedeutung von durus = hart ist er strahlender geworden, prächtiger und zupackender. Man kann sich fragen, warum Bach beim Erreichen von A-Dur nicht irgendetwas anderes aus dem Reichtum seiner Einfälle zog und mit der schönen Gestalt von vordem wartete, bis er in fis-Moll angekommen war, um ihr dann wieder die süße Dreierfolge zu verleihen. Nein, er wollte sie jetzt in einem anderen Licht erscheinen und so nur einmal kurz aufblitzen lassen. Wenn sie am Beginn dreimal im milden Abendlicht auftauchte, so wird sie jetzt einmal grell angestrahlt und – fort ist sie wieder. Anders gesagt: Der Auftritt in Dur hat etwas Auftrumpfendes, wenn nicht gar Triumphierendes. »Das kann ich auch!«, scheint er fröhlich im Vorbeirauschen zu rufen.

Man soll nicht zu viel aus einer Beobachtung schließen, die auf einem Zufall beruhen kann. Aber wenn es kein Zufall ist, dass Bach nur beim Dur-Auftritt den beiden Melodie-Geigen den Hinweis »cantabile« gegeben hat, den Melodieträgern der früheren Auftritte aber nicht, so müsste das bedeuten, die Geigen sollten sich nicht durch die Dur-Wendung zu allzu springender Keckheit verleiten lassen, sondern einen Rest der Süße aus der Moll-Version erhalten.

Dieser Mittelteil des Satzes zeugt von einer kompositorische Vielseitigkeit und Großzügigkeit, die nicht ständig darauf sieht, mit dem Pfunde zu wuchern und den Hörenden alles Bewährte immerfort unter die Nase oder besser in die Ohren zu reiben. Man erhält die Musik als Geschenk, aber ohne Verpflichtung für den Schenkenden zu einer Daueranstrengung, sondern in bunter Folge, mit der Freiheit zu plötzlichen Gedankenänderungen, einmal konzentrierter, dann wieder tändelnd und wie absichtslos, mit einem Schleifchen in Dur. Ähnliches, wenn auch mit ernsteren Absichten, kennen wir vom ersten Satz.

Goethe und das V. Brandenburgische Konzert

Das bereits an anderen Stellen erwähnte Problem der Parallelenfehler, speziell der ominösen Quintenparallelen, taucht auch in diesem Konzert wieder auf, gleich zu Beginn des ersten Satzes (T. 8, 11).[37] Wichtiger als die Tatsache, dass Bach in dieser Hinsicht offenbar nicht sehr aufmerksam war oder es damit nicht sehr genau nahm, erscheint ein Blick auf die noch ungeschriebene Geschichte dieser durch die letzten fünf Jahrhunderte geisternden Fehlerquelle, auch ihrer Beurteilung. Brahms etwa hat um 1850 eine Sammlung von Fundstellen solcher Hemmnisse der »Satzreinheit« begonnen. Schönberg hat in seiner *Harmonielehre* von 1911, noch den traditionellen Satz vermittelnd, mit dem Quintenverbot aufgeräumt – ohne Erfolg. Denn heute feiert jener zwanghafte Irrationalismus aus der Geschichte des europäischen Komponierens in einem Akademismus, wie er noch Teile der Musiklehre-Ausbildung beherrscht, fröhliche Urständ, so als habe sich seit dem 25. Mai 1826 in dieser Hinsicht nichts geändert. An diesem Tage schrieb Carl Friedrich Zelter, der in Berlin einige der sechs Konzerte aufgeführt hatte (vgl. S. 23), an seinen Freund Goethe über seinen Schüler Felix Mendelssohn Bartholdy. Es geht um das V. Konzert, welches früher mehrfach mit Mendelssohns Großtante, Sarah Levi-Itzig, als Klaviersolistin aufgeführt worden war: »In der Partitur eines prachtvollen Konzerts von Seb. Bach gewahrte mein Felix, als er zehn Jahre alt war [1819], mit seinen Luchsaugen sechs reine Quinten nacheinandert, die ich vielleicht niemals gefunden hätte, da ich in größeren Werken nicht darauf achte und die Stelle sechsstimmig ist.«[38] Bedenkenswert daran ist dreierlei, die drei beteiligten Personen betreffend.

1. Mendelssohn: Schon in frühester Zeit zeigt sich seine Reinlichkeits-Manie, wie sie auch später in satztechnischer wie allgemein in ästhetischer Hinsicht an ihm zu beobachten ist.

2. Zelter: Eine wenig überzeugende Selbstverteidigung. Warum sollte er nur in kleineren und geringstimmigen Stücken auf Quintenfehler geachtet haben? Antwort: In größer besetzten Stücken sind sie – zumindest für Zelter – nicht zu hören, nur zu sehen, und auch das nur bei großer Scharfsicht. Zelter vermied es zu schreiben: »In größer besetzten Stücken hört man sie ohnehin nicht, und da sind sie deshalb auch keine Fehler.« Dann allerdings hätte sich die Begründung für die »Regel« auf ein individuelles Missfallen reduziert, und damit wäre die ganze »Regel« in sich zusammengebrochen. Denn andere hätten die Parallelen vielleicht noch nicht einmal im dreistimmigen Satz gestört.

3. Goethe: Woher mochte er wissen, was ein Quintenfehler ist? Ohne diese Voraussetzung hätte Zelter seinem verehrten Freund gegenüber keinesfalls davon Erwähnung getan. Aber: Hätte er bei seiner Vertrautheit mit dem »Olympier« nicht von dessen zweifelnder bis ablehnender Haltung gegenüber ästhetischen Regeln wissen, also damit rechnen müssen, dass seine Mitteilung nicht unbedingt die Hochachtung Goethes für den jungen Mendelssohn steigern werde?

Konzert VI · B-Dur

BWV 1051

Viola I da braccio, Viola II da braccio, Viola I da gamba, Viola II da gamba, Violoncello, Violone e Cembalo

»Es wurde lange als das Aschenputtel unter den Brandenburgischen Konzerten betrachtet, und selbst heutzutage wird es kaum einmal für sich allein aufgeführt.« Mit dieser Bemerkung eröffnete Malcolm Boyd 1993 seine Besprechung des Werkes.[1] Dass es so selten für sich selbst, nicht zusammen mit anderen der sechs Konzerte aufgeführt wird, liegt wohl kaum daran, dass es so wenige Gambisten gibt (es gibt sie inzwischen in großer Zahl), sondern dass es so wenig »hermacht«. Schon das so genannte Hauptthema des ersten Satzes mit seinen ziellos auf- und abwandernden Girlanden, von monotonen Achteln gestützt, flößt weniger Freude ein als jene klaren und ausgeprägten Themengestalten, die das II., III. und V. Konzert eröffnen. Einer rückhaltlosen Zustimmung hinderlich ist auch die fünffache Imitation im Anschluss, alle Einsätze mit den gleichen Tönen (»Mit Sicherheit ist deren komischer Effekt beabsichtigt«, versucht sich Michael Talbot an einer Erklärung[2]), ebenso die folgenden, etwas täppischen Terzparallelen. Den Mittelsatz kann man getrost als düster und ebenfalls monoton bezeichnen. Der ein wenig schwerfällige Tanz am Schluss tröstet etwas.

Schon immer wurde das Konzert »als das rätselhafteste angesehen«.[3] Die Konsequenz: »Kein anderes ›Brandenburgisches Konzert‹ wurde von der Forschung derart unterschiedlich datiert wie das sechste.«[4] Wurde es einst der frühesten Gruppe zugeschlagen, so besteht in jüngster Zeit die etwas befremdende, aber in ihrer alternativen Zuspitzung erfrischende Behauptung, das Konzert sei von allen als letztes entstanden, da besonders raffiniert und hintergründig, ideologisch auf dem höchsten Stand (vgl. S. 158ff.).

Je länger man sich über das Stück Gedanken macht, desto mehr verwirren sie sich. Um diese Verwirrung nicht auf die Lesenden zu übertragen, sollen die sich widersprechenden Aspekte der Betrachtung getrennt dargestellt werden. Da ist zunächst der Aspekt der Philologie, also dessen, was die Handschriften mitteilen können, dann jener der Stilkritik, welche Spezifisches der Formanlage und der Satztechnik beschreibt, schließlich derjenige der Semantik, die – häufig im Vergleich mit anderen Werken – Aussagen über die Bedeutung der Musik, über die aus den Tönen sprechenden Mitteilungen zu machen sucht. Eine Darstellung der übrigen Konzerte, getrennt nach diesen drei Aspekten, wäre nicht sinnvoll, da sie nicht zu jedem gleich viel zu bieten haben. Hier jedoch gibt es zu allen dreien genügend Material.

Philologie: Was teilen die Handschriften mit?

Während der Niederschrift für den Markgrafen hat Bach an einer Stelle des ersten Satzes eine Änderung vorgenommen. Gleich am Beginn der ersten Episode, T. 17–19, hat er dem Continuo zunächst Folgen von Viertelnoten und Viertelpausen gegeben, um dann in durchgehende Achtel zu ändern, so wie Continuo und Gamben von Beginn an begleitet hatten.[5] Entweder hat er aus einer Vorlage abgeschrieben und sich sofort entschlossen, das Abgeschriebene zu verändern (dies würde auf eine Frühfassung hinweisen), oder er hat mit zwei Alternativen im Kopf komponiert, allerdings während der Reinschrift! Auf welche der beiden Möglichkeiten weist es hin, dass er beim Beginn der zweiten Episode, T. 32, den gleichen »Fehler« wiederholt hat, um ihn schon nach einem halben Takt wieder auf gleiche Weise zu tilgen? »Schon wieder!« dürfte er gemurmelt haben. Aber schon wieder was? Entweder hatte er sich noch nicht an die Veränderung gegenüber der Vorlage gewöhnt oder gegenüber seinem ersten Einfall.

Die Frage erhebt sich beim zweiten Satz neu, nun aber auf so verblüffende Weise, dass die Zahl denkbarer Gründe für vorgenommene Änderungen sich erhöht: Der Satz beschäftigt keine Gamben. Aber für die nicht eingesetzten Gamben sind zwei Systeme freigehalten und von Anfang bis Ende mit Pausen versehen. Bach hätte angesichts der ökonomischen Art, wie er sonst mit Papier umging (etwa bei der Kadenz im V. Konzert; vgl. S. 137), statt zweimal sechs Systemen auf einem Blatt nun dreimal vier einrichten können. Nachdem die erste Hälfte des Satzes niedergeschrieben ist, folgt mit dem Blatt 83 des Autographs eine Änderung: Das Blatt war ursprünglich für den wieder sechsstimmigen Schlusssatz eingerichtet worden, mit recht weit auseinander liegenden Taktstrichen. Offenbar fiel Bach aber plötzlich ein, den zweiten Satz zu erweitern. Die ursprünglichen Taktstriche sind getilgt worden (durch so genannte Rasuren). Dazwischen sind Taktstriche in kürzeren Abständen gesetzt worden, so wie in der ersten Hälfte des Satzes. Schon dies gibt Rätsel auf: Warum löst jemand, der eben noch so großzügig mit dem Papier umgegangen ist, nicht einfach das falsch formatierte Papier aus dem Zusammenhang und wirft es weg oder spart es für eine andere Gelegenheit auf? Die Frage ist auch deshalb so schwer zu beantworten, weil es offenbar nicht möglich ist, Zugang zu dem Autograph zu bekommen, um so einen Einblick in die Situation der Papierlagen zu bekommen. Dem Letzten, der darüber geschrieben hat, als das Autograph für das Faksimile benutzt und auseinander getrennt wurde, Peter Wackernagel (1955), erschienen die Blätter eher als später zusammengesetzte Einzelblätter. Wenn dies zutreffen sollte, muss man das Denken einstellen. In jedem Fall deutet der Vorgang darauf hin, dass Bach sich bei der

Niederschrift im Unklaren darüber war, wie lang der Mittelsatz werden sollte, vielleicht weil er anfing, einen vorhandenen Satz abzuschreiben, um ihn dann zu verlängern.

Was damals geschehen ist, war offenbar auf weite Strecken ein wahres Durcheinander, zumindest ein Feuerwerk von Planänderungen. Auch Beobachtungen am V. Konzert legen einen solchen Schluss nahe (vgl. S. 137). »Man kann daraus mit einiger Berechtigung schließen, daß Bach bei der Einrichtung des Partiturschemas für das sechste Konzert noch keine Vorstellung davon hatte, mit welcher Besetzung er den Mittelsatz endgültig niederschreiben würde.«[6] Verwirrend wie das Konzert selbst wirkt allerdings die jüngste Erklärung des Vorganges, nicht weil sie nicht einleuchtend wäre, sondern weil sie sich mit den vorangegangenen lediglich die Waage hält: »Wahrscheinlicher aber ist, daß Bach Vorder- und Rückseite des Einzelblattes verwechselt hatte: Die bereits in Taktstriche für das Finale eingeteilte Rückseite nutzte er zur Fortsetzung des *Adagio*, bemerkte seinen Irrtum erst nach Beginn der Beschriftung und versah diese Seite zum einzigen Mal mit einer ›Unterpaginierung‹ (›r2.‹; das vorangegangene Blatt lautet ›r'‹), um Vorder- und Rückseite neu zu definieren.«[7]

Stilkritik: Wie wurde komponiert?

Beim Herstellen eines Musikstückes ergibt sich entweder schon in der Vorausplanung oder beim Komponieren eine Teilanordnung, die außer in den Noten auch in Art einer Graphik vor dem inneren Auge des Komponisten steht – und welche die Analysierenden voll Stolz nachzeichnen. Es gehört zu den größten Anforderungen an einen Komponisten, diese Struktur mit demjenigen Zugang in Übereinstimmung zu bringen, welchen die Hörenden haben, ohne jeden vorausschauenden Überblick. Die ausgeklügeltste Symmetrie, die sich beim Komponieren als wunderbar ausgewogener Bau ergeben haben mag, stellt für die unvorbereiteten Hörer nichts dar als eine angenehme, bunte und ungeregelte Teilfolge, in der hier und da eine Wiederholung zu bemerken ist. Haben die Komponierenden dies immer ernst genommen? Haben sie sich über ihrem Notenblatt in die Situation des Publikum versetzt? Erhielten sie sich in den Mühen des Notenschreibens noch die Möglichkeit, ein naives Hören ihres Produktes nachzuempfinden und als einen, wenn nicht den wichtigsten Maßstab ihrer kompositorischen Entscheidungen in sich wach zu halten? Oder waren sie etwa der Meinung, ihre symmetrischen Ablaufpläne würden vom unbewussten Hörspeicher des Publikums aufgezeichnet und bewirkten so den Eindruck von Harmonie und Einheit? Beethoven jedenfalls hat lange gezögert, ehe er das Expositions-Ende des ersten *Eroica*-Satzes mit einem Wiederholungszeichen versah: »Mein Bruder glaubte anfangs, ehe er die Simpfonie [!] noch gehört hatte, sie würde zu lang sein, wenn der erste Theil des ersten Stücks wiederholt würde, aber nach öfterer Aufführung derselben fand es sich, das es sogar nachtheilig sey wenn der erste Theil nicht wiederholt würde.« So schrieb der Bruder Karl dem Verleger Härtel am 12. Februar 1805.

Solche Fragen betreffen den ersten Satz des B-Dur-Konzertes, nicht aber die beiden anderen. Denn diese weisen so einfache Teilfolgen auf, dass kompositorische Planung und Höreindruck deckungsgleich sind. Die Dacapo-Form des Schlusssatzes ist gut erkennbar: Der Beginn des Mittelteiles ist mit einem Sprung in die Paralleltonart deutlich abgehoben, und der Eintritt in den Schlussteil ist durch den Wiederbeginn des Anfangsthemas markiert – eine einfache und periodisch klare Tanzmelodie erklingt in den Oberstimmen. Sie kehrt, ganz oder teilweise, mehrfach im Satz wieder wie auch die in ihrer Gestalt deutlich voneinander geschiedenen Episoden. Da die Gamben sich auf die Begleitungsfunktion beschränken, entsteht keinerlei satztechnische Vermischung oder gar Unklarheit. Der Mittelsatz beginnt mit einer achtfachen Folge gleicher Strophen in unterschiedlichen Tonarten. Im Wechsel der Strophen tauschen die beiden Bratschen Melodie und Begleitung untereinander aus, von einem Ostinato-Bass getragen. Es schließen sich (Blatt 83!) drei Bass-Zitate des Melodiebeginns an, ein kurzer Neubeginn der Bratschen, dann eine Cellokadenz und ein phrygischer Abschluss. Neben dem immer Gleichen mögen die unbefangenen Hörer als ungewöhnlich empfinden, dass der Satz nicht – wie sonst gebräuchlich – in der Paralleltonart g-Moll beginnt, sondern in einer anderen Durtonart als derjenigen, die den ersten Satz beendete (B-Dur). Er hebt in Es-Dur an und endet in g-Moll. Ein solcher Verzicht auf Tonarteinheit im Satz »steht in Bachs Konzertschaffen einzig da«.[8] Außerdem könnte auffallen, dass in der Bassführung Unordnung herrscht. Man hört zeitweise ein misstöniges Umspielen der langsamen Violone-Noten durch das Cello, so genannte Heterophonie, eine Praxis, die aus der italienischen Streichermusik des 17. Jahrhunderts bekannt ist.[9] Sie ist in der ersten Satzhälfte häufiger anzutreffen als dann auf dem bewussten Blatt 83. Dort steht die zweite Satzhälfte, offenbar nachgeliefert.

Betrifft die zuvor angeschnittene Frage nach der kompositorischen Vorausschau auf das unbefangene Hören auch nicht diese beiden Sätze, so umso mehr den ersten und seine Teile. Stellt man eine Graphik her, die die Wiederholungsfolge der Satzteile zeigt, so sieht man das aus vielen anderen Sätzen der Konzerte bekannte Bild von Wiederholungsfolgen und axialsymmetrischen

Ordnungen vor sich, die sich hier allerdings kaum überlagern: Nach dem 16-taktigen Gebilde, welches wir vorsichtshalber »Anfangsmodell« nennen wollen (es wird uns noch beschäftigen), folgen acht Takte lang neue, wenn auch auf das Anfangsmodell bezogene Gedanken, die sämtliche Teile des Satzes beherrschen, welche nicht vom Anfangsmodell eingenommen werden. Es sind vier Kurzmotive, die die vier Phrasen einer regelrechten liedhaften Periode ergeben.

- A: ein anapästisches Motiv mit Anhang, das durch die Stimmen imitiert wird (die Interpretation als »komischer Effekt« wurde bereits anfangs mitgeteilt);
- B: schwingende Terzparallelen, nach einem Lauf wiederholt;
- C ist die Sequenz einer etwas längeren Gruppe aus viermal vier Sechzehnteln;[10]
- D stellt die Abschluss-Sequenz mit Überbindungen dar.

Um die liedhafte Periodik des Achttakters deutlich zu machen, hier eine Darstellung lediglich der ersten Bratschenstimme, der Leitstimme:

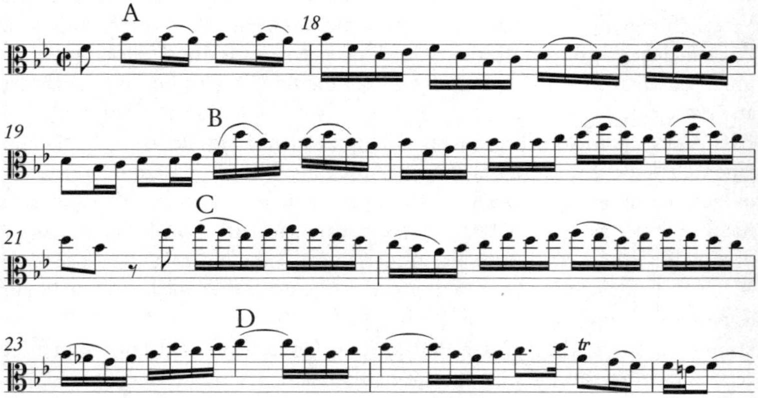

Das ganze Gebilde aus A, B, C und D soll »Motivquelle« genannt werden. Es kehrt mehrfach im Satz wieder, manchmal auch verkürzt. Nachdem ihm ein kurzes Tutti aus Bestandteilen des Anfangsmodells gefolgt ist, werden in einer Tonartwanderung über F-Dur, c-Moll und d-Moll nach g-Moll folgende Teile aneinander gehängt: T. 28½ imitierendes Trio aus A und B (Bratschen und Cello), T. 32 die gesamte Motivquelle, T. 40 dreifache Solosequenz der 1. Bratsche mit Motiv A über fünfstimmigem Begleitsatz, T. 46 sechseinhalb Takte

Anfangsmodell, T. 53 zweifache Solosequenz der 1. Bratsche wie T. 40, T. $56^1/_2$ Motivquelle ohne Motiv D, T. $65^1/_2$ imitierendes Trio aus A und B wie T. $28^1/_2$. Wenn man diese Folge beziffert, erhält man die Zahlenreihe 1 2 3 4 3 2 1, eine Anordnung, die zweifelsohne geplant und nicht zufällig zustande gekommen ist. Auch was folgt, weist auf eine derartige Planung von Axialsymmetrie hin (Philipp Spitta hätte dies »chiastisch« genannt; vgl. S. 40). Ab T. 73 nämlich und damit genau ab der Mitte der 130 Takte des Satzes erklingt eine siebentaktige Version des Anfangsmodells, umgrenzt von den einzigen beiden Abschnitten des Satzes, welche nirgends sonst wiederholt werden, auch nicht in abgewandelter Form: T. 69ff. ein Trio von Bratschen und Cello über Motiv C, abgeschlossen durch D, und T. 80ff. Motiv B mit der gleichen Besetzung, abgeschlossen durch ein kurzes Aufgreifen des Bratschensolos A wie ab T. 40.

Diesem großen und dem kleineren Block axialsymmetrischer Ordnung folgen von der oben in Zahlen ausgedrückten Teilanordnung, wenn auch etwas verkürzt, die Nummern 3, 4 und 3, worauf dann auch Nummer 2 teilweise und dann ganz erklingt, ehe die gesamten 16 Takte des Anfangsmodells den Satz abschließen.[11]

Wieder einmal zeigt sich hier die Eignung des Concerto-Satzes zu erfinderischen Einfällen und individuellen Formungsmöglichkeiten. Nur ist in diesem Falle die Frage vom Beginn neu und mit besonderem Nachdruck zu stellen: Folgen die axialsymmetrischen Anordnungen irgendeinem Zweck außerhalb ihrer selbst? Kann man denn beim Hören der Folge 1 2 3 4 3 2 1 ab 4 bemerken, dass die Anfangsfolge wieder rückwärts abläuft, oder nimmt man nur wahr, dass auf irgendeine Weise Bekanntes wiederkehrt? Hätte eine Zufallsanordnung den gleichen Effekt, ohne jede Symmetrie und ohne die Bemühung, um eine Satzmitte herum Blöcke von Gleichem zu schachteln? Anordnungen in Ablaufsymmetrie sind dagegen wesentlich hörerfreundlicher. Würde beispielsweise die Folge 1 2 3 4 später im Satz in genau dieser Reihenfolge wiederkehren, wäre ein Wiedererkennen des Ablaufes möglich, so wie es sich im Kleinen bei der immer gleichen Abfolge der Teile A B C D der Motivquelle verhält oder im Großen bei der Reprise des gesamten Themenblockes am Ende des Eröffnungssatzes des IV. Konzertes. Ablaufsymmetrien werden aber im hier behandelten Satz vermieden. Und so nehmen nur die Analysierenden die axialen Anlagen wahr.

Würde man annehmen, für Bach sei das eine sekundäre Frage gewesen und es sei für ihn diese Art der Teilanordnung vornehmlich zur Herstellung eines guten, soliden und ausgewogenen Baues wichtig gewesen, weniger aber für das Erkennen des Bauplanes durch die Hörenden, so würde man bald auf einen Vergleich mit den Baumeistern der gotischen Dome verfallen und Bach in die Reihe der ehernen, aber schwer zugänglichen Meister einordnen, welche genau bedachte, symmetrische Anordnungen ersannen, die aber schwer erkennbar sind. Nur: Bach verhindert diesen Vergleich selbst.

Die ersten 16 Takte als Anfangsmodell zu bezeichnen und nicht als Ritornell, geschweige denn als Thema, ist zwingend, wenn man die letzten beiden Begriffe nur solchen Gebilden zumessen will, die wenigstens einen Hauch von Gestaltfestigkeit und Abrundung aufweisen. Das ist aber hier wahrlich nicht der Fall. Es ist ein zweistimmiges Ab- und Aufwogen von immer gleichartigen Wechselnoten (*figura corta*) und Dreiklangsbrechungen, welches zwar hin und wieder einen Neuansatz zeigt, ohne dass aber dadurch vorder- und nachsatzartige oder anderweitig aufeinander bezogene und sich ergänzenden Teile entstünden. Wie auch, wenn nirgends eine neuartige Figur auftritt, die einen Gegenpart, eine Antwort oder einen Einschnitt darstellen könnte? Das Ende der ersten Welle ist zwar durch ein einmaliges Auftauchen von Abwärtsgängen markiert, die aus der Grundtonart herausführen und einen Neuansatz in der Dominante (F-Dur) einleiten. Aber der so abgeschlossene Teil ist weder 4 noch 6 oder 8, sondern $5^1/_2$ Takte lang, die folgende Dominantstrecke über der Sept *Es* 3 Takte, ehe ein kurzer Übergang von $1^1/_2$ Takten Länge zur Abschlusswelle führt, der längsten mit 6 Takten über dem Orgelpunkt *F* vor der Abschlusskadenz von 1 bzw. 2 Takten Länge (Überlappung mit der Motivquelle).[12]

Der Eindruck von Gestaltarmut, den die Teilfolge des Anfangsmodells erzeugt, verstärkt sich durch zwei weitere Faktoren: Das Gewoge wird getragen von durchgehenden Akkordfolgen der vier Unterstimmen in Achteln (mithin 64 Achteln!) ohne jede Gliederung außer derjenigen der Akkordwechsel. Es sind lediglich sieben, die Schlusskadenz ausgenommen. Zudem ist das Gewoge der Bratschen gestaltet (mit den Worten von Mattheson[13]) als »Canone all'unisono, al sospiro, d. i. wo die zwote Stimmen der ersten im Unison nachfolget, und nur um ein Viertel später anhebet«, bei Bach sogar um nur ein Achtel. Die Folgestimme ist der Führungsstimme ständig auf den Fersen. Statt des Eindrucks von Kunst, den sonst ein Kanon vermittelt, ergibt sich hier einer von Wirrnis, von einer umflochtenen, verschwommenen Linie. Es ist ein Girlandenwerk, ein Flirren oder Oszillieren, ähnlich einer Luftspiegelung oder zweier Schmetterlinge, die eng hintereinander hertaumeln.

Hierin eine kontrapunktische Leistung zu erblicken, ist ein Fehlurteil: Ein Kanon aus Dreiklangsbrechungen ist kein Kunststück, da er keine Satzfehler ergeben kann. Dreiklangskanons sind überall in der Volksmusik verbreitet, ganz ohne Kunstanspruch. Der mittelalterliche *Sommerkanon* ist ein bekanntes Beispiel dafür. (Nicht umsonst ist dieses Bach'sche Einerlei Anlass für eine Unterrichtseinheit in der 13. Klassenstufe geworden mit dem Ziel, MIDI-gestützt ähnliche Kanonfiguren über B-Dur-Achteln zu erzeugen, wodurch »gute Voraussetzungen geschaffen [waren], den ersten Satz des 6. Brandenburgischen Konzertes analytisch verstehend hören zu können«.)[14]

Erstaunlich an diesem Gebilde ist nicht nur seine Machart, sondern auch seine Stellung im Satz. Man erwartet am Beginn eines Konzertsatzes ein klares, periodisch durchgestaltetes Thema, dem dann mit dem Beginn der Soli oder des Gruppenkonzertierens periodisch unfestere Fortführungen folgen mögen. Die Anfänge des III. und des V. Konzertes sind hierfür Muster. Hier im VI. ist es genau umgekehrt: Das Anfangsmodell ist eine einzige unperiodische Fortspinnung, gefolgt von einer schönen, achttaktigen Periode in Gestalt der Motivquelle. Diese ist es im Grunde, die man das Ritornell des Satzes nennen müsste, auch wenn die *figura corta*, die das Anfangsmodell daktylisch eröffnete (schwer–leicht–schwer) in umrhythmisierter Form, nämlich anapästisch (leicht–leicht–schwer), innerhalb der Motivquelle allenthalben auftaucht, in jedem der vier Motive in anderer Kombination. Auch die Dreiklangsbrechungen des Anfangsmodells werden in den Achttakter übernommen, wenn man auch nicht mit der Nase darauf gestoßen wird wie in anderen Konzerten, wo Übernahmen aus dem Tutti-Ritornell in die konzertierenden Episoden überdeutlich sind. So wirkt das Anfangsmodell, wenn es immer wieder auftaucht, seltsam hermetisch, in sich abgeschlossen.

Semantik: Was bedeutet die Musik?

Satz 1

Dem Höreindruck eine szenische Bildvorstellung abzugewinnen, ist Rudolf Gerber auf so überraschende Weise gelungen, dass der Text vollständig wiedergegeben werden soll:[15] »Dabei scheint es Bach ganz offensichtlich auf humoristische Wirkung im Großen abgesehen zu haben. Ist es schon verwunderlich, wie die 1. Bratsche in wilder Verbissenheit gleich einem jähzornigen Polterer oder eifersüchtigen Choleriker in Dreiklangskaskaden herabstürzt [...] und dann kreuz und quer, auf und ab in scheinbarer Ziellosigkeit und extravaganten Sprüngen umherirrt, so ist es von unverkennbar komischer Wirkung, wie diesem Amokläufer sein Schatten auf dem Fuße folgt, indem die 2. Bratsche im Achtelabstand (also in gedrängtester Engführung) dieselben Kapriolen vollführt und dies alles auf dem Untergrund primitiver Stampfrhythmen der vier tiefen Instrumente, die diesem übertriebenen Getue der Bratschen den erforderlichen Nachdruck verleihen. Mit diesem daherpolternden Gesellen ist nicht gut spaßen; den kann man höchstens lächerlich machen! Und so geschieht es auch. Das Quasi-Solothema [...] läßt sich nicht beunruhigen und ›ins Bockshorn jagen‹: indem es die Kopfthematik des Hauptthemas ins Beschaulich-Wiegende umformt, verspottet es gleichsam den Narren, der sich da so wild gebärdet. Der Quasi-Solokomplex spielt geradezu mit diesem Kopfmotiv und ironisiert es dadurch und damit auch seinen wild gestikulierenden Träger. Da das weitere Geschehen dauernd diese beiden Themenbereiche rondohaft hervortreten läßt, mutet das Ganze wie ein komischer Dialog an. Die fuchtelnde und als Ernst gemeinte Geste des Hauptthemas wird im Gegenthema stets durch ein behagliches Schmunzeln quittiert, ironisiert und damit als ein Nichts gekennzeichnet.«

Auch das kann Musikwissenschaft sein! Und zwar aus der Feder eines Autors, der sonst durch alles andere hervorgetreten ist als durch blumige Umschreibungen oder Konzertführer-Allüren!

Michael Marissen hat das Eigentümliche von Themenstruktur und -folge mehrfach beschrieben.[16] So heißt es unter anderem: »Bachs Verkehrungen der üblichen Charakteristika von Ritornell und Episode sind außergewöhnlich« und können verstanden werden »als hochentwickelte [sophisticated] Antwort auf formale Möglichkeiten, welche der neue Concerto-Stil Vivaldis bereithielt«.[17] Dies zugleich mit seiner Interpretation der Besetzung hat Marissen zu einem Resultat geführt, welches die verbreitete Meinung, das Konzert gehöre zu den ältesten der sechs, ins Gegenteil verkehrt: Nicht nur die formalen »Verkehrungen« wiesen dem Konzert ein besonders spätes, nämlich ein Köthener Entstehungsdatum zu, sondern auch die Sozialsymbolik der Instrumentenwahl. Dass die Gambe im zeitgenössischen Wertgefüge der Instrumente weit höher stand als die Bratsche, steht außer Zweifel. Ist die Gambe eher in der Umgebung fürstlicher Musikpraxis angesiedelt oder ihr zugeordnet (Fürst Leopold selbst war Gambist), so haftet der Bratsche schon zu jener Zeit der Ruch des Niederen an, der sich leider bis heute an ihr und auch ihren Spielern gehalten hat. (Bach war allerdings selbst Bratscher, und in seinem Nachlass befanden sich gleich drei dieser Instrumente.) So dürfte es kein Zufall sein, dass Bach in der Kantate *Gleichwie der Regen und Schnee vom Himmel fällt* (BWV 18; entstanden 1713–1715), in welcher es um Säen und Ernten, bäuerliche Feldarbeit geht, vier Bratschen einsetzt, ein einzigartiger Fall in seinen Kompositionen. Die Tatsache nun, dass im Konzert die Niederen die Hauptrolle spielen, die Hohen dagegen eine untergeordnetere, ja oft nur dienende Funktion einnehmen, im Mittelsatz sogar »entlassen« sind, wertet Marissen als eine weitere »Verkehrung«. Diese beiden Verkehrungen des Üblichen habe Bach – so Marissen – vorgenommen bzw. vornehmen können im Einvernehmen mit der ungewöhnlichen Köthener Hofkultur, die sich bereits bei den Inthronisationsfeierlichkeiten von Fürst Leopold im Jahre 1716 zeigte. Der Fürst wohnte neben musikalischen Aufführungen auch einem gelehrten Vortrag über die Beziehungen zwischen

Musik und Politik bei, welche zu seinen besonderen Interessen gehört hätten. Marissens Folgerung:[18] Bach habe die strukturellen Verkehrungen der Teile des Satzes und jene der Besetzung im Zusammenhang mit Diskussionen vorgenommen, die der Fürst mit ihm geführt habe »über die Beziehungen zwischen der Ordnung unter monarchischem Gesetz und der Ordnung in der Musik [...] Bach scheint sich sowohl geistigen wie musikalischen Interessen hingegeben zu haben – weniger allerdings, indem er die bestehende Ordnung reflektierte, als daß er ihre Grundvoraussetzungen in Frage stellte.« Eine kühne These! Zumindest hat sie den Vorteil, Bach von dem verbreiteten Bild eines emsigen, wenn auch nicht sehr gebildeten Handwerkers zu befreien und ihm einen auch intellektuellen Sonderstatus zu verleihen. Wenn Marissens Annahme zuträfe, müsste Bach in Köthen ein geradezu paradiesisches Berufsleben gehabt haben, nicht nur als Musiker gefordert, sondern auch als Gesprächspartner und ebenbürtiger Geistesfreund seines Fürsten, der ihm sogar Anregungen für Kompositionen schenkte, auf die Bach aus eigenen Kräften niemals gekommen wäre! Dies angenommen, stellt sich mit neuem Recht jene Frage, die bisher niemand zu beantworten weiß: Warum bewarb er sich dann weg?

Die formale »Verkehrung« ist unbestritten. Aber es steht und fällt ein wesentlicher Teil der These von der instrumentalen »Verkehrung« mit der Antwort auf die Frage, ob die Besetzung mit Bratschen und Gamben und deren »verkehrter« Aufgabenstellung außergewöhnlich sind. Genau hierzu gibt es zwei Untersuchungen.[19] Beide sagen zur Frage der Besetzung: Nein, sie ist nicht außergewöhnlich, sondern folgt einer bestehenden, wenn auch nicht breiten norddeutschen und auch italienischen Tradition. Außerdem: Bachs letztes datierbares Werk mit zwei Bratschen stammt von Ostern 1715, weshalb eine Entstehungszeit des Konzertes weit danach höchst unwahrscheinlich ist. Zur Frage der »verkehrten« Aufgabenstellung gibt es allerdings keine Erkenntnisse.

Sucht man den Affekttypus des Satzes zu bestimmen, so stößt man unter den zeitgenössischen geradtaktigen Tänzen mit daktylischem Rhythmus auf die Gavotte. Die zweite Gavotte aus der D-Dur-Ouvertüre BWV 1068 zeigt eine ganz ähnliche Melodiestruktur, auch in der Bewegung im Dreiklang. Den zum Vergleich stehenden anapästischen Rhythmus übernimmt im Konzert die zweite Bratsche. Die Gavotte ist ursprünglich ein französischer Bauerntanz, den Mattheson folgendermaßen charakterisiert:[20] »Ihr Affekt ist wircklich eine rechte jauchzende Freude [...] Das hüpffende Wesen ist ein rechtes Eigentum dieser Gavotten.«

Des weiteren gibt es zur Zeit Bachs zwei Typen der Gattung Pastorale, den verbreiteteren und auch heute noch verständlichen, nämlich jenen im $^6/_8$- oder $^{12}/_8$-Takt, wie er uns aus dem Schlusssatz gegenübertritt oder aus dem Engelskonzert des *Weihnachtsoratoriums.* Daneben gibt es einen selteneren und uns heute nicht mehr geläufigen Typus, nämlich jenen im geraden Takt mit Bordunbässen und Melodieführungen in schwingenden Terzen- oder Sextenparallelen, bei Bach etwa in der Arie »Schafe können sicher weiden« aus der vom I. Konzert her bekannten Jagd-Kantate. Zum Vergleich eine Stelle aus dem ersten Satz:

Wir erkennen den Typus: die Achtelrepetitionen des Basses wie im Anfangsmodell, aber auch in Teilen der Motivquelle, darüber – wie in weiten Teilen der Motivquelle und ihren späteren Ableitungen – wiegende, kleinschrittige Motive in Terzparallelen. Auch die Besetzung mit dem, was man damals »stille Instrumente« nannte, stimmt überein, in der Kantate Blockflöten, im Konzert die mittleren Streicher.

Satz 3

Für Marissen ist auch dieser Satz »sophisticated«, da fast sämtliche Solo-Episoden sich auf das Tutti-Thema beziehen und kaum eigenes Material aufweisen: »Bach stellt die traditionellen strukturellen Erwartungen an Ritornell und Solo auf den Kopf.« War dies in den schnellen Sätzen des ersten Konzertes nicht auch bereits so? Vielleicht geht Marissens Erstaunen davon aus, dass er dem Satz »den üblichen Charakter und die spezifische, zweiteilige Form einer

Gigue« zumisst.[21] Zweifelsohne sieht der Satz in den Noten wie eine Gigue aus. Wenn man ihn aber anhört, unterscheidet er sich doch in seiner Derbheit und seiner etwas plumpen Akzentuierung von den feinen, federnden Giguen, die man aus Bachs Orchester- und Klavier-Suiten kennt. Außerdem fehlt ihm (von einigen Stimmtauschpassagen in den Soli abgesehen) jenes Ausmaß an Fugiertem oder Imitierendem, das bei Giguen so verbreitet ist und auch im Schlusssatz des III. Konzertes zu beobachten ist. Der Beginn der Bratschensoli nach dem Ritornell ist dessen Variante, wie das folgende Notenbeispiel zeigt. Sie hat eine Gestalt, deren Identifizierung auf den Satzcharakter führt, ist sie doch praktisch gleich dem Anfang von Bachs *Bauern-Kantate* (BWV 212) von 1742 und wie dort ein ländlicher »Dreher«, ein Bauerntanz:

Das Festhalten am Tutti-Thema durch den Satz kann etwas anderes bedeuten als »sophistication«, also soviel wie Raffinement, sondern eher Einfachheit. Der Satz dürfte demnach auch nicht als Gigue anzusprechen sein, sondern (siehe oben) eher als Pastorale, wie sie in dieser – wenn auch nicht so derben – Art alle musikalischen Idyllen und weihnachtlichen Hirtenmusiken der Zeit prägt.[22] Der 12/8-Takt ist dabei genauso verbreitet wie in den Giguen.

Wenn dies einleuchtet, gilt es, für das Weitere eine Voraussetzung zu klären: Es ist die Annahme (für Instrumentalmusik!), dass man, »falls der Inhalt eines Satzes ermittelt ist, auf ähnliche inhaltliche Felder in den anderen Sätzen schließen kann. Daß der letzte Satz ein ländliches Bild mit bäuerlichem

Tanz abgibt, die beiden vorangehenden aber beispielsweise eine städtische Marktszene und einen grübelnden Philosophen, ist wohl ohne erklärende Verbindung undenkbar. Es wird also berechtigt sein anzunehmen, daß auch die beiden Vordersätze etwas mit Ländlichkeit oder Bauernleben zu tun haben, und danach zu suchen.«[23]

Die Möglichkeit, in der Besetzung eine soziale Symbolik des Niederen zu sehen, wurde bereits benannt, auch im Verweis auf die Kantate BWV 18 (*Gleichwie der Regen und Schnee*), ebenso die Nähe des ersten Satzes zur Pastorale gerader Taktart und zum »hüpfenden Wesen« der Gavotte.

Satz 2

Wieder ist es der langsame Mittelsatz, der sich wie im Falle des I. und II. Konzertes einer bequemen inhaltlichen Zuordnung widersetzt. Gab es beim letztgenannten keinen Ansatz zu einer Interpretation, so konnten beim I. Konzert die angrenzenden Sätze einen Anhaltspunkt geben. Dies ist auch hier so, da diese das Thema Ländlichkeit bzw. Bäuerlichkeit vorgeben, eine Art musikalische »Fête champêtre« zeichnen. Zunächst einmal kann »die merkwürdige, archaisch anmutende Faktur«[24] des Mittelsatzes in diese Richtung weisen, dann aber vor allem die Heterophonie der Bassstimmen, da diese Art mehrstimmiger Einstimmigkeit eine verbreitete Praxis in der Volksmusik ist.[25]

Das in der ersten Satzhälfte achtmal vorgetragene Thema der Bratschen hat große Ähnlichkeit mit den Themen der Fuge »Es ist der alte Bund. Mensch, du mußt sterben« aus dem *Actus tragicus* BWV 106 von 1708/09, vor allem dann, wenn es wie in T. 20 mit einer kleinen statt – wie anfangs – mit einer großen Sekunde beginnt:

Ebenso mit dem Thema der Fuge »Der saure Weg wird mir zu schwer« aus der Motette *Komm, Jesu, komm* BWV 229, entstanden vor 1732:

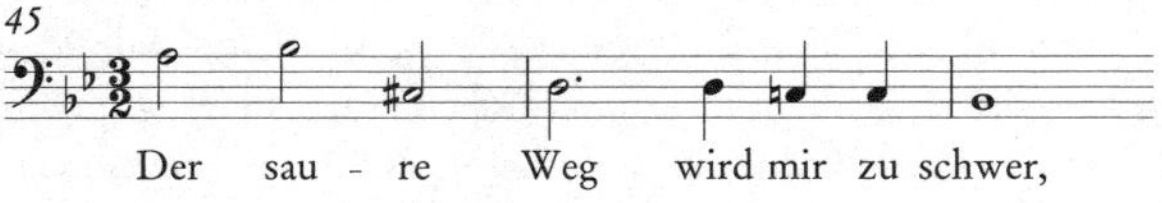

Dass es achtmal fast unverändert, wenn auch auf unterschiedlichen Tonstufen, im Wechsel der beiden Bratschen aufeinander folgt, ohne Zwischenspiele, mit immer gleicher Bassbegleitung, wirkt seltsam monoton, geradezu ausweglos. Diesem Eindruck ordnet sich auch die Unveränderlichkeit des Kontrapunkts zu, welcher bei fünf der Themenauftritte in der jeweils anderen Bratsche erklingt (bei den drei anderen Auftritten begleitet nur der Bass). Diese unmittelbare Folge von vier Doppelstrophen, also vier weitgehend gleichen Kanonabschnitten über gleich verlaufenden Bassgängen im $^3/_2$-Takt, trägt Züge einer Chaconne, wenn Bach auch »zur Veränderung, und aus Müdigkeit, bisweilen davon abgehet«, ja: »Man weiß, wie leicht die Ersättigung den Eckel und Abscheu gebieret, und wer diese Gemüths-Bewegungen bei manchem aufbringen wollte, dürffte nur ein paar Chaconnen dazu bestellen, so wäre die Sache richtig.« So Mattheson[26] allgemein über die Gattung. Zum Kanon – und hier lässt sich endlich auf das Anfangsmodell des ersten Satzes zurückblicken – gibt es in der Zeit eine anwachsende Zahl kritischer Stimmen, darunter auch diejenige Georg Philipp Telemanns. 1722, ein Jahr nach Bachs Partitur für den Markgrafen, benennt er in einer bei Mattheson[27] zitierten Komponistenbefragung über Kanons genau das, was im *Adagio ma non tanto* das eigentümlich Lähmende erzeugt und wohl auch erzeugen soll: »Denn / weil bey ihnen immer eine Note der anderen Gefangene ist / so können sie sich in der Harmonie / modulation und Melodie nicht nach Willen regen / noch also gegen das Gehör recht gefällig bezeugen.« Der Zwang der »gefangenen« Kanonstimmen, »Eckel und Abscheu« vor dem immer Gleichen der Chaconne erhalten im zweiten Satzteil eine dreifache Interpretation, einmal durch die dreimalige Herausstellung des Themenbeginns in den Bässen, dann – wiederum in den tiefen Streichern – durch einen düsteren, schwerfälligen, wie kriechend anmutenden Anschluss, schließlich – nach einem kurzen Aufraffen der Bratschen zum neuerlichen Themenvortrag – durch eine äußerst triste phrygische Kadenz. Wenn man diese Vereinigung von Monotonie, von heterophoner Führung der Bassstimmen und von dumpfer Klage in Zusammenhang mit den Botschaften des »alten Bundes« und des »sauren Weges« sieht, so könnte man die innere Thematik des Satzes als jene starre Setzung des vorchristlichen, also der Gnade entbehrenden Glaubens verstehen, deren Worte zwar allgemein für die Menschen, zur Zeit Bachs aber besonders für die Bauern galten, nämlich in Gestalt der Strafe, die Gott Adam nach dem Sündenfall auflud (1. Mose 3, 17–19): »Verflucht sei der Acker um deinetwillen, mit Kummer sollst du dich darauf nähren dein Leben lang. Dornen und Disteln soll er dir tragen, und sollst das Kraut auf dem Feld essen. Im Schweiße deines Angesichts sollst du dein Brot essen, bis daß du wieder zu Erde werdest, davon du genommen bist.« Die ausweglose Mühsal, das immer gleiche, unabänderliche Elend der bäuerlichen Arbeit –

dies könnte in den schmerzlichen und unveränderten Wiederholungen des zweiten Satzes wiedergegeben sein, welche umso schärfer hervortreten, je mehr die Gattungserwartung auf das der Chaconne Eigene, nämlich Variation und Veränderung, gerichtet ist – und umso mehr enttäuscht wird. In die alttestamentarische Strafe brechen die schmerzlichen Klagerufe der Bässe ein in Art eines Stoßgebets wie im Choral *Aus der Tiefe rufe ich, Herr, zu Dir.*

Dass die Gamben in dem Satz fehlen, mag auf die Absicht einer intimeren, kammermusikalischen *variatio* der Klangfarbe zurückgehen, wie in den Mittelsätzen des I., II. und V. Konzertes. Aber auch inhaltsbezogene Absichten lassen sich vermuten. Die Teilnahme der Gamben in den Außensätzen als Vervollständigung der Streichergruppe zum Sextett lässt immer dann, wenn die Bratschen melodisch agieren, noch genügend Streicherstimmen übrig, um den Eindruck der die Melodie stützenden Streicher-»Bande« zu erzeugen. Für den zu vermutenden Inhalt des Mittelsatzes wäre eine solche Vorstellung unnötig, ja störend. Auch dürfte die Sphäre des Gehobenen, wenn nicht Noblen, die den Gamben anhaftet und schon in den Außersätzen ambivalente Assoziationen weckte, mit einer Darstellung von Mühe, Last und Klage kaum vereinbar sein. Eine solche Sichtweise könnte sich auch klärend für das Rätsel der beiden Gambensysteme auswirken, die nicht fehlen, auch nicht leer sind, sondern durchgehend mit Pausen versehen sind. Machen sie nicht den Eindruck eines Hinweises auf das zentrale Thema des Satzes? Wollen sie uns nicht mitteilen: Die Gamben *sollen* hier nicht auftreten! Sie haben in dieser Sphäre nichts zu suchen, und das soll sichtbar sein, nicht einfach durch das Fehlen ihrer Stimmen, sondern durch die optische Präsenz des Schweigegebotes (eine ähnliche Vermutung, Notengraphik weise sich als optisch vermittelter Hinweis aus, wurde bereits im Zusammenhang mit den drei gleichen, aber dennoch dreifach ausgeschriebenen Cellostimmen im III. Konzert geäußert).

Zyklusfragen

Wer mit unbefangenem Blick die sechs Konzerte betrachtet, aber auch wer sie mit befangenem Blick anschaut wie viele Generationen von Bach-Forschern, kann nur zu jenem Schluss kommen, den Heinrich Besseler 1956 äußerte: Sie sind »kein Zyklus im strengen Sinne«.[1] Man kann es auch etwas unklarer ausdrücken: »Obwohl diese sechs Konzerte nicht als Gruppe komponiert wurden und nicht zur Bildung eines einheitlichen Zyklus bestimmt waren, verdeutlicht ihre Anordnung ein feines Gespür für Symmetrie und Ausgewogenheit.«[2] Des Zusatzes »im strengen Sinne« bei Besseler hätte es nicht bedurft. Denn entweder ist eine Gruppe ein Zyklus oder nicht. Eine beliebige Zusammenstellung von Werken einer Gattung ist noch kein Zyklus. Und deshalb kann es auch keinen Zyklus im »unstrengen«, sozusagen im laschen Sinne geben. Nur unter bestimmten Bedingungen ist eine Werkreihe als Zyklus anzusprechen: Sie muss eine oder mehrere in sich abgeschlossene, logisch einsichtige oder nachprüfbare Ordnungen enthalten. Solche Reihungen nach übergeordneten Ideen in Zusammenfassung gleicher, hin und wieder auch unterschiedlicher Gattungen hat Bach häufig komponiert. Sie stellen eines seiner wesentlichen Arbeitsprinzipien dar. Hierin scheint er in der Nachfolge harmonikaler oder philosophisch-theologisch bestimmter Denk- und Handlungssysteme gestanden zu haben und somit tatsächlich einmal rückwärts gewandt gewesen zu sein, in dieser Hinsicht eine Ausnahmeerscheinung gegenüber Zeitgenossen wie Händel und Telemann oder späteren Komponisten, die zwar hin und wieder Werkreihen schrieben, die eine innere Verknüpfung aufweisen, niemals aber darin eine Lebensaufgabe gesehen hätten. Bach tat dies, ob es bei unvollendeten Bemühungen blieb wie bei den Weimarer, teilweise auch Leipziger Kantaten, dem *Orgelbüchlein* oder der *Kunst der Fuge*, oder ob die Zyklen vollendet sind wie bei den *Inventionen* und *Sinfonien,* den *Partiten,* der so genannten *Orgelmesse,* den *Goldberg-Variationen,* dem *Wohltemperierten Klavier* oder dem *Musikalischen Opfer.* Bei all diesen Reihen besteht ein innerer Zusammenhang durch Themeneinheit (*Kunst der Fuge*), Tonartordnung (*Wohltemperiertes Klavier*), Einheit der selbstgestellten Aufgabe (Choralkantaten-Jahrgang), Aufeinanderfolge nach der Liturgie oder dem Kirchenjahr – dies allerdings ein etwas heikles Kriterium – oder durch andere Verbindungslinien logischer, zumindest regelmäßiger Art. Gerade die Weimarer Orgel- und die Köthener Klavierwerke, aber auch Kammermusik- und Konzertwerke, die zur Zeit der sechs Konzerte entstanden, zeigen einen ausgeprägten Hang zu systematischer Anordnung und erfüllen in vielen Fällen die Voraussetzungen für das, was man einen Zyklus nennen kann.

Es ist schwer vorstellbar, dass Bach in der Umgebung solcher Werkzyklen die Konzerte für den Markgrafen von Brandenburg aus älteren Beständen so zusammenstellte, wie es gerade kam, auch wenn dies einer verbreiteten Vorstellung der Musikforschung entspricht. Vielmehr könnte auch für sie gelten, so Martin Geck, »daß Bach die Komposition von Orchestermusik nicht als Routineaufgabe aufgefaßt hat, sondern – zumindest auch – als Möglichkeit, bestimmte Vorstellungen und Modelle in einer beschränkten Zahl von Beispielen auszuformen, weiterzuentwickeln und je nach Bedarf in einem neuen Kontext vorzustellen«.[3]

Auf die Möglichkeit, dass es übergeordnete Verbindungslinien gibt, könnten auch die zahlreichen motivischen Übereinstimmungen innerhalb der einzelnen Konzerte und unter den Konzerten hinweisen: zwischen den Menuettsätzen von Konzert I, zwischen den Fugenthemen von Konzert II und IV, zwischen Kopfsatz und Mittelsatz oder gar beiden Folgesätzen in den Konzerten II, IV und V, zwischen dem Kopfsatz von Konzert II und den beiden ersten Sätzen von Konzert IV oder auch im Hinblick auf eine Art durchgehender Arbeitsaufgabe wie im Falle der Kanonhäufung in Konzert IV. Dies gilt vielleicht auch für die Hinweise auf Abfolgen nationaler Stile in den Konzerten III und V.

Man hat sich in den letzten Jahrzehnten immer wieder abgemüht, dem widerstrebenden Stoff eine zyklische Absicht abzutrotzen, wobei zwischen bloßen Einfällen, etwas bizarren Vorschlägen und Bemühungen um logische Ableitungen unterschieden werden kann. In die erste Kategorie gehört wohl Reinhard Goebels schöne und einer Widmungsabsicht angemessene Idee von 1987, die Konzerte als Abbild von »Herrschertugenden« zu verstehen, als »barocke Herrscher-Apotheose«: »Krieg, Jagd, Affettuoses, Pastorales« usw.[4] Sicher bieten die Konzerte I und VI Anlass für solche Ideen, was Jagd und Pastorales angeht. Aber soll Nr. V nun eher dem Krieg verpflichtet sein, wie Goebel wegen des Gegensatzes von Ritornell- und Solocharakter nahe legt, oder dem Affettuosen gemäß dem Titel des Mittelsatzes? Allzu sehr hängt doch die Zuordnung der einzelnen Konzerte von individuellen Assoziationen ab, nicht von nachweisbaren oder zumindest wahrscheinlich zu machenden Elementen. Dies gilt stärker noch für eine Vermutung von Philip Pickett, der 1995 die Konzerte als musikalische Ruhmrede auf Christian Ludwig, als allegorische Darstellung eines antiken Triumphzuges interpretiert hat, darin unter anderen mitmarschierend Caesar, Fama, Vergil, Homer, Dante, Diana, Herkules.[5] Im gleichen Jahr hat Karl Böhmer, Goebels Gedanken erweiternd und unter Zuhilfenahme der Ikonographie fürstlicher Raumgestaltung, die Interpretation der sechs Konzerte als Allegorien von Herrschertugenden weiter präzisiert:[6]

I Der Fürst als Jäger (Diana-Ikonographie)
II Der Fürst als Held (Herkules) – wegen der Trompete?
III Der Musenfürst (Apollo und die Musen) – 9 Musen und der Fürst als Violone?
IV Der Fürst als Hirte (Marsyas, Pan und Echo) – Geige, Blockflöte und *Fiauto d'Echo*?
V Der Fürst als Liebhaber (Venus, Mars und Vulkan) – Cembalo als Vulkan?
VI Der Fürst als Gelehrter (Pallas Athene und Telemach)
VII Der Fürst als Friedensstifter (Merkur und Zeus)

Ach so, es gibt ja nur sechs Konzerte! Im Ernst: Wie ist die Begrenzung auf nur sechs Herrschertugenden begründet, wenn nicht durch die Sechszahl der Konzerte? Es müsste doch zu Beginn solcher Überlegungen eine Liste erscheinen davon, was beispielsweise die Ritterakademien, in denen die Adligen erzogen wurden, als die wichtigsten Tugenden der zukünftigen Herrscher lehrten und für verbindlich erachteten, oder eine Klärung erfolgen, wie viele antike Gottheiten oder Helden üblicherweise zum Herrscherpreis herangezogen wurden. Aufsehen könnte in diesem Zusammenhang die Mitteilung erregen, dass bei den Dresdner Hochzeitsfeierlichkeiten für den Kurprinzen 1719 die Festveranstaltungen »den mit den sieben Planeten verbundenen Gottheiten« galten, »nämlich dem Sonnengott und Diana für den Mond, dazu Merkur, Venus, Mars, Jupiter, Saturn – und deren Einfluß auf das Schicksal der Menschen, insbesondere der Fürsten als Lieblinge der Götter«.[7] Sieben, nicht sechs! Gibt man dennoch der Verlockung nach, die Konzerte in diese Richtung zu interpretieren, wird man bald zur Einsicht gelangen, mit welcher Willfährigkeit der Stoff sich formen lässt, damit nur ja die Zahl sechs erscheint. Offenbar wurden die Gestirne 1719 nicht nach astronomischen, sondern nach astrologischen Gesichtspunkten ausgewählt. Denn dass Sonne und Mond keine Planeten sind, wusste man schon damals, allerdings nicht, dass es noch weitere Planeten gibt, welche erst später entdeckt wurden (Uranus 1781, Neptun 1846, Pluto 1930). Reiht man die damals bekannten echten Planeten nach ihrer Sonnenentfernung auf, und zwar mit Einbeziehung der Erde nach der Venus, so erscheint vor dem glücklichen Denker die ersehnte Zahl. Sie kann aber für die Erschließung einer semantischen Absicht Bachs nur sinnvoll wirken, wenn wiederum der astrologische Aspekt Bedeutung gewinnt. Und da ergibt sich, ob man die Reihe von vorne oder von hinten liest, wenig Einleuchtendes. Im ersten Fall passt der melancholische Saturn sehr gut zum VI. Konzert, aber wohl kaum der geschäftige Merkur zum I. und der kriegerische Mars zum IV. Die Reihe, von hinten gelesen, erweist schon bei der ersten Verbindung ihre Unbrauchbarkeit, nämlich jener zwischen dem melancholischen Saturn und dem »Jagd«-Konzert. Das Ganze bleibt ein unergiebiges, weil ungegründetes Planspiel.

Dies gilt auch für den nächsten Versuch: 1999 hat Vincent Dequevauviller in einer »Hypothese« zahlreiche Elemente der Konzerte zum zahlensymbolischen Gesamt-Kunststück um die Buchstaben des Wortes »Marggraf« aus dem Widmungstext vereinigt, von Bach französisierend mit »g« geschrieben, einem Fast-Palindrom (Palindrom = ein von vorn und hinten gleich gelesenes Wort, z. B. Reger). Fazit: »Solch exakte Übereinstimmungen können nicht zufällig sein.« Sie kommen aber nur zu Stande, wenn zum Beispiel die 232 Takte der Tanzsätze des I. Konzertes nicht etwa zu diesem selbst, sondern zu den Konzerten II und III gerechnet werden: »Die einfachste Erklärung dieser Unregelmäßigkeit ist, daß Bach damit die Zahlenstruktur der Sammlung verhüllen und uns damit ein Rätsel stellen wollte«,[8] das dem Autor offenbar keinerlei Lösungsprobleme bereitet hat.

Nicht sehr glücklich erscheint auch ein Versuch Rudolf Ellers von 1969, Übereinstimmungen und Gruppierungsmöglichkeiten der Konzerte mit Hilfe von acht Kriterien nachzuweisen,[9] darunter Besetzung, allgemeiner Charakter und Bewegungsimpuls, Trennschärfe zwischen Tutti und Concertino, Improvisationsanteil, Anteil des Konzertierens, Überwiegen von Melodik oder Rhythmik. Acht Schemata sind dadurch entstanden, die sich nur selten entsprechen und teilweise für eine Zwei-, teilweise für eine Dreiteilung der sechs Konzerte sprechen, teilweise allerdings in diesen Gruppierungen auch nicht aufgehen. Erfolgversprechender scheinen dagegen Gedanken zu sein, die von den beiden noch nicht genannten Kriterien ausgehen: Tonarten und Themengestalten.

Dass die Tonartfolge F – F – G – G – D – B je zweimal die Unter- und die Oberquinte und je einmal die Ober- und die Untersekunde um ein imaginäres Zentrum C markiert,[10] mag als zyklisches Merkmal nicht jedem unmittelbar einleuchten, auch Michael Marissen nicht,[11] der sich aber dadurch zu weitergehenden Reflexionen hat anregen lassen, etwa derjenigen, wonach »man annehmen kann, daß die Sammlung Konzerte mit b-Vorzeichen gegen solche mit Kreuz-Vorzeichen stellt«,[12] wobei erstere in ihrer Abfolge der Konzerte I (F), II (F) und VI (B) das Element des *concertare* im Sinne von »struggle« schrittweise reduzierten, letztere dagegen – III (G), IV (G) und V (D) – dieses Element schrittweise intensivierten, sodass eine gegenläufige Entwicklung beider Gruppen zu beobachten sei, eine zyklische Absicht, die durch die Überarbeitung der Konzerte I und V noch habe verdeutlicht werden sollen.[13]

Mögen diese Überlegungen Ellers und Marissens auch nur im Ansatz geeignet sein, zyklische Strukturen erkennbar zu machen, so führt eine andere Beobachtung Ellers an den Themengestalten weiter:[14] »Die Thematik der Anfangssätze […] ist durchweg dreiklangsbestimmt. Das könnte als irrelevant angesichts der Tatsache erscheinen, daß Dreiklangsthemen gerade im zeitgenössischen Instrumentalkonzert häufig vorkommen und die thematische Eindringlichkeit der Ritornelle mitbestimmen. Jedoch ist diese Dreiklangsthematik im italienischen wie im deutschen Konzert nur eine unter mehreren Arten prägnanter Satzeröffnung; prüft man daraufhin die übrigen uns bekannten Konzerte Bachs, so zeigt sich, daß kaum ein Drittel davon derart uneingeschränkt auf einfache Tonikadreiklänge gestellte Kopfthemen hat, wie dies in sämtlichen Brandenburgischen Konzerten der Fall ist.«

Diese Feststellung führt bei Eller zur Gruppierung der Konzerte in drei Zweiergruppen aufgrund der Ähnlichkeit der Anfangsthemen: Dreiklangsaufstieg (I/V), Dreiklangsabstieg (III/VI), Sextakkord ab- und aufsteigend (II/IV). Erscheint die Feststellung mitsamt ihrer Folgerung zunächst auch recht einfach, so macht sie doch nachdenklich: Tatsächlich gibt es ja unter den Hauptthemen der Konzerte auch nicht ein einziges Laufthema, wie sie bei Bach nicht selten sind, etwa im Violin-Doppelkonzert d-Moll. Die überdurchschnittliche Konzentration auf ein bestimmtes Element – hier auf Dreiklangsthemen – sieht Eller auch in der Beschränkung auf Dur als einziges Tongeschlecht der Konzerte, von den Mittelsätzen abgesehen. Auch Malcolm Boyd[15] ist diese Gemeinsamkeit nicht entgangen, ohne dass er Schlüsse daraus gezogen hätte, es sei denn einen negativen, der ebenso befremdet, wie er ohne Begründung dasteht: »Unnötig zu betonen, daß es nicht in Bachs Absicht gelegen haben kann, die sechs Konzerte als Gesamtheit aufzuführen.«

Auch wenn Michael Talbot 1999 solches Befremden noch befördert durch die Bemerkung, das »zyklische Werk« sei »leichter als rein geistiges Konzept aufzufassen, als daß es erfolgreich in der Praxis zu verdeutlichen wäre«, so hat er doch bei weiterem Nachdenken über die Konzerte »als zyklisches Werk«[16] drei große Schritte voran getan, zum einen mit der These, die Konzerte seien »der Ausdruck eines bewußten und anspruchsvollen Projektes, einen Zyklus von äußerst unterschiedlichen Werken aus einem Kern thematischen Materials hervorgehen zu lassen, welches äußerst prägnant am Beginn des ersten Konzerts vorgeführt wird«. Geigen-Thema, Oboen-Wechselschlag und Bass dieses Satzbeginns erklärt er zur »Themenbank« oder »Matrix« für alle weiteren Themengestalten der Konzerte, unterteilt den thematischen Ausgangspunkt in acht Kurzmotive von drei bis sieben Noten Länge – darunter selbstverständlich auch der aufsteigende Dreiklang – und kann sie als Bauelemente in fast allen anderen Satzthemen wiederfinden.[17] Daher erscheine der ganze Zyklus geradezu als »Jeu d'esprit«.[18]

Zum Zweiten: Die Feststellung eines motivisch verbundenen Zyklus widerspreche dem verbreiteten Gedanken, dass die Konzerte »lediglich eine Zusammenstellung von Werken sind, die Bach 1721 zufällig bei der Hand hatte«.[19]

Der Zyklus-Gedanke erzwang also keineswegs eine Entstehung in kurzer Folge, sondern die Konzerten »waren, wie die späteren Klavierpartiten, ein ›work-in-progress‹, welches Schritt für Schritt vorankam«,[20] und zwar ab etwa 1715.

Zum Dritten: Es gab wie im Falle des *Musikalischen Opfers* einen akustischen Auslöser oder Auftrag, hier in Gestalt der Anfangsklänge des I. Konzertes, »musikalischer Signale, die am Hof des Widmungsträgers oder an einem anderen Ort zu hören waren, wo dieser und Bach sich trafen«.[21] Ein oder mehrere Elemente der »Themenbank« entsprächen demnach in Herkunft und Funktion dem »thema regium« Friedrichs II., die sechs Konzerte dessen Ausarbeitung zum Geschenk an den Widmungsträger, der, welcher auch immer, den musikalischen Ursprung des Zyklus bestimmt habe.

Diese Gedanken nähren die Sicherheit, mit der die Konzerte als Zyklus angesehen werden können. Erstaunlich ist nur, dass Talbot – für eine Veröffentlichung 1999 schreibend – sich die Beiträge von Klaus Hofmann und Malcolm Boyd in den Bach-Jahrbüchern 1995–1997 nicht zu Nutze gemacht hat, die für seine Sicht der Dinge das sind, was man ein »gefundenes Fressen« nennt. Denn sie rücken – wie bereits an anderer Stelle erwähnt (vgl. S. 34f.) – den Anfangsruf des zweiten Horns als zeitüblichen »Herrschergruß« in zentrale Funktion für die fürstliche Widmung der Konzerte und für die Position des F-Dur-Konzertes als Eröffnung der Reihe. Auch die Ausschließlichkeit von Dur in allen schnellen Sätzen erklärt sich durch die Horn-Fanfare, da diese aufgrund der »positiven« Besetzung der großen Terz den Gruß an einen Fürsten keinesfalls in Moll erklingen lassen dürfte und da ein Naturhorn aufgrund seiner Intervallbeschränkung in tiefer Lage ohnehin nur zu einem Dur-Dreiklang fähig ist. Talbot ist der Lösung sehr nahe, indem er auf die »Grüßrufe« der Hörner hinweist, welche »vermutlich in jedem anderen Zusammenhang unpassend sein würden«, stammen sie doch eher »aus der freien Natur, nicht aus der Kunstmusik«![22] Durch die Identifizierung des Hornrufs als Symbol und zugleich Topos der Reverenz gegenüber Herrschern, ob weltlich oder himmlisch, wird allerdings der Vergleich mit dem »thema regium« brüchig, was den Auftragscharakter betrifft.

Nimmt man den »Herrschergruß« in seiner Gänze als zentrales Motiv, nicht nur seinen Anfangsdreiklang, und sieht die anderen Motive der »theme bank« als sekundäre und teilweise abgeleitete Gestalten, bezieht man also die Erkenntnisse aller drei Autoren aufeinander, fasst sie zu einer Begründungseinheit zusammen und vergisst dabei auch Ellers Beobachtungen nicht, so kommt man zu erstaunlichen Ergebnissen. Schon ein Vergleich zwischen »Herrschergruß« und Eingangs-Ritornell des V. Konzertes lässt die primäre Funktion jenes Rufes für die späteren Themengestaltungen offenbar werden (siehe Notenbeispiel S. 124). Der Aufstieg im Dur-Dreiklang ist hier ebenso vorhanden wie – wenn auch ausgefüllt – sein Abstieg, dann auch der Wiederaufstieg, wenn auch über die Quinte hinaus, schließlich auch der Sprung Quinte–Non, zunächst in Umkehrung, dann mit dem Beginn der »Fortspinnung« real. Der Anfang des Konzertthemas erscheint als variative Umbildung des »Herrschergrußes«.

Das hier ausgesparte Verweilen auf der Quinte – im Hornruf in Triolen – ist Hauptelement in den beiden eng verwandten Fugenthemen der Konzerte II und IV, wobei auch der Sprung vom Grundton in diese Quinte nicht fehlt – bei Konzert IV in der Comes-Form. Die Themen sind offenbar Varianten der zweiten Hälfte des Hornrufes (vgl. S. 65).

Da Eller 1969 und Boyd 1993 vom »Herrschergruß« noch nichts wussten, konnten ihre Beobachtungen zum häufigen Auftreten auf- und absteigender Dreiklänge nichts Sinnvolles ergeben. Nun aber existiert ein sinnstiftender Bezugspunkt, und es lassen sich unterschiedliche Stufen der Deutlichkeit und Variantenbildung in der Veränderung gegenüber dem Dreiklangsauf- und -abstieg des Hornrufes unterscheiden. Zunächst seien solche Beispiele genannt, die an Deutlichkeit dem Beginn des V. Konzertes nahe kommen, nämlich der Beginn des Nachsatzes im Thema von Konzert II, Satz 1 (Notenbeispiel S. 59) und das Thema des dritten Satzes des I. Konzertes (im Folgenden sollen Abkürzungen gelten wie I/3):

Im letztgenannten Thema – wie auch bei einigen anderen – entsteht sogar der Eindruck, als sei über den Anfang hinaus weiter am »Herrschergruß« gearbeitet worden, hier nämlich in der zweiten Hälfte der »Fortspinnung« mit dem Festhalten eines Tones und folgendem Aufsprung, woraus die Fugenthemen gebildet wurden, während hier Sequenzen entstanden sind.

Dann unvollständige Auf- und Abstiege (III/3, siehe S. 88, und IV/1 mit Beginn auf der Terz).

Ferner Themenformen, die man entweder als Umkehrungen von Auf- und Abstieg des Hornrufes betrachten kann oder als Bearbeitungen, die erst mit dem Hochton des »Herrschergrußes« beginnen (Anfänge von II/1 und III/1). Beachtenswert ist im letzten Beispiel (T. 2) der dem Streicher-Ritornell aus I/1 entnommene Quintaufstieg mit übermäßiger Quarte.

Schließlich Verbindungen von Real- oder Umkehrungsform des Dreiklangsbogens mit dem den Oboenfiguren entlehnten Wechselschlag-Motiv, wie sie schon an I/3 und III/1 zu beobachten waren und besonders deutlich sind in VI/1 und VI/3.

Wenn es wirklich so gewesen sein sollte, dass Bach das I. Konzert schrieb mit der gesamten Konzertreihe »in mind« (Talbot), so zeichnen sich für seinen Plan folgende Tendenzen ab: Die Mittelsätze konzentrieren sich in ihrer Thematik auf den Abgang des Geigenthemas aus I/1 nach dem Quartsprung, also auf den ergänzten Dreiklangsabstieg des »Herrschergrußes«, die Außensätze auf diesen selbst, Real- und Umkehrungsform wechselnd, und zwar so, dass erstere Form die Anfangsthemen der Konzerte I, IV und V auslöst, letztere diejenigen der übrigen Konzerte (II, III und VI), sodass sich auf diese Art zwei Dreiergruppen andeuten könnten. Jedoch sind solche Gruppierungsversuche heikel. Schon die Einbeziehung der Schlusssatz-Anfänge ergibt eine völlig andere Ordnung, die sich mit der genannten überschneidet: I und III mit Auf- und Abstieg, II und IV mit Fugen über den zweiten Teil des Hornrufes, V und VI mit Quartsprung aufwärts und (gefülltem) Dreiklangsabstieg. Es scheint, dass Gruppierungen auf solcher Basis wenig erbringen und wieder auf die Versuche von Eller zurückführen. Denken wir nur daran, dass die Besetzung eine schöne Ablaufsymmetrie ergibt mit Einschnitt nach Konzert III: zwei Konzerte mit Bläserbeteiligung, denen ein reines Streicherstück folgt.

Solche Gedanken zur Großanlage der sechs Konzerte ließen sich erweitern und verfeinern. Dies gilt auch für den Nachweis weiterer Anspielungen auf den Hornruf, von denen es in den 19 Konzertsätzen noch eine beträchtliche Anzahl gibt, teilweise in größerem Umfang, teilweise im Detail: Was – beispielsweise – hat das Fugato-Thema in III/1, T. 78, für eine Gestalt? Die eines zweifachen Dreiklangsaufstieges. Wie beginnt die Trompetenstimme in II/1? Mit Dreiklang und Dreiklangsaufstieg bis zur Oktave, Abstieg im Dreiklang zum Grundton *F* sowie Wiederaufstieg zur Quinte, die mehrfach wiederholt wird:

Klingend notiert

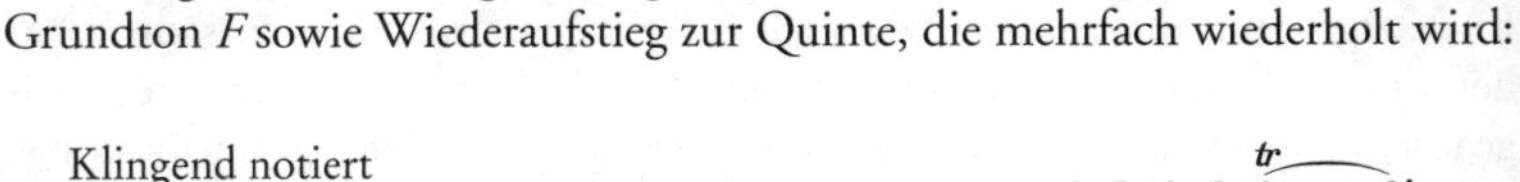

Und womit beendet die Stimme das Thema und damit auch den Satz? Mit einem Zitat der Töne 3 bis 7 des Hornrufes:

Derartige Pirschgänge durch die Themen und Motive sollen hier nicht weiter verfolgt werden, einmal weil es ihnen außer dem Bezugspunkt »Herrschergruß« an einem übergeordneten Ziel fehlt (dazu später) und sie daher auf Zufallsfunde angewiesen sind, dann auch weil bei solchen ausgespähten Beziehungen die Gefahr der Beliebigkeit oder Überbewertung besteht wie im Falle einer in einer Fußnote verborgenen Entdeckung Rudolf Stephans[23] am ersten Satz des III. Konzertes (»Takt 72 bemerken wir ein Zitat des Solothemas des 2. Brandenburgischen Konzerts«), eine Entdeckung, die im Bemühen um die Zyklus-These sehr zu begrüßen wäre, da sie jene Verbindungslinien zwischen den Konzerten, welche nicht vom Hornruf bestimmt sind, um ein Beispiel vermehren würde. Es geht um jene kleine Wellenlinie, die auch eine Verbindung zwischen den Konzerten II und IV und innerhalb des Letztgenannten sichtbar macht und möglicherweise einen Bezug hat zu dem Oboen-»Triller« vom Beginn des I. Konzertes, dessen Umkehrung darstellen könnte. Aber wie sieht das »Zitat« aus?

Ist hier nicht der Spielraum des Ermessens ein wenig zu stark ausgeweitet? Ist es nicht nur eine Floskel, auch zu kurz, um die Absicht einer Verbindung zu begründen? Die gleichen Fragen stellten sich bereits bei der Notengleichheit eines Elements aus dem Anfangs-Ritornell des II. Konzertes und eines Vivaldi'schen Konzertbeginns (siehe S. 59). Es wird wohl deutlich, dass ohne eine methodische Grundlage für die Suche nach motivischen Parallelen – über die Ableitungen vom »Herrschergruß« hinaus – das eigene Ermessen zum Kriterium wird, das Unternehmen so zwar Freude machen kann, aber jede Überzeugungskraft verliert.

Insofern muss zunächst Grundsätzlicheres geklärt werden. Ehe nämlich die Hypothese von einer themenbildenden und zyklusbegründenden Variantenkette über den »Herrschergruß« sich verfestigt und als willkommene Tatsache in einige Köpfe einzieht, sollte gefragt werden, ob es nicht auch Elemente gibt, die ihr widersprechen. Es gibt sie. Und es gibt sie genau auf jenem Feld, in dem wir uns zum Beweis der Hypothese bewegt haben: der Abhängigkeit der Satzthemen vom Beginn des I. Konzertes. Diese Abhängigkeit muss aber, will man Bach eine Zyklus-Absicht unterstellen, für alle Satzthemen gelten. Jene der Mittelsätze der letzten beiden Konzerte aber fügen sich der Anforderung nicht. Ableitungen vom »Herrschergruß«, vom daraus entwickelten Streicher-Ritornell oder von den Oboen-Wechselschlägen sind zwar möglich, wirken aber angesichts der Deutlichkeit bei den übrigen Themen sehr gezwungen. Dass die beiden Themen eine motivische und semantische Verwandtschaft untereinander haben – Klagemelodik –, führt zwar von der Zyklus-Frage ab, sollte aber erwähnt werden:

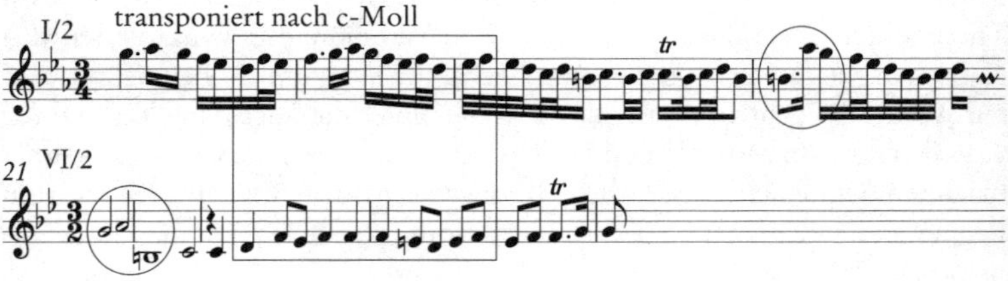

Entweder ist die Zyklus-Hypothese damit hinfällig, oder ein Beweisgang, der sich nur auf motivische Gleichheit oder Ähnlichkeit stützt, ist einseitig, wenn nicht ungenügend. Offenbar müsste diesem Beweisgang ein zweiter ergänzend, wenn nicht bestimmend an die Seite treten, derjenige der Semantik. Dann würden auch die bereits genannten motivischen Verbindungen innerhalb der einzelnen Konzerte und zwischen ihnen an Gewicht gewinnen. Es wäre eine zweite Ebene der Untersuchung notwendig, die zwar den Bezug zum Hornruf in sich erhielte, aber die Zyklus-Idee um eine Schicht bereicherte, wie sie in den beiden Außenkonzerten zum Vorschein kam. Nur – wie bereits mehrfach betont: Es gibt bisher keinen Ansatz, die vier Binnenkonzerte, etwa unter Ausnutzung der erwähnten motivischen Hinweise, semantisch zu entschlüsseln und so zu einer inhaltlichen Gesamtsicht der sechs Konzerte vorzudringen. Sie könnte dann vielleicht auch Stellung und Bedeutung des angeblich von Marchand übernommenen und dem Hornruf so fernen Themas aus dem Mittelsatz von Konzert V klären. Vor allem: Nur auf der Grundlage eines Bedeutungszusammenhangs der Konzerte ließe sich die zentrale Frage an die Zyklus-These beantworten, nämlich die nach dem Sinn eines zyklischen Zusammenhangs und nach dessen Einfluss auf Anordnung und Abfolge der

Konzerte. Genügt die Abhängigkeit vom »Herrschergruß« als Motiv für sechs große Werke? Ist die Reverenz gegenüber irgendeinem Herzog oder Fürsten von Weißenfels, Weimar oder Köthen ausreichend, einen derartigen Gedankenreichtum zu entwickeln? Zwar ist es sehr wahrscheinlich, dass das I. Konzert in seiner Frühform eine herrscherliche Jagd begleitete. Aber wäre nicht eine Reverenz vor Gott für Bach ein wesentlich stärkerer Antrieb gewesen, sich solchen produktiven Mühen zu unterziehen? Schließlich – und das haben die Entdecker des »Herrschergrußes« zur Genüge belegt – kann der Gruß genauso dem himmlischen Herrscher wie den irdischen gelten. Im Hinblick auf *Die Kunst der Fuge* ist mit Hingabe über mögliche theologische Bedeutungen und Hintergründe spekuliert worden. Warum sollte das nicht auch hier möglich sein? Oder ist nur die Gattung Fuge fähig, Gott zu preisen, die Gattung Konzert für einen solchen Zweck zu »weltlich«?

Wer immer am Nachweis eines Zyklus weiterarbeiten will, muss neben den schon benannten noch eine weitere Nuss knacken: Er – oder sie – muss klären, ob die verbürgten Umarbeitungen der Konzerte I und V und die möglicherweise erfolgten der Konzerte II und VI gegenüber der Zyklus-Idee akzidentiell sind, also auf unterschiedliche Anlässe und veränderte Funktionszusammenhänge zurückgehen mögen, ohne die Zyklus-Idee zu verletzen, oder ob sie prinzipiell sind, also erfolgt sind, um diese Idee noch deutlicher hervortreten zu lassen, ihre Konturen zu schärfen; ob also die Nachkomposition des dritten Satzes im I. Konzert und die Verlängerung der Cembalo-Kadenz im V., selbst bei unterschiedlichen Entstehungsbedingungen, als Verdeutlichungen eines einzigen Konzeptes zu verstehen sind. Beim dritten Satz des I. Konzertes gibt es angesichts der Tatsache, dass sein Thema dem »Herrschergruß« wie aus dem Gesicht geschnitten ist, ein starkes Indiz für Talbots Gedanken, Bach habe durchgehend und bei jedem Satz die Zyklus-Absicht »in mind« gehabt. Bei der Cembalo-Kadenz scheint ein solches Indiz auf Anhieb nicht so leicht aufzuspüren zu sein, es sei denn, man wollte annehmen, Bach habe die Abhängigkeit praktisch der gesamten Satz-Motivik vom Hornruf noch einmal auf dem Präsentierteller vorführen wollen und nicht durch die Kurz-Toccata der frühen Kadenzversion in Vergessenheit geraten lassen – dies ein Einfall, der zeigt, wie der Versuch eines Nachweises für Zyklus-Absichten, der sich nur auf motivische Ähnlichkeiten gründet und keine zweite Beweisebene kennt, zum zweckdienlichen Erfinden oder auch zur Austauschbarkeit von Argumenten tendiert – zur Taktik.

Wenn es schon unwahrscheinlich ist, dass die Frage pro und contra Zyklus jemals geklärt werden kann, so ist es zumindest nicht hinderlich, einen weiteren Gedanken zu äußern, der – sollte er einleuchten – das gesamte Problem gegenstandslos werden lässt. Es gibt genügend Fälle, in denen Bach Zyklen begonnen und nicht zu Ende geführt hat, wie bereits erwähnt. So könnte es auch hier sein. Bach könnte mit einem Konzertzyklus »in mind« begonnen, ihn aber dann im Laufe der Jahre nicht durchgehalten haben, vielleicht weil eine neue Idee den Plan durchbrochen hatte, weil eine neue Konzeption über ihn gekommen war, die nicht die ganze Reihe betraf, sondern sich an einzelnen der Konzerte entzündete, ob es rein klavieristische waren wie bei der Kadenzerweiterung im V. Konzert oder rein situative wie bei den Mittelsätzen der beiden letzten Konzerte. Unter dieser Voraussetzung würde es sich erübrigen, unklare oder schwer integrierbare Elemente der Konzerte unter einen Zusammenhang mit dem »Herrschergruß« zu zwingen.

Möglicherweise wird dieser Gedanke bei glühenden Verehrern Bachs keine Sympathie hervorrufen. Denn der verehrte Thomaskantor stünde mit einem eklatanten Beispiel für Unordnung und mangelnde Durchhaltefähigkeit vor der Nachwelt. Aber – wie gesagt – es gibt noch andere Beispiele dieser Art. Die Brandenburgischen Konzerte, als Zyklus ein Torso? Die *Kunst der Fuge* im Konzertkleid, eine *Kunst des Concerto*?

Die Frage, ob die Konzerte einen Zyklus bilden oder nicht, ist weit entfernt davon, lediglich der Analyse zu dienen, der Erforschung der Geschichte des Instrumentalkonzertes oder Erkenntnissen über »Bachs künstlerischen Endzweck«, um mit Martin Geck zu sprechen. Sie betrifft unmittelbar die musikalische Praxis. Malcolm Boyds Ablehnung einer Gesamtaufführung der Konzerte ging einher mit seiner Ablehnung einer »thematischen Integration« als Bachs Absicht. An Zyklisches hatte er noch nicht einmal denken mögen. Martin Geck dagegen hat durchaus daran gedacht, aber zweifelnd, und »zyklische Aufführungen« als »stilwidrig« abgelehnt.[24] Der Nachweis eines Zyklus würde die Sichtweise ändern, zumal Zyklen wie die *Kunst der Fuge* inzwischen fast ständig nur noch als Gesamtheit aufgeführt werden. Im Bach-Jahr 2000 hat sich ein zahlreiches Publikum an vielen Orten des In- und Auslandes den eineinhalb Stunden ohne Murren ausgesetzt, vielmehr mit großem Interesse. Die Brandenburgischen Konzerte dauern auch nicht viel länger, mit kurzen Pausen und geschwinden Tempi vielleicht zwei Stunden. Diese tour de force wird hin und wieder unternommen und findet auch Publikum, das die Verschiedenartigkeit und Buntheit der sechs Stücke bewundert. Wenn sie nun als Zyklus identifiziert würden, wäre dann eine zyklische Aufführung wenn auch nicht verpflichtend, so doch nahe liegend? Ich vermute, dass bereits die Gedanken dieses Buches einer solchen Tendenz Vorschub leisten, fordere aber diejenigen auf, welche solche Konzerte planen oder Konzertprogramme zu Gesamtaufführungen schreiben werden, sich nicht zu der Behauptung hinreißen zu lassen: »Die Brandenburgischen Konzerte sind ein Zyklus.«

Anhang

Anmerkungen

Einleitung

1 S. 744.
2 Zur Chronologie, 1956.
3 Vgl. Kritischer Bericht, S. 26f.
4 1956, S. 26.
5 S. 15.
6 S. 99f.
7 Gegen Wolff: Geck 1994, 1997 und 2000 (J. S. Bach), S. 122f.
8 Allgemein dazu und neuere Literatur zusammenfassend Rolf in: Der junge Bach.
9 Wolff 2000, S. 183f.
10 Ebda., S. 254 und 154f.; noch 1997 »erscheint es eher fraglich, daß es sich bei den sog. *Brandenburgischen Konzerten* um genuin Köthener Repertoire handelt« (Die Orchesterwerke, S. 29, Anm. 10).
11 Vgl. Zehnder, S. 232, Anm. 16; allgemein dazu Wolff 2000, S. 186ff.
12 Ahnsehl, S. 157.
13 Dies stellte Rudolf Eller bereits 1956 fest (S. 84).
14 Vgl. Zehnder, S. 94; allgemein dazu Dirksen und die Schriften von Rudolf Eller.
15 Zusammenfassung der neuesten Forschungsergebnisse bei Emans.
16 Dirksen, S. 158; dazu Geck 2000, S. 109 und Anm. 155; dagegen Rampe/Zapf, S. 33f.
17 Vgl. Dürr 1975, auch Wolff 2000, S. 256.
18 Eine interessante und für diese Unsicherheit kennzeichnende Anmerkung dazu bei Klein, S. 52, der das »Fehlen einer Zäsurbildung durch klanglichen Kontrast« zwischen Ritornell und Beginn der Soli für ein Charakteristikum der frühen Gruppe hält – Konzerte I, II und III –, dann aber meint: »Obwohl das 6. Konzert zu den ältesten Konzerten der Sammlung zählt, fehlt ihm dieses Charakteristikum. Doch mag man in der strengen klanglichen Kontrastierung noch ein enges Anlehnen an das vivaldische Vorbild erblicken.«
19 Wolff 2000, S. 221.
20 Ebda., S. 256; etwas dunkel erscheint auch die Äußerung: »Ihrer Entstehung können wir uns lediglich mit Hypothesen nähern. Für die *Brandenburgischen Konzerte* bleibt darum das Datum 1721 maßgeblich« (Die Orchesterwerke, S. 23).
21 Diskussionsbeitrag bei Schulze: Johann Sebastian Bachs Konzerte, S. 19f.
22 Vgl. Krey.
23 Eine zusammenfassende Darstellung bei Geck 2000 (J. S. Bach), Kap. 5, ebenso bei Glöckner.
24 S. 275.
25 S. 98; ähnlich auch schon Ahnsehl, vgl. S. 78.
26 S. 179ff.
27 S. 241.
28 Dies gilt z. B. für einen Datierungsvorschlag von Michael Talbot (vgl. S. 169f.). Die Meinung, die Konzerte IV und V gehörten in die spätere Gruppe, hat in früheren Jahren neben Besseler auch Hans Eppstein vertreten (S. 81), allerdings mit dem Argument, die Ausbildung von Tutti-Fugen gehöre zum avanciertesten Stand innerhalb der Konzerte, weshalb die Konzerte I, III und VI als die frühesten anzusehen seien, das Konzert II aber mit einer Fuge der Solisten eine Mittelstellung einnehme.
29 Mehr als das, was Besseler 1956 ermittelt hat, ließ sich bisher nicht auffinden, auch nicht eine möglicherweise erhaltene Leichenpredigt auf den Markgrafen, welche Aufschlüsse über seine Lebensweise und seine

musikalischen Vorlieben geben könnte, auf die Bach mit der Auswahl der Konzerte hätte eingehen können.

30 S. 245, 91.

31 Nach Bach-Dokumente I, S. 216ff.; Informationen über den Markgrafen bei Besseler (1956) und auch bereits bei Spitta, Bd. I, S. 736f.

32 Um das Datum hat es eine kleine Kontroverse gegeben. Heinz Becker (1960, S. 117) las die Originalversion »d. 24 Mar« als »den 24. Mai«, seiner Meinung nach Geburtstag des Markgrafen. Geleitet wurde er dabei offenbar von dem Wunsch, die Partitur als Geschenk zu dessen 44. Geburtstag zu erheben. Heinrich Besseler (1960, S. 384) hat dagegen gehalten, Bach habe, wie auch sonst oft, das Datum lateinisch formuliert, hier in abgekürzter Form, die aufzulösen sei in »die [am Tage] 24 Martii [des März]«. Zudem: Man mag der Bach'schen Schreibschrift in dieser Widmung mancherlei vorwerfen (z. B. überschriebene Fehler!), aber in einem ist Bach durchgehend fehlerfrei und konsequent: im Setzen von deutlichen i-Punkten.

33 Besseler 1956, S. 24; Schulze: Johann Sebastian Bachs Konzerte, S. 9f.

34 Diese Annahme für einen Besuch in der zweiten Jahreshälfte bzw. im Herbst 1718 bei Besseler 1956, S. 25, und bei Becker, S. 115.

35 Besseler 1956, S. 21.

36 Rampe/Sackmann, S. 90.

37 Schulze: Johann Sebastian Bachs Konzerte, S. 15.

38 Christoph Wolff vermutet sogar, dass Bach diese Mühe auf sich nahm, weil Abschrift und Übersendung in Köthen geheim bleiben sollten, da die Konzerte, falls sie für Fürst Leopold komponiert worden waren, dessen Besitz darstellten, eine Weitergabe an andere daher nicht gestattet worden wäre; vgl. Die Orchesterwerke, Anm. 10.

39 Vgl. Geck 2000 (J. S. Bach), S. 129f.

40 Zusammenfassung bei Schleuning 1989; zur Finanzentwicklung des Hofes und Landes sowie zu den konfessionell bedingten Streitigkeiten zwischen Leopold und seiner lutheranischen Mutter Agnes vgl. Hoppe.

41 Hinweis bei Talbot, S. 259.

42 Eine knappe, aber informative Zusammenfassung bei Lang-Becker, S. 110ff.; ausführlicher sind die Angaben bei Grossmann-Vendrey, Heller, Schulze 1984, Küster sowie Heinemann/Hinrichsen.

43 Genaueres dazu bei Wolfgang Dinglinger: Aspekte der Bach-Rezeption Mendelssohns, in: Heinemann/Hinrichsen, Bd. 1, S. 379–418.

44 Albert Schweitzer erwähnt in seiner Bach-Monographie von 1908 (Ausgabe 1955, S. 358) eine für das Konzert gebaute »kleine F-Trompete«, mit welcher nun endlich statt einer Abänderung der Stimme oder deren Überweisung an die Klarinette »die Originalstimme zu blasen« sei, was – wie er euphemistisch schreibt – »einem jeden guten Trompeter nach einiger Übung möglich ist«. Anders ersetzte im frühen 19. Jahrhundert der Bach-Liebhaber Patzig die Trompete, nämlich durch eine zweite Querflöte, da auch die Block- bzw. Echoflötenpartie schon so besetzt war; vgl. Küster, S. 49.

45 Zu diesen ideologischen Aspekten der Rezeption, u. a. auch ihrer patriotischen Spielart, neuerdings zusammenfassend Heinemann/Hinrichsen.

46 Vgl. Schleuning 1993, Kap. 1 und 7.

47 S. 135.

Konzert I · F-Dur

1 Vgl. Thieme, S. 313f.

2 Vgl. Rampe/Sackmann, S. 188.

3 Vgl. ebda., S. 187; Krieger war 1713 65 Jahre alt geworden. Die bei Schleuning 1993, S. 16, aufgestellte Behauptung, es habe zu jener Zeit niemals eine Pensionsgrenze

für städtisch oder höfisch Angestellte gegeben, kann in dieser Grundsätzlichkeit also nicht aufrecht erhalten werden. Schließlich (ebda., S. 30) bestand diese Arbeitsbefreiung ab dem 65. Lebensjahr ja auch innerhalb der Mizler'schen »Societät der musikalischen Wissenschaften«, deren Mitglied Bach war.

4 Vgl. Geck 1970, S. 146 sowie dort genannte entsprechende Meinungen von Alfred Dürr und Hans-Joachim Schulze.

5 Zu dieser Frage vgl. u. a. Wolff 1997, Anm. 35, zuletzt zweifelnd auch Rampe/Sackmann, S. 93; der Einwand (S. 188), die beiden Werke könnten nicht zusammen gehören, da die Hornpartien des Konzertes bis in die extremen Hochlage führten, was in der Kantate nicht der Fall sei, ist wenig überzeugend: Extrem Hohes – und Lautes – ist der Zurschaustellung virtuoser Möglichkeiten in einem Konzert angemessen, nicht aber der Begleitung einer Sopranstimme.

6 Zu Penzel vgl. Marissen in: Johann Sebastian Bachs Orchesterwerke.

7 Vgl. Geck 1970, S. 145f.

8 Die Vordatierung der Kantate wegen bestimmter Schriftformen Bachs auf das Jahr 1712 (Kobayashi; zit. nach Zehnder 1997, S. 112) ist inzwischen hinfällig. Ihre Entstehung im Jahre 1713 ist »definitiv« erwiesen (Schulze 2000).

9 Vgl. Zehnder, ebda.

10 Vgl. Säckl, S. 90; Thieme, S. 314.

11 Vgl. Säckl, S. 75; zentral dazu Eckardt 1976.

12 Vgl. Csiba, S. 38ff., sowie Rampe/Sackmann, S. 290f.

13 Vgl. dazu auch Hofmann 1995, vor allem S. 33ff. und S. 43ff., Rampe/Sackmann, S. 188, und Geck: Bach als Genre-Komponist, S. 60f.

14 Vgl. Schleuning 1998, insbesondere Teil I/2.

15 1995, S. 22f.

16 1993, S. 45ff.

17 1739, Buch II, Kap. 14, § 7, S. 236.

18 Ebda., Buch II, Kap. 4, § 14f., S. 123; die entsprechenden Artikel »Ritornello« und »Thema« in: Handwörterbuch der musikalischen Terminologie, hg. Hans Heinrich Eggebrecht, 1971ff., weisen weitere Zitate nach, die in die gleiche Richtung gehen und den Begriff Ritornell auch für die im Satzinneren wiederholten Thementeile des Tutti gelten lassen.

19 Eine genaue Systematik Bach'scher Ritornellthemen auf der Basis dieses Modells bietet die Arbeit von Hio-Ihm Lee (1993).

20 Zum späten Weimarer Stil, S. 105.

21 Periodenbau in Bachs Konzerten, S. 33, 35.

22 Marissen 1995, S. 17f.

23 Zum späten Weimarer Stil, S. 109ff.

24 Bd. I, S. 738f.

25 Dies ist Ergebnis einer sehr detaillierten und differenzierten Analyse (S. 52–57).

26 Vgl. S. 183.

27 Bd. I, S. 739.

28 Penzel schrieb von einer Vorlage ab, die später entstand als 1721 und von der uns bekannten Fassung, aber auch der *Sinfonia* abwich; vgl. Marissen 1997, S. 78, auch Rampe/Sackmann, S. 93.

29 Boyd 1993, S. 72.

30 Vgl. Thume 1994.

31 Vgl. hierzu Martin Geck: Bach und der Pietismus.

32 Lee, S. 108, listet neun Arten der »Erweiterungen über die Grunddauer hinaus« auf (Teil E).

33 Zu den beiden Reprisenformen in den Konzerten Boyd 1993, S. 62ff., und Talbot, S. 268–271.

34 Dürr: Die Kantaten, S. 681f.

35 Boyd 1993, S. 60ff.

36 Lee (1993, S. 102 und 107f.) hebt das Ritornell als Beispiel für eine »sechste Art der Erweiterung [des Themenritornells]: Dehnung von Fortspinnung und Epilog« hervor,

indem entgegen der Norm erstere um drei, letztere um einen Takt erweitert worden sind.

37 S. 67; Geuting (S. 33ff.) vertritt die geistreiche These, dass die Erweiterung der »verdeckt axialsymmetrischen Konstellation des Mittelteiles um sechs Takte« (zweimal drei Takte T. 58ff. und 81ff. in BWV 207/1) ein interpretatorischer Reflex auf die gerade vorangegangenen Textzeilen sei: »saget mit euren frohlockenden Tönen und mit *doppelt vermehretem Schall*«.

38 Vgl. dazu auch Marissen in: Bachs Orchesterwerke, S. 77f.

39 1993, S. 73.

40 Zit. nach Matthesons erster großer Sammlung von Musikerbiographien von 1740: Grundlage einer musikalischen Ehrenpforte.

41 Talbot in: Bach und die Stile, Anm. 18.

42 S. 31.

Konzert II · F-Dur

1 Der Quasi-Ostinato-Bassgang im ungeraden Takt als Träger gefühlvoller Melodik ist bestimmendes Element auch im Andante der Flötensonate e-Moll BWV 1034, deren ungesicherte Datierung auf Köthen allerdings wenig zur Klärung der Entstehungszeit des Konzertes beiträgt. Gerade wegen der »fortschrittlichen Gestaltung des Mittelsatzes« nehmen Rampe/Sackmann eine sehr späte Köthener Entstehung des Konzertes an (S. 245).

2 Diese hohe Trompete kommt in Bachs Werken nur noch einmal vor, und zwar in der Kantate BWV 51 (*Jauchzet Gott in allen Landen*) aus der Leipziger Zeit. Die Stimme ist eine Quarte höher zu lesen. Bemerkenswert ist eine Besetzungsmöglichkeit mit Horn statt Trompete, wie sie in der Abschrift von Penzel anzutreffen ist: »Tromba, o vero Corne da caccia«. Eine Oktave tiefer klingend als die Trompete, könnte dies eine Alternative »unter ›alltäglichen Bedingungen‹« gewesen sein (Rampe/Sackmann, S. 93). Der Höreindruck empfiehlt diese Version allerdings nicht, denn die klare Trennung der Klangfarben, wie sie – im Sinne des so genannten Spaltklanges – in der Originalbesetzung besteht, geht dadurch weitgehend verloren und man erhält ein Gemisch in der Mittellage, aus dem hin und wieder die Blockflöte in einsamer Höhe heraussticht.

3 Ausgabe Musica rara 1974.

4 Vgl. Hofmann 1997, Anm. 7.

5 1953, S. 133.

6 S. 245f., 94.

7 Während Gerber (S. 22) durch eine hier schon angedeutete Unterteilung der Abschnitte 5 und 7 auf zehn Teile kommt, fasst Stephan (S. 133) die Abschnitte 1–2, 3–5½, 5½–7 und dann 8 zu Exposition, zwei Durchführungen und Reprise zusammen. Noch großzügiger verfährt Klein (S. 58f.), der nur drei Teile gelten lässt, da er zwischen den Abschnitten 1 und 8 lediglich einen großen »Mittelteil« sieht, der allerdings neunfach gegliedert ist. Ähnlich der Beobachtung, die Marissen zum Anfangssatz des sechsten Konzertes macht (vgl. S. 158), stellt er fest: »Indem das Solo-Thema der Exposition im Mittelteil die Ritornell-Funktion ausübt, übersteigert Bach hier […] [die] Technik der Divergenz zwischen Gestaltungsweise und Funktion […], da die regulären Verhältnisse umgekehrt werden: Die Gestaltungsweise der Takte 60ff. trägt in der sequenzierenden Modulation, die nicht zur Ausgangstonart zurückführt, und in der Instrumentation typisch solistische Züge. […] Dementsprechend trägt eine unvollständige Themen-Wiederkehr, wie in den Takten 68ff., keinen Ritornell-Charakter.«

8 S. 266.

9 Faßlich und künstlich, S. 40f.

10 Bd. I, S. 740; z. T. zit. bei Geck: J. S. Bach, 2000, S. 22.

11 Kopp/Taubald, S. 38f.; genau jener Vergleich mit dem Chorgitter ist übernommen worden in dem Schulbuch »Musik um uns. Sekundarbereich II«, Stuttgart 1996, S. 21f., ja sogar noch erweitert durch die Gegenüberstellung eines sechsgliedrigen Schemas des Satzes und der Frontalansicht von »Jagdschloß Clemenswerth bei Osnabrück (erbaut: 1736–1746)«. Genauso gut hätte man die Front von Notre Dame in Paris oder eines der großen Florentiner Adelspaläste ablichten können.

12 1940; zu diesem Problem auch Geck, wie Anm. 9, S. 42.

13 Es ist wie die Stimme des Ding an sich, S. 179f.

14 Anhang zum Handbuche bey dem Generalbasse und der Composition, Berlin 1760, Kap. 4; zit. nach Bach-Dokumente III, S. 156.

15 Brief an die Familie vom 3. September 1831; zit. nach Briefe I, S. 208.

16 Vgl. Schleuning 1992.

17 Hierzu ders. 1993, S. 87f.; war Friedrich II. wohl einer der Besitzer der Widmungspartitur, bevor sie an Kirnberger ging? Ein Bezug des Themas von Friedrich II. zum Anfangsthema von Vivaldis Konzert Ryom 768 kann eher noch für das Fugenthema des IV. Konzertes gelten als für die hier zitierte Melodiewendung.

Konzert III · G-Dur

1 Geck 1970, S. 144.

2 Ebda.

3 Rampe/Sackmann, S. 246, 96.

4 1981, S. 18.

5 Rampe/Sackmann, S. 414.

6 Budde, S. 72.

7 Vgl. Rolf 1998 und Geck: J. S. Bach, 2000, S. 610f.

8 Geck, ebda., S. 624, 610, 623.

9 1981, S. 157.

10 Schwer verständlich ist es, wenn der Epilog bereits T. 4 angesetzt wird, also noch vor der Hälfte des Themenverlaufes, wie bei Stephan, S. 135. Dies würde heißen, die ursprüngliche Bedeutung des Begriffes »Epilog« (Schlusswort) gegen ein Gedankenspiel der Formenlehre einzutauschen.

11 Gerber, S. 25.

12 Ebda., S. 25f.

13 Boyd 1993, S. 79f.

14 Rolf 2001, S. 265.

15 Lang-Becker, S. 60.

16 Wie Anm. 11.

17 Talbot, S. 267; er setzt hinzu: »Dies kann eine fast choreografische Qualität bei der Aufführung ergeben; andererseits haben wir in T. 135 den Effekt eines ›weißen Rauschens‹ durch zwei volle Dreiklänge, die gegeneinander ab- und aufwärts durch die Oktaven rasen, zusammenstoßen und wieder auseinander streben, um dann einen kaum glaublichen Ruhepunkt auf einem milden G-Dur-Dreiklang zu erreichen.«

18 Vgl. Bockmaier 2000, entsprechend auch zu den Konzerten Nr. I, II und V, ebenso Bemerkungen zur Periodik.

19 Stephan 1953, S. 134ff.

20 Vgl. Budde 1997.

21 1993, S. 80f.

22 Bachs Orchestermusik, S. 415; diese Meinung vertritt auch Talbot, S. 277f.

23 Eppstein, S. 89.

24 Hierzu Schleuning 1998, S. 35ff.

25 1993, S. 81.

26 Geck 2000 (J. S. Bach), S. 216.

27 Rolf 2001, S. 265f.

Konzert IV · G-Dur

1 Zit. nach der 3. Auflage, München 1947, S. XLIII.

2 Kurven, Widerspiele, S. 199.

3 S. 229.

4 Ebda., S. 201.

5 Proportionierung als Arbeitsinstrument, S. 162.

6 Zwanzig Komponisten eine Skizze von Carl Ludwig Junker, Bern 1776, S. 11.

7 S. 51.

8 Vorwort zur Neuausgabe der Eulenburg-Taschenpartitur, S. VIII.

9 S. 4f. des Textheftes zur Gesamteinspielung der Konzerte von 1982 durch den Concentus musicus Wien bei Telefunken/Das alte Werk.

10 In: Rampe/Sackmann, S. 279f., auf der Basis von Rampe/Zapf, Teil I, S. 35ff., sowie Teil II; zustimmend und mit weiteren Begründungen auch Talbot, S. 278–283.

11 Eine interessante Spekulation ist jene von Rampe/Sackmann (S. 96), wonach die Besetzung mit Echoflöten eine Anspielung auf Reiseerfahrungen des jungen Prinzen Leopold aus dem Jahre 1711 sein könnten, als dieser London besuchte, die Heimat jener Instrumente.

12 Brief des »schwarzen Bach« – wie er wegen seiner dunklen Haut und Haare in der Familie genannt wurde – an Johann Nikolaus Forkel, vermutlich von 1774, zit. nach Bach-Dokumente III, S. 285. Die Stelle heißt: »Bey Anhörung einer starck besetzten u. vielstimmigen Fuge, wuste er bald, nach den ersten Eintritten der *Thematum*, vorherzusagen, was für *contra*puncktische Künste möglich anzubringen wären u. was der Componist auch von Rechtswegen anbringen müste, u. bey solcher Gelegenheit, wenn ich bey ihm stand, u. er seine Vermuthungen gegen mich geäußert hatte, freute er sich u. stieß mich an, als seine Erwartungen eintrafen.«

13 S. 313f.; Matthias Geuting hat, offenbar angeregt durch Gedanken zur »Proportionierung«, wie sie etwa Ulrich Siegele zum ersten Satz vorgetragen hat, eine Einteilung des Satzes in dreimal 86 Takte vorgenommen und ihn unter dieser Maßgabe genau analysiert, vor allem auch die Fugenexposition (S. 54ff.) mit ihrer »irregulären« Themen-, Harmonie- und Klauselfolge.

14 Das vermutlich von Vivaldi stammende Violinkonzert A-Dur Ryom 768 beginnt, von a^2 ausgehend, exakt, wie hier der 2. Takt des Themas verläuft bis zum Anfang von T. 3 (vgl. dazu auch Konzert II, Anm. 17). Dass die Übereinstimmung in einer solchen Allerweltsfigur aber auf eine Abhängigkeit hinweist, ist aber doch sehr unwahrscheinlich.

15 Mitteilung des Geigers Karl Holz; zit. nach Gustav Nottebohm (Zweite Beethoveniana, S. 350); bei Thayer/Deiters/Riemann: Ludwig van Beethovens Leben, Bd. IV, Leipzig 1907, S. 76.

16 S. 49, 50, 60, 61, 64f.; eine knappe formale Analyse des Satzes S. 58f.

17 S. 96, 246.

18 Ebda., S. 108–110; auch Dahlhaus weist auf die »besondere Form« des Satzes hin (1955, S. 51).

19 Vgl. die bei Zenck wiedergegebenen Übersichten über den Bach-Bestand öffentlicher und privater Wiener Sammlungen der Beethoven-Zeit. Über Bach und Beethoven ein Beitrag von William Kindermann in Heinemann/Hinrichsen, Bd. I, S. 351–377.

Konzert V · D-Dur

1 Rampe/Sackmann, S. 98.

2 Die große Anzahl von Dreiklangs-Themen besagt selbstverständlich nichts über eine Abhängigkeit Bachs von Vivaldi: Sie sind allgemeines Zeitgut und regieren die musikalische Themenbildung noch bis weit ins 20. Jahrhundert hinein.

3 Ryom, S. 229.

4 Lee, S. 95f.

5 Fischer, S. 49.

6 J. S. Bach. Die Brandenburgischen Konzerte, 1987.

7 Diese Sicht vertritt auch Marissen 1993, S. 209f.
8 1951, S. 31.
9 Zum späten Weimarer Stil, S. 97.
10 Diskussionsbeitrag im Anschluss an Rienäcker 1981, S. 77.
11 1986, S. 50; allerdings ist er in anderem Zusammenhang so spitzfindig in der Suche nach motivischen Ableitungen, dass ihm die in T. 102ff. auftretenden Sechzehntel-Aufgänge als Verkürzungen des Achtelzuges im Solomotiv erscheinen.
12 Rienäcker 1981, S. 67.
13 Rienäcker hat Ähnlichkeiten und Unterschiede zum Sonatensatz klug reflektiert (ebda., S. 73). Vgl. auch die entsprechenden Ausführungen zum Anfangssatz des IV. Konzertes, S. 98f.
14 Marissen 1993, S. 209.
15 Diese These vertreten jetzt wieder vehement Rampe/Sackmann, S. 100, 246.
16 Erschöpfend zu allen Fragen nach Querflötisten um Bach sind die Ausführungen von Powell/Lasocki.
17 Genau zu diesem Ergebnis kommen Rampe/Zapf (Teil I, Abschnitt 2), und zwar im Hinblick auf den Kuraufenthalt von Fürst Leopold im Mai/Juni 1718, in einer minutiösen, gedankenreichen Untersuchung, die sowohl dieser Frage nachgeht wie auch jenen nach dem Verzicht auf das Violoncello in der Frühfassung und nach dem Fehlen einer zweiten Tutti-Violine – beides keine Seltenheiten in den frühen Kompositionen Bachs und anderer –, schließlich auch der Frage nach dem Zusammenhang zwischen der Kadenz-Erweiterung im ersten Satz und dem Ankauf von Cembali des Berliner Klavierbauers Michael Mietke durch den Köthener Hof (März 1719, vielleicht auch der »reise Flügel« vom Juli 1719); sehr genau zu den Unterschieden der Fassungen des Konzertes Dirksen 1992.
18 2000, S. 375.
19 Fischer, S. 48f. und 52.
20 Geuting, S. 42f.; dies gelingt aber nur bei einem Einschnitt in T. 139, zufolge des Autors »nicht zwingend«. Er »scheint sich aber doch den solchermaßen sichtbaren Konvergenzen zwischen den Taktmengen der äußeren Formteile geradezu aufzudrängen«.
21 Rienäcker 1981, S. 67ff. und 72.
22 1955, S. 63.
23 Gerber 1951, S. 32.
24 Rienäcker 1981, S. 66.
25 Rudolf Eller: Diskussionsbeitrag im Anschluss an Rienäcker 1981, S. 76.
26 Bd. 1, S. 742.
27 1713, S. 251.
28 Ein ähnlicher, wenn auch nicht so ausgedehnter Kanon mit durch Pausen getrennten Dreiklangstönen findet sich im Schlusssatz der Triosonate G-Dur BWV 1039 (T. 66ff.).
29 Die Rastrierungen; Zusammenfassung bei Boyd 1983, S. 89.
30 Kurzimitationen zu Beginn eines Satzes führen Rampe/Sackmann (S. 99) auf das Vorbild Albinoni zurück.
31 Diese Annahme z. B. bei Dirksen, S. 179f.
32 Zu der Kontroverse und ihrer sozialgeschichtlichen Bedeutung vgl. Schleuning 1979, S. 90ff., sowie Schleuning 2000, S. 422ff.
33 Fischer, S. 56.
34 1731, S. 444.
35 Vgl. Dahlhaus 1955, S. 59f.; dort auch weitere Gedanken zum Satz wie auch bei Dirksen, S. 172ff., hier u. a. über die Bindung des neuen, aus Frankreich eingebürgerten Instruments Querflöte an die typisch französische Technik, die Bläser mit der ersten Geige gehen zu lassen, wie sie hier im Satz häufig angewendet ist, wogegen die Geige als typisch italienisch galt und auch wirkte: »Diese beiden Instrumente symbolisieren die Antithese der beiden nationalen Stile, welche zur aktuellen Fragestellung der Zeit gehörte:

des französischen und des italienischen Stils« (S. 174). Da das Klavier seit alters her und vor allem im 18. Jahrhundert als *das* deutsche Instrument galt – vgl. Schleuning 2000, S. 275 –, so könnte als Vermutung gelten, dass Bach in der Zusammenführung der drei Instrumente eine Art des Konzertierens, des konzertierenden Miteinanders der drei wichtigsten produktiven Musiknationen Europas andeuten wollte. Dass dabei das Cembalo – Deutschland – die Hauptrolle spielt, zeigt entweder, dass diese Vermutung hinfällig ist, oder aber, dass diese angenommene Hierarchie bereits auf die bald, z. B. durch Bachs Schüler Scheibe, einsetzende Behauptung von der Vorherrschaft der deutschen Musik in Europa hinweist oder auf die bei Quantz hervorgehobene Integrationsfunktion des deutschen »vermischten Geschmacks«, der die Vorzüge aller nationalen Stile zu einer Synthese in sich vereine. Zum nationalen Aspekt in den Konzerten vgl. hier S. 86, 125.

36 Gerber 1951, S. 35.

37 Dürr (1988) hat das Schicksal des zweitgenannten Fehlers durch die drei Versionen des Satzes verfolgt (Frühfassung, Fassung des Widmungsautographs und jene der Stimmen), wobei eine Folge von sieben Quintenparallelen in den beiden letzten Fassungen ohne Korrektur stehen geblieben ist. Unverständlich, wenn nicht bedenklich ist es, wenn Dürr empfiehlt, an dieser Stelle die »fehler«-trächtigen Sechzehntel der Bratsche (zum Klavierdiskant) durch eine »fehler«-freie Achtelfolge aus einer späteren Parallelstelle zu ersetzen. Wird damit nicht ein Blick auf einen undogmatischen Zug im Komponieren Bachs verstellt? Muss man nicht mit Sicherheit davon ausgehen, dass Bach bei Aufführungen die Quintenfolgen in T. 11 genau hörte – neben den Alternativen an den Parallelstellen –, ohne sich so daran zu stören, dass er sie sofort tilgte?

38 Zitiert nach Schweitzer, S. 355.

Konzert VI · B-Dur

1 Boyd 1993, S. 91.

2 Talbot 1999, S. 267.

3 Ebda.

4 Rampe/Sackmann, S. 101; vgl. auch Anm. 18 des Einleitungskapitels mit einer Beobachtung von Hans-Günter Klein.

5 Vgl. Marissen 1993, S. 217, und Rolf 1998, S. 223.

6 Geck 1970, S. 148.

7 Rampe/Sackmann, S. 101.

8 Ebda., S. 140.

9 Vgl. ebda.

10 Geck (1970, S. 147) weist für T. 22 auf eine jener Quintparallelen hin: Auf Schlag drei spielt die zweite Bratsche d^1–c^1, die zweite Gambe as^1–g^1.

11 Eine andere Sicht des Satzverlaufes vertritt Hans-Günter Klein, S. 52, jedoch auch mit einer Feststellung, die dem bisher Gesagten entspricht: »Dabei kehrt die Reprise die Reihenfolge der Themen um.« Als Einsatzort der Reprise gilt ihm T. 102, wo die hier sogenannte »Motivquelle« in B-Dur erscheint.

12 Lang-Becker (S. 12) nennt das Gebilde »eine asymmetrische, sich aus Fortspinnungen entwickelnde Periode mit mehreren, auch auf die Thematik der Episoden einwirkenden charakteristischen Motiven«, Lee (S. 84f.) einen Fortspinnungstyp mit »doppeltem Vordersatz durch Wiederholung«, während Boyd (1983, S. 92) zum entgegengesetzten Schluss kommt, »weil es nichts von der Einteilung in *Vordersatz, Fortspinnung* und *Epilog* zeigt, wie wir sie in anderen Ritornell-Sätzen beobachtet haben«.

13 1739, Teil III, Kap. 21, § 13, S. 395.

14 Kloss, S. 28.

15 1951, S. 24.

16 Vgl. 1993, S. 217f.; 1995, S. 35ff.

17 1995, S. 50, 35ff.

18 Ebda., S. 62.

19 Boresch 1993, S. 82ff.; Rolf 1998.
20 1739, Teil II, Kap. 13, § 87f., S. 225.
21 1993, S. 216, 215.
22 Hierzu, auch allgemein zur Interpretation des Konzertes als Pastorale vgl. Schleuning: Bachs sechstes Brandenburgisches Konzert.
23 Ebda., S. 216.
24 Rampe/Sackmann, S. 246.
25 Vgl. dagegen Rolf 1997, S. 224ff., der Parallelfälle bei Bach untersucht und einen Bezug zur Volksmusik ablehnt.
26 1739, Teil II, Kap. 13, § 135, § 134, S. 233.
27 1722, S. 538ff.

Zyklusfragen

1 S. 26.
2 Roeder, S. 77.
3 J. S. Bach, 2000, S. 36.
4 S. 17f.
5 Nach Böhmer, S. 15.
6 S. 15–17.
7 Siegele: Das politische Profil, S. 9.
8 S. 30.
9 S. 126–134.
10 S. 135.
11 1993, S. 197, 200.
12 S. 203, 205.
13 S. 206–212.
14 S. 135f.
15 1993, S. 41–44.
16 S. 283.
17 S. 258ff.
18 S. 265.
19 S. 273.
20 S. 259.
21 S. 284.
22 S. 265f.
23 Stephan 1953, S. 136, Fußnote 12.
24 1970, S. 152, 139.

Literatur

Gesamtausgaben

Six Concertos [...] publiés pour la première fois d'après les manuscrits origineaux, Leipzig 1850, hg. Siegfried Wilhelm Dehn

Johann Sebastian Bach's Werke, hg. Bach-Gesellschaft Leipzig: Kammermusik, Bd. 3, hg. Wilhelm Rust, Leipzig 1869

Johann Sebastian Bach. Neue Ausgabe sämtlicher Werke, hg. Johann-Sebastian-Bach-Institut Göttingen und Bach-Archiv Leipzig (NBA): Serie VII, Bd. 2, hg. Heinrich Besseler, Kassel und Basel 1956; Kritischer Bericht dazu vom Hg., Kassel und Basel 1956

J. S. Bach: Brandenburgische Konzerte. Facsimile nach dem im Besitz der Deutschen Staatsbibliothek in Berlin befindlichen Autograph, Leipzig 1947 und öfter, teilweise mit Vorwort von P. Wackernagel; Nachdruck Frankfurt/Main 1996

Einzelausgaben

Die einzelnen Konzerte als Taschenpartitur nach der NBA (Bärenreiter: TP 9, auch in TP 2001), Kassel 1999

Fünftes Brandenburgisches Konzert in D-Dur. Frühfassung BWV 1050a (Nachtrag zu NBA VII/2), hg. Alfred Dürr, Kassel 1975

Einzelausgaben als Taschenpartitur im Verlag Eulenburg London seit 1905, darunter auch ab 1927 Ausgaben durch Arnold Schering, dann Ausgaben neueren Datums von

Konzert Nr. 4, hg. Roger Fiske (Nr. 281), 1976

Konzerte Nr. 2, 5 und 6, hg. Karin Stöckl, mit Revisionsbericht (Nrn. 257, 282, 255), 1985, 1988, 1988

Ebenso Taschenpartituren als Philharmonia-Partitur (Wien) und bei Boosey & Hawkes (London)

Gesamtdarstellungen, Verzeichnisse, Sammlungen, Kongressberichte, Kataloge

Bach-Handbuch, hg. Konrad Küster, Kassel/Stuttgart und Weimar 1999

Bach-Compendium. Analytisch-bibliographisches Repertorium der Werke Johann Sebastian Bachs. Vokalwerke Teil I–IV, hg. Hans-Joachim Schulze und Christoph Wolff, Leipzig und Dresden 1985 und 1987ff.

Bach-Dokumente I. Schriftstücke von der Hand Johann Sebastian Bachs. Kritische Gesamtausgabe, hg. Werner Neumann und Hans-Joachim Schulze, Leipzig und Kassel 1963

Bach-Dokumente II. Fremdschriftliche und gedruckte Dokumente zur Lebensgeschichte Johann Sebastian Bachs 1685–1750. Kritische Gesamtausgabe, hg. von dens., ebda. 1969

Bach-Dokumente III. Dokumente zum Nachwirken Johann Sebastian Bachs 1750–1800, hg. Hans-Joachim Schulze, ebda. 1972

Bach-Werke-Verzeichnis (BWV). Thematisch-systematisches Verzeichnis der musikalischen Werke von Johann Sebastian Bach, hg. Wolfgang Schmieder, Wiesbaden 1950, [2]1990; Kleine Ausgabe (BWV 2[a]), nach der 2. Ausgabe hg. von Alfred Dürr, Yoshitake Kobayashi und Kirsten Beißwenger, Wiesbaden 1998

Beiträge zum Konzertschaffen Johann Sebastian Bachs, hg. Peter Ahnsehl, Karl Heller und Hans-Joachim Schulze (Bach-Studien 6), Leipzig 1981

Bachs Orchesterwerke. Bericht über das 1. Dortmunder Bach-Symposion 1996, hg. Martin Geck (Dortmunder Bach-Forschungen, hg. Martin Geck, Bd. 1), Witten 1997

Bach und die Stile. Bericht über das 2. Dortmunder Bach-Symposion 1998, hg. Martin Geck (Dortmunder Bach-Forschungen, hg. Martin Geck, Bd. 2), Witten 1999

Der junge Bach – weil er nicht aufzuhalten … Begleitbuch zur Ersten Thüringer Landesausstellung Erfurt 23. Juni – 3. Oktober 2000, hg. Reinmar Emans, Erfurt 2000

Rampe, Siegbert, und Sackmann, Dominik: Bachs Orchestermusik. Entstehung. Klangwelt. Interpretation. Ein Handbuch, Kassel usw. 2000

Einzelarbeiten

Ahnsehl, Peter: Überlegungen zur Stellung des schnellen Bachschen Konzertsatzes im kompositorischen Umfeld der deutschen Zeitgenossen, in: Beiträge zum Konzertschaffen Johann Sebastian Bachs, S. 153–162

Becker, Heinz: Rezension von: Johann Sebastian Bach: Sechs Brandenburgische Konzerte, hg. Heinrich Besseler, in: Die Musikforschung 13 (1960), S. 115–117

Besseler, Heinrich: Zur Chronologie der Konzerte Joh. Seb. Bachs, in: Festschrift Max Schneider zum achtzigsten Geburtstage, hg. Walther Vetter, Leipzig 1955, S. 115–128

Ders.: Kritischer Bericht zu NBA VII/2, vgl. Gesamtausgaben

Ders.: Markgraf Christian Ludwig von Brandenburg, in: Bach-Jahrbuch 42 (1956), S. 18–35

Ders.: Bemerkungen, J. S. Bachs Brandenburgische Konzerte betreffend, in: Die Musikforschung 13 (1960), S. 383f.

Blankenburg, Walter (Hg.): Johann Sebastian Bach (Wege der Forschung, Bd. 152), Darmstadt 1970

Bockmaier, Claus: Zum geraden Takt bei J. S. Bach. Mögliche Dispositionen des Metrischen in den Kopfsätzen der Brandenburgischen Konzerte, in: Bach-Jahrbuch 86 (2000), S. 333–346

Böhmer, Karl: Bachs mythologisches Geheimnis. Philip Picket, Reinhard Goebel und das verborgene Programm der Brandenburgischen Konzerte, in: Concerto 12 (1995/96), Heft 109, S. 15–17

Boresch, Hans-Werner: Besetzung und Instrumentation. Studien zur kompositorischen Praxis Johann Sebastian Bachs (Bochumer Arbeiten zur Musikwissenschaft, Bd. 1), Kassel usw. 1993

Boyd, Malcolm: Bach: The Brandenburg Concertos, Cambridge 1993

Ders.: Bach, Telemann und das Fanfarenthema, in: Bach-Jahrbuch 82 (1996), S. 147 bis 150

Breig, Werner: Johann Sebastian Bach und die Entstehung des Klavierkonzerts, in: Archiv für Musikwissenschaft 36 (1979), S. 21–48

Ders.: Periodenbau in Bachs Konzerten, in: Beiträge zum Konzertschaffen Johann Sebastian Bachs, S. 27–42

Ders.: Zur Chronologie von Johann Sebastian Bachs Konzertschaffen. Ver-such eines Neuzugangs, in: Archiv für Musikwissenschaft 40 (1983), S. 77–101

Budde, Elmar: Musikalische Form und rhetorische dispositio. Zum ersten Satz des dritten Brandenburgischen Konzertes, in: Hartmut Krones (Hg.): Alte Musik und Musikpädagogik (Wiener Schriften zu Stilkunde und Aufführungspraxis, Bd. 1), Wien 1997, S. 69–83

Csiba, Gisela und Jozsef: Die Blechblasinstrumente in Johann Sebastian Bachs Werken, Kassel 1994

Dahlhaus, Carl: Bachs konzertante Fugen, in: Bach-Jahrbuch 40 (1955), S. 45–72

Dequevauviller, Vincent: Das Geheimnis der Brandenburgischen Konzerte, in: Concerto 16 (1999), Nr. 148, S. 25–33

Dirksen, Pieter: The Background of Bach's Fifth Brandenburg Concerto, in: Ders. (Hg.): The Harpsichord and its Repertoire. Proceedings of the International Harpsichord Symposium Utrecht 1990, Utrecht 1992, S. 156–185

Dürr, Alfred: Johann Sebastian Bach: Die Kantaten (Bärenreiter Werkeinführungen), Kassel usw. ^{8}2000

Ders.: Zur Entstehungsgeschichte des 5. Brandenburgischen Konzertes, in: Bach-Jahrbuch 71 (1975), S. 63–69

Ders.: Bachs Werk. Vom Einfall bis zur Drucklegung (Jahresgabe 1988 der Internationalen Bach-Gesellschaft Schaffhausen), Wiesbaden 1988

Eckardt, Hans Wilhelm: Herrschaftliche Jagd, bäuerliche Not und bürgerliche Kritik. Zur Geschichte der fürstlichen und adligen Jagdprivilegien vornehmlich im südwestdeutschen Raum (Veröffentlichungen des Max-Planck-Instituts für Geschichte, Bd. 48), Göttingen 1976

Eller, Rudolf: Zur Frage Bach – Vivaldi, in: Bericht über den internationalen musikwissenschaftlichen Kongreß Hamburg 1956, hg. W. Gerstenberg, H. Husmann und H. Heckmann, Kassel und Basel 1957, S. 80–85

Ders.: Vivaldi – Dresden – Bach (1961), in: Blankenburg 1970, S. 466–492

Ders.: Serie und Zyklus in Bachs Instrumentalsammlungen, in: Geck 1969, S. 126–143

Ders.: Bach und Vivaldi, in: Bach-Tage Berlin, Berlin 1991, S. 13–21

Emans, Reinmar: Bach und die italienische Musik, in: Der junge Bach, S. 364–376

Eppstein, Hans: Über die Beziehungen zwischen Konzert und Sonate bei Johann Sebastian Bach, in: Beiträge zum Konzertschaffen Johann Sebastian Bachs, S. 87–93

Fischer, Wilfried: Johann Sebastian Bach: 5. Brandenburgisches Konzert, in: Siegmund Helms und Helmuth Hopf (Hg.): Werkanalyse in Beispielen, Regensburg 1986, S. 46–60

Geck, Martin (Hg.): Bach-Interpretationen, Göttingen 1969

Ders.: Gattungstraditionen und Altersschichten in den Brandenburgischen Konzerten, in: Die Musikforschung 23 (1970), S. 147ff.

Ders.: Köthen oder Leipzig? Zur Datierung der nur in Leipziger Quellen erhaltenen Orchesterwerke Johann Sebastian Bachs, in: Die Musikforschung 47 (1994), S. 17–24

Ders.: »Köthen oder Leipzig?« – Erwiderung auf Christoph Wolff, in: Bachs Orchesterwerke, S. 31f.

Ders.: Faßlich und künstlich. Zur Schreibart des 2. Brandenburgischen Konzerts, in: Ders.: »Denn alles findet bei Bach statt«. Erforschtes und Erfahrenes, Stuttgart und Weimar 2000, S. 33–43

Ders.: Bach als Genre-Komponist. Akustische Umwelt in seiner Musik, ebda., S. 56–74

Ders.: Bach und der Pietismus, ebda., S. 88–108

Ders.: Es ist wie die Stimme des Ding an sich: Wagners »Bach«, ebda., S. 170–190

Ders.: Johann Sebastian Bach, Reinbek 2000

Gerber, Rudolf: Bachs Brandenburgische Konzerte. Eine Einführung in ihre formale und geistige Wesensart, Kassel und Basel 1951

Gerstenberg, Walter: Tonart und Zyklus in Bachs Musik. Anmerkungen zu Suite, Konzert und Kantate, in: Geck 1969, S. 119–125

Geuting, Matthias: Die Formgliederung in Bachs Brandenburgischen Konzerten (Manuskript, Druck in Vorbereitung)

Glöckner, Andreas: Gründe für Johann Sebastian Bachs Weggang von Weimar, in: Bericht über die Wissenschaftliche Konferenz zum V. Internationalen Bachfest der DDR in Verbindung mit dem 60. Bachfest der Neuen Bachgesellschaft, Leipzig 25. bis 27. März 1985, hg. Winfried Hofmann und Armin Schneiderheinze, Leipzig 1988, S. 137–143

Ders.: Bachs Weimarer Jahre. Licht- und Schattenseiten einer Anstellung in höfischen Diensten, in: Der junge Bach, S. 283–295

Goebel, Reinhard: J. S. Bach. Die Brandenburgischen Konzerte, in: Concerto 4 (1987), Heft 7, S. 16–18, und Heft 8, S. 10f.

Grossmann-Vendrey, Susanna: Felix Mendelssohn Bartholdy und die Musik der Vergangenheit (Studien zur Musikgeschichte des 19. Jahrhunderts, Bd. 17), Regensburg 1969

Günther, Ulrich: Bachs »Brandenburgische Konzerte«. Thema für Studenten, Lehrer und Schüler, in: Musik und Bildung 26 (1994), Heft 5, S. 12–22

Halm, August: Von zwei Kulturen der Musik (1913), Stuttgart ^{3}1947

Heinemann, Michael, und Hinrichsen, Hans-Joachim (Hg.): Bach und die Nachwelt, Bd. 1: 1750–1850, Laaber 1997; Bd. 2: 1850–1900, Laaber 1999

Heller, Karl: Die Konzerte in der Bachpflege und im Bachbild des 18. und frühen 19. Jahrhunderts, in: Beiträge zum Konzertschaffen Johann Sebastian Bachs, S. 127–138

Hirschmann, Wolfgang: Eklektischer Imitationsbegriff und konzertante Gestaltung bei Telemann und Bach, in: Bachs Orchesterwerke, S. 305–319

Hofmann, Klaus: »Großer Herr, o starker König« – Ein Fanfarenthema bei Johann Sebastian Bach, in: Bach-Jahrbuch 81 (1995), S. 31–46

Ders.: Nochmals: Bachs Fanfarenthema, in: Bach-Jahrbuch 83 (1997), S. 177–179

Ders.: Zur Fassungsgeschichte des zweiten Brandenburgischen Konzerts, in: Bachs Orchesterwerke, S. 185–192

Hoppe, Günther: Köthener Kammerrechnungen – Köthener Hofparteien. Zum Hintergrund der Hofkapellmeisterzeit Johann Sebastian Bachs, in: Bericht über die Wissenschaftliche Konferenz … 1985 (vgl. Glöckner), S. 145–154

Jeßulat, Ariane: Die Frage als musikalischer Topos. Studien zur Motivbildung in der Musik des 19. Jahrhunderts (Berliner Musik Studien. Schriftenreihe zur Musikwissenschaft an den Berliner Hochschulen und Universitäten, Bd. 21), Sinzig 2001

Klein, Hans-Günter: Der Einfluß der Vivaldischen Konzertform im Instrumentalwerk Johann Sebastian Bachs (Sammlung musikwissenschaftlicher Abhandlungen, Bd. 54), Straßburg und Baden-Baden 1970

Kloss, Bertram: 6. Brandenburgisches Konzert. Eine Unterrichtseinheit in der 13. Jahrgangsstufe, in: Musik und Bildung 26 (1994), Heft 5, S. 26–28

Kopp, Hille, und Taubald, Richard: Musik-Colleg 1. Musikepochen, München 1983

Korte, Werner: Musik und Weltbild, Leipzig 1940

Krey, Johannes: Zur Entstehungsgeschichte des ersten Brandenburgischen Konzerts, in: Festschrift Heinrich Besseler zum sechzigsten Geburtstag, hg. Institut für Musikwissenschaft der Karl-Marx-Universität, Leipzig 1961, S. 337–342

Küster, Konrad: Die Überlieferung des Bachschen Orchesterwerkes, in: Bachs Orchesterwerke, S. 33–58

Ders.: Orchestermusik, in: Bach-Handbuch, S. 897–935

Lang-Becker, Elke: Johann Sebastian Bach. Die Brandenburgischen Konzerte (Meisterwerke der Musik. Werkmonographien zur Musikgeschichte, Heft 51), München 1990

Lee, Hio-Ihm: Die Form der Ritornelle bei Johann Sebastian Bach (Musikwissenschaftliche Studien, Bd. 16), Pfaffenweiler 1993

Marissen, Michael: J. S. Bach's Brandenburg Concertos as a Meaningful Set, in: The Musical Quarterly 77 (1993), S. 193–225

Ders.: The Social and Religious Design of J. S. Bach's Brandenburg Concertos, Princeton 1995

Ders.: Penzel's Manuscripts of Bach Concertos, in: Bachs Orchesterwerke, S. 77–87

Ders.: Aufführungspraxis und Bedeutung in zwei Instrumentalwerken Johann Sebastian Bachs [u. a. Konzert V], in: Bach und die Stile, S. 291–301

Mattheson, Johann: Das Neu-Eröffnete Orchestre, Hamburg 1713

Ders.: Critica musica, 2 Bde., Hamburg 1722 und 1725

Ders.: Große Generalbaß-Schule, Hamburg 1731

Ders.: Der vollkommene Capellmeister, Hamburg 1739; Studienausgabe mit Neusatz des Textes und der Noten, hg. Friederike Ramm, Kassel usw. 1999

Mersmann, Hans: Musikhören, Frankfurt/Main 1952

Miceli, Sergio: Morricone – Die Musik, das Kino, o. O. 2000 (Edition Filmwerkstatt)

Powell, Ardal, und Lasocki, David: Bach and the flute: the players, the instruments, the music, in: Early Music 23 (1995), S. 9–29

Rampe, Siegbert, und Zapf, Michael: Neues zu Besetzung und Instrumentarium in Johann Sebastian Bachs Brandenburgischen Konzerten Nr. 4 und 5, in: Concerto 14 (1997), Heft 129, S. 30ff., und 15 (1998), Heft 130, S. 19ff.

Rienäcker, Gerd: Beobachtungen zur Dramaturgie im ersten Satz des 5. Brandenburgischen Konzerts, in: Beiträge zum Konzertschaffen, S. 63–79

Ders.: Kurven, Widerspiele – Zum ersten Satz des vierten Brandenburgischen Konzerts, in: Bachs Orchesterwerke, S. 193–202

Roeder, Michael Thomas: Das Konzert (Handbuch der musikalischen Gattungen, hg. Siegfried Mauser, Bd. 4), Laaber 2000

Rolf, Ares: Die Besetzung des sechsten Brandenburgischen Konzerts, in: Bach-Jahrbuch 84 (1998), S. 171–181

Ders.: Bach in Thüringen: Die Brandenburgischen Konzerte?, in: Der junge Bach, S. 323 bis 333

Ders.: Vom »wilden Wesen« in der Musik. Versuch über das dritte Brandenburgische Konzert, in: Martin Geck. Festschrift zum 65. Geburtstag, hg. Ares Rolf und Ulrich Tadday, Dortmund 2001, S. 255–268

Ryom, Peter: Répertoire des Œuvres d'Antonio Vivaldi. Les compositions instrumentales, Kopenhagen 1986

Sackmann, Dominik: Bachs langsame Konzertsätze unter dem Einfluß Arcangelo Corellis. Vom Ostinatoprinzip zum Primat der expressiven Solostimme, in: Bach und die Stile, S. 303–326

Säckl, Joachim: Garten- und Jagdanlagen der Herzöge von Sachsen-Weißenfels, in: Das albertinische Herzogtum Sachsen-Weißenfels. Beiträge zur barocken Residenzkultur, hg. »Die fünf Ungleichen« e. V., Freyburg/Unstrut 1999, S. 48–96

Scheibe, Johann Adoph: Critischer Musikus. Neue, vermehrte und verbesserte Auflage, Leipzig 1745

Schleuning, Peter: Verzierungsforschung und Aufführungspraxis. Zum Verhältnis von Notation und Interpretation in der Musik des 18. Jahrhunderts, in: Basler Jahrbuch für historische Musikpraxis, hg. Peter Reidemeister, Bd. 3, 1979, S. 11–114

Ders.: Der Kapellmeister Bach, in: Bach-Tage Berlin 1989. Programmbuch, Berlin 1989, S. 11–22

Ders.: »Alle Kreatur sehnt sich mit uns und ängstigt sich noch immerdar« (Römer 8,22). Fragen des Ersten Brandenburgischen Konzertes an uns, in: Hans Werner Henze (Hg.): Die Chiffren. Musik und Sprache. Neue Aspekte der musikalischen Ästhetik IV, Frankfurt/Main 1990, S. 219–262

Ders.: Schönberg und die »Eroica«. Ein Vorschlag zu einer anderen Art von Rezeptionsforschung, in: Beethoven und die Zweite Wiener Schule. Bericht über das Symposion Graz 1990 (Studien zur Wertungsforschung, Bd. 25), Graz 1992

Ders.: Johann Sebastian Bachs »Kunst der Fuge«. Ideologien, Entstehung, Analyse, Kassel usw. 1993

Ders.: Bachs sechstes Brandenburgisches Konzert – eine Pastorale, in: Bachs Orchesterwerke, S. 203–221

Ders.: Die Sprache der Natur. Natur in der Musik des 18. Jahrhunderts, Stuttgart und Weimar 1998

Ders.: Bach und die Natur. Beobachtungen an den Brandenburgischen Konzerten, in: Österreichische Musikzeitschrift 55 (2000), Heft 4, S. 23–35

Ders.: Der Bürger erhebt sich. Geschichte der deutschen Musik im 18. Jahrhundert, Stuttgart und Weimar 2000 (Nachdruck von: Das 18. Jahrhundert: Der Bürger erhebt sich [Geschichte der Musik in Deutschland, Bd. 1], Reinbek 1984, ^{2}1989)

Schmidt, Christian-Martin: Stabilität und Varietät. Zum ersten Satz von Bachs viertem Brandenburgischen Konzert BWV 1049, in: Beiträge zur Geschichte des Konzerts, Festschrift für Siegfried Kross zum 60. Geburtstag, hg. R. Emans und M. Wendt, Bonn [1990], S. 87–94

Schmiedecke, Adolf: Johann Sebastian Bachs Verwandte in Weißenfels, in: Die Musikforschung 14 (1961), S. 195–200

Schulze, Hans-Joachim: Johann Sebastian Bachs Konzerte – Fragen der Überlieferung und Chronologie, in: Beiträge zum Konzertschaffen Johann Sebastian Bachs, S. 9–25

Ders.: Studien zur Bach-Überlieferung im 18. Jahrhundert, Leipzig und Dresden 1984

Ders.: Rezension von: Bachs Orchesterwerke, in: Bach-Jahrbuch 85 (1999), S. 201ff.

Ders.: Wann entstand Johann Sebastian Bachs »Jagdkantate«?, in: Bach-Jahrbuch 86 (2000), S. 301–305

Schweitzer, Albert: Johann Sebastian Bach (1908), Wiesbaden 1955

Siegele, Ulrich: Proportionierung als kompositorisches Arbeitsinstrument in Konzerten J. S. Bachs, in: Bachs Orchesterwerke, S. 159–171

Ders.: Bachs politisches Profil oder Wo bleibt die Musik?, in: Bach-Handbuch, S. 5–30

Smend, Friedrich: Bach in Köthen, Berlin [1951]

Spitta, Philipp: Johann Sebastian Bach, 2 Bde. (1873/1880), Wiesbaden ^{6}1964 (Nachdruck der 4. unveränderten Auflage Leipzig 1930)

Stephan, Rudolf: Die Wandlung der Konzertform bei Bach, in: Die Musikforschung 6 (1953), S. 127–143

Talbot, Michael: Purpose and Pecularities of the Brandenburg Concertos, in: Bach und die Stile, S. 255–289

Thieme, Paul: Das Herzogtum Sachsen-Weißenfels, in: Unser Heimatkreis Weißenfels. Beiträge zur Heimatpflege in Schule und Haus, Heft 10, Teuchern 1928, S. 303–322

Thume, Peter: 278 Jahre danach: Bach in Delmenhorst, in: Musik und Bildung 26 (1994), Heft 5, S. 23–25

Velten, Klaus: Musik im Spiegel ihrer Zeit (Kursmodelle Musik Sekundarstufe II, hg. Richard Jakoby), Frankfurt/Main 1986

Wackernagel, Peter: Beobachtungen am Autograph von Bachs Brandenburgischen Konzerten, in: Festschrift Max Schneider zum achtzigsten Geburtstage, hg. Walther Vetter, Leipzig 1955, S. 129–138

Wolff, Christoph: Die Rastrierungen in den Originalhandschriften Joh. Seb. Bachs und ihre Bedeutung für die diplomatische Quellenkritik, in: Festschrift für Friedrich Smend zum 70. Geburtstag, Berlin 1963, S. 80–92

Ders.: Bach's Leipzig Chamber Music, in: Early Music 13 (1985), S. 165–175

Ders.: Die Orchesterwerke J. S. Bachs: Grundsätzliche Erwägungen zu Repertoire, Überlieferung und Chronologie, in: Bachs Orchesterwerke, S. 17–30

Ders.: Johann Sebastian Bach, Frankfurt/Main 2000

Zehnder, Jean-Claude: Giuseppe Torelli und Johann Sebastian Bach. Zu Bachs Weimarer Konzertform, in: Bach-Jahrbuch 77 (1991), S. 33–95

Ders.: Zum späten Weimarer Stil Johann Sebastian Bachs, in: Bachs Orchesterwerke, S. 89 bis 124

Zenck, Martin: Die Bach-Rezeption des späten Beethoven. Zum Verhältnis von Musikhistoriographie und Rezeptionsgeschichtsschreibung der »Klassik« (Beihefte zum Archiv für Musikwissenschaft, Bd. 24), Stuttgart 1986

Personenregister

Sachregister